한림신서 일본학총서 86

일본문화론의 계보

NIHON BUNKARON NO KEIFU by OKUBO Takaki

Originally published in Japan by
CHUOKORON-SHINSHA, INC., Tokyo.
Korean translation rights arranged with
CHUOKORON-SHINSHA, INC., Japan through
THE SAKAI AGENCY.

일본문화론의 계보

오쿠보 다카키(大久保喬樹) 지음 · 송석원 옮김

小花

차례

서장
거울을 바라보는 일본인

"일본이란 무엇인가? 일본인이란 무엇인가? 일본문화란 무엇인가?"

이러한 질문은 일본인의 마음속에서 끊임없이 제기되어 온 것이었다. 물론 어떤 민족이나 국민도 자신들의 특질에 대해 자문자답하지 않을 리는 없겠지만, 일본인의 경우 이러한 성향이 특히 강하다고 할 수 있다.

이러한 성향은 아마도 아시아 대륙의 동쪽 끝(대륙에서는 떨어져 있다)에 자리 잡은 작은 섬나라라는 사정에서 생겨났을 것이다. 일반적으로 일본은 문명을 형성하고 국가로서의 의식에 눈뜨기 시작한 이래, 바다를 사이에 두고 마주하는 대륙의 문명과 자기 자신을 일관되게 비교하고 곱씹어 보는 숙명을 지녀 왔다. 일본은 문자(한자)에서 시작해 행정제도(율령제), 사상 종교(불교 · 유교)에 이르기까지 문명의 근간을 이루는 다양한 구상을 대륙으로부터 섭취했다. 나아가 이는 단순한 모방에 그치는 것이 아니라 자신의 풍토와 문화에 맞추어 소화 · 변용(가나문자)하거나 자신만의 구상을 대항 · 공존 · 융합(신도神道)시켰듯이, 힘겹게 대륙문명과 함께 나아가는 과정에서 습관처럼 언제나 상대와의 거리를 확인하며 자신을 식별해 왔다. 이런 습관은 매일 아침 거울을 바라보며 자신의 얼굴을 확인하는 것과 같은 일이다.

메이지 시대 이후 근대에 들어와서도 상대가 중국에서 서구로 바뀌었을 뿐 이 습관은 그대로 이어져 현재까지 계속되고 있다. 그때그때 시대를 반영하며 일본인에 의한 일본인을 위한 일본론, 일본인론, 일본문화론이 다수 쓰이고, 읽히고, 논해져 왔다.

보기에 따라서는 좀스럽기도 하고 슬프기도 한 습성이라고 할 수 있겠지만, 어쨌든 일본인은 이 같은 방식으로 자신을 인식하고 형성해 왔다. 그리고 그러한 발자취를 조망해 보면, 실로 다종다양한 일본이 발견되는 데에 놀라게 된다. 일본인이 자신을 비추는 거울은 단순한 한 면의 거울이 아니라 무수히 다른 각도의 거울을 조합한 다면거울, 만화경인 것이다. 장관이라고 할 만한 이 일본인의 자화상들을 하나로 이어 파노라마처럼 조망해 보는 것이 이 책이 의도하는 바이다.

그렇지만 이 파노라마는 통상적인 방법으로는 그리 쉽게 볼 수 있는 것이 아니다.

우선 역사를 거슬러 올라가 보면 대륙문명을 깊이 이해하고 이를 수용하여 일본 국가의 문명화를 도모하는 한편, 대륙에 대해 '해가

뜨는 나라의 천자(日出づる國の天子)'로서 독립하고 대등한 관계를 선언한 쇼토쿠태자,[1] 빈약한 논리에 사로잡힌 가라고코로[2]를 배제하고 그 자체로 맑은 야마토고코로[3]로 돌아갈 것을 설파한 모토오리 노리나가,[4] 그리고 대륙과 일본의 절충과 종합에 부심하여 화혼한재(和魂漢才)를 주창한 사쿠마 쇼잔[5] 등의 예와 같이 막부 말기 개국 이전의 길고 풍요로운 전반기가 있었음을 부인할 수 없다. 하지만 이 책에서는 이들에 대해 다루지 않고 메이지 이후 근대, 특히 서구를 비교의 상대로 한 후반기에 전적으로 초점을 맞추기로 한다.

이어서 범위 자체를 후반기로 좁히더라도 일본문화의 어느 수준에 초점을 맞추느냐에 따라 크게 사회과학적인 것과 인문학적인 것, 두

---

1) 聖德太子, 574~622. 604년 섭정으로서 헌법 17조를 제정하는 등 국정 개혁을 이끌었다.

2) 唐ごころ. 중국인의 심성.

3) 大和ごころ. 일본인의 심성.

4) 本居宣長, 1730~1801. 일본의 대표적 국학자. 저서인 『고사기전(古事記傳)』에서 인간 생활의 기본이 되는 것은 자연의 감정인 '진심'인바, 이러한 진심을 잃지 않으면 신의 의지에 부합한 생활을 할 수 있다고 하면서 중국의 문화에 심취하는 한의(漢意 혹은 唐ごころ)를 버리고 일본 고래의 정신, 즉 야마토고코로로 되돌아갈 것을 주장했다.

5) 佐久間象山, 1811~1864. 막부 말기의 사상가 겸 병학자. 양이(攘夷)를 위한 개국의 필요성을 주장했고 유학자 사토 잇사이(佐藤一斉)로부터 유학의 가르침을 받는 한편 난학(蘭學)에도 밝았다. 통칭 '슈리(修理)'라고 불렸는데, 이는 당시의 난세를 극복하고 천하를 수리하겠다는 자부심의 표현이기도 했다.

계통으로 나눌 수 있다. 여기에서는 기본적으로 후자에 비중을 두어 주로 자연관, 미의식, 윤리, 형이상학, 언어, 심리, 역사관 등에 목표를 두었다. 그리고 이 범위에서도 모든 것을 망라할 수 있는 것은 아니므로 필자의 기호에 따라 선택하여 대략의 과정을 제시하는 데에 그칠 것이다. 그렇다 하더라도 나름대로 근대 일본인의 일본문화에 대한 비전을 조망할 수 있는 안내자의 역할을 떠맡을 수 있다면 더없는 기쁨이겠다.

제1장
메이지 개국과 민족의식의 각성

메이지유신 후 한동안 일본사회는 문명개화의 기운에 열광하며 서양에서 들어온 근대문화의 물결을 받아들이는 데에 열중했다. 당시의 대표적 지식인 후쿠자와 유키치[1]의 『서양사정(西洋事情)』(1866~1870)이 베스트셀러가 되자 중견 희곡 작가 가나가키 로분[2]은 재빨리 이에 착안하여, 야지 기타(弥次喜多)의 손자들이 런던의 만국박람회 구경에 나섰다가 온갖 소동을 벌인다는 내용의 『세이요도추 히자쿠리게(西洋道中膝栗毛)』(1870~1876)를 간행했는데, 이 책 역시 서민에게 큰 인기를 얻는 등 세상이 온통 서양 것이 아니면 문화가 아니라는 분위기였다. 이러한 가운데 전통 일본

---

1) 福沢諭吉, 1834~1901. 사상가이자 교육가. 독립자존과 실학을 강조하며 일본의 문명화 길을 제시했다.

2) 仮垣魯文, 1829~1894. 막부 말기 및 메이지 초기의 희곡 작가 겸 신문기자.

문화는 사회의 한구석으로 밀려나게 되어 일본문화론 따위는 좀처럼 전면에 등장할 기회가 없었다.

그러나 이런 일방적인 상황은 메이지 20년대(1887~1896) 초반 무렵부터 조금씩 변화의 조짐을 보이기 시작했다. 이 시기가 헌법 공포와 국회 개설로 대표되듯이, 마침내 그때까지의 국가 형성 과정이 일단락되는 동시에 열광적이던 서구화 붐에 대한 반성 내지 반동의 움직임이 나타난 것이다. 하지만 확실히 쇄국으로부터 개국이라는 급격한 변화를 극복하기 위해 어쩔 수 없이 서구화를 서둘렀다는 사정이 있었고, 또 나름대로 성과를 거두기도 했다. 하나 냉정하게 되돌아보면 민족으로서의 주체성이 결핍된 급조된 국가의 모습에 대해 이래서는 안 되겠다는 위기의식이 일어났다. 특히 이 시기에는 정치면에서 일단 국내의 틀이 완성된 데 이어 불평등조약[3]의 개정, 중국 · 러시아와의 대결이라는 국제적 과제가 눈앞에 다가와 국가의식의 확립이 사람들의 마음을 끌기 시작한 측면도 있었다.

이런 상황에 호응이라도 하듯 당시 일본에서는 세계적 관점에서 전통 일본문화의 독창성, 우수성, 의의, 자리매김을 설명하는 문화론이 서구문화에 정통한 한 무리의 지식인에 의해 창출되었다.

3) 에도 막부가 개항, 재류 외국인의 치외법권을 인정하는 등의 불평등조약을 맺어 메이지 초기에는 이 조약들의 개정이 외교 과제가 되었다.

시가 시게타카의 『일본풍경론』

서구화에서 국위 회복으로

1888년 미야케 세쓰레이,[4] 스기우라 주고,[5] 시가 시게타카(志賀重昂) 등에 의해 결성된 정치 · 문화 단체 세이쿄샤[6]는 잡지 『일본인』(후에 『일본 및 일본인日本及日本人』으로 개칭)을 간행하여 개화의 입장에 서면서도 구미를 따라갈 것이 아니라 일본의 주체성을 밀고 나갈 것을 주장하여 국권의식의 자각에 큰 영향을 미쳤다. 이 세이쿄샤에서 가장 행동적인 논객으로 활약한 사람이 바로 시가 시게타카였다.

1863년 미카와(三河 : 현재의 아이치현愛知県) 오카자키번(岡崎藩)의 번사의 아들로 태어난 시가는 도쿄대학 예과를 거쳐 1880년 삿포로농업학교에 입학했다. 그는 당시로서는 거의 알려지지 않았던 홋카이도 벽지의 여기저기를 답파하는 등 탐험가로서의 소질을 크게 길렀다. 그리고 졸업 다음 해인 1885년 조선 정세를 염려하여 쓰시마(対馬)에 건너간 것을 시작으로 1886년에는 군함 쓰쿠바(筑波)에 올라 피지, 사모아, 하와이 등 남양제도를 시찰했다. 그리고 귀국 후

---

4) 三宅雪嶺, 1860~1945. 평론가. 세이쿄샤를 설립하여 국수주의를 제창했으며 신문이나 잡지에 번벌 정부를 비판하는 필치를 휘둘렀다.

5) 杉浦重剛, 1855~1924. 사상가이자 교육자. 재야에서 언론과 교육 활동을 하며 국수주의를 주장했고 청소년 교육에 힘썼다.

6) 政教社. 일반 국민의 행복을 중시하면서도 그 전제로서 국가의 독립과 국민성을 중시하는, 국수주의자들에 의해 결성된 사상 결사.

『남양시사(南洋時事)』를 발표하여 열강에 대항해서 적극적으로 해외에 진출해야 한다는 점을 역설했다. 그후 시가는 1927년 예순셋의 나이로 세상을 떠날 때까지 전 생애에 걸쳐 중국 · 러시아 · 아프리카 · 남북아메리카 등 세계 각지에 탐험 여행을 계속하면서, 그 견문을 토대로 인문 · 지리 사정을 소개했으며 또한 일본의 식민 · 개발의 확대를 목표로 한 계몽 활동과 정계 활동을 정력적으로 실천했다.

시가는 일본인으로서는 보기 드문 국가주의적 탐험가이자 경세가였는데, 그가 이러한 시야를 배경으로 일본의 풍토 · 자연의 특징을 논하여 평가한 것이 『일본풍경론(日本風景論)』(1894)이다. 바야흐로 청일전쟁이 한창이던 시국이기도 하여 그 국위 선양적 내용과 문체는 열광적으로 받아들여졌고 오래도록 메이지를 대표하는 언론의 하나로 계승되었다.

일본 풍토미의 세 가지 특질, 네 가지 요인

『일본풍경론』은 먼저 일본의 풍토 특성을 개관한 「서론」으로 시작된다. 모두에서 유학자 오쓰키 반케이[7] 의 "강산 순미(洵美)한 이곳 나의 고향"(江山洵美是吾鄕. 반케이의 원문은 江山信美是吾州)이라는 말을 인용하며 모든 민족이 자신의 풍토 자연을 사랑하지만, 일본의 경우 거기에서 그치지 않고 우수성이 절대적이어서 외국인이 보더라도

7) 大槻磐溪, 1801~1878. 막말 · 메이지 초기의 유학자. 서양 포술에 능했고 개국론을 펼쳤다.

시가 시게타카

현세의 극락정토라고 감탄할 만큼 자연미가 극치라며 찬미하고 있다. 그리고 그 내용을 산뜻함〔瀟灑〕·미(美)·질탕(跌宕. 웅대)의 세 가지 특질로 나누어 각각 예를 들고 있다.

산뜻함으로는 두견 소리가 울려 퍼지는 신록의 요도가와,[8] 나라(奈良)에서 듣는 사슴의 울음소리 등이고, 계절로 말하자면 가을에 최고조에 달한다고 한다. 붉은 가을 단풍의 화려하고 다채로움은 워즈워스(William Wordsworth), 월터 스콧(Walter Scott) 등 낭만파 시인이 생생하게 묘사한 영국의 노란 단풍에 비해서도 매우 뛰어나다고 단언한다. 미로는 하얀 달에 걸려 몽롱한 아라시야마[9]의 밤 벚꽃, 지쿠마가와[10]를 끼고 펼쳐지는 유채꽃밭, 보리밭의 전망, 계절로는 봄이다. 특히 꾀꼬리와 벚꽃의 결합은 중국·한국의 그것들에서는 볼 수 없는 진정한 미이다. 질탕에서는 나스[11]의 광야에 소나무가 높이 치솟은 광경, 다테야마[12] 산정에서 봉우리들을 내려다보는 절경 외 여러 가

---

8) 淀川. 비와코(琵琶湖)에서 발원하여 교토를 거쳐 오사카만으로 흐르는 강.
9) 嵐山. 교토 서부에 있는 산.
10) 千曲川. 나가노현(長野県) 북부를 흐르는 강.
11) 那須. 도치키현(栃木県)에 소재하며 온천 등 행락지로 유명하다.
12) 立山. 도야마현(富山県)의 남동부에서 북알프스의 북서부로 이어지는 연봉. 일본의 3대 영산 가운데 하나.

지이다.

이어서 시가는 이러한 뛰어난 풍경을 낳는 요인으로 기후와 해류가 다변다양한 것, 수증기가 많은 것, 화산암이 많은 것, 유수(流水)의 침식이 격렬한 것, 네 가지를 들고 있다. 이 네 요인에 대해 각각 상세하게 설명하는 것이 다음 장부터 다룰 본론의 내용으로, 그에 앞서 「서론」의 후반에서는 일본해안[13]과 태평양안 풍토의 차이를 열거한다.

이를테면 일본해안은 급격한 경사(단애)가 많고 (해안선의) 굴곡이 적기 때문에 항만이 드믄 한편 태평양안은 경사가 완만하고 굴곡이 커 항만이 많다거나, 일본해안은 흐린 날이 많고 겨울에는 눈이 많이 내리며 한랭한 한편 태평양안은 맑은 날이 많고 온난하다는 등의 지리적 · 기상적 관찰에서 시작하여 일본해안은 태평양안에 비해 문화(인구, 교통, 정치적 활동 등)의 발달이 느려 이러한 일본문화의 요소들이 태평양안에 집중한다고 지적하며 맺고 있다.

확실하게 언급하고 있지는 않지만, 시가 시게타카가 자연환경 조건이 문화 발달에 작용한다는 사회관과 지리 풍토를 단지 미적 관점에서뿐만 아니라 식산(殖産)의 관점에서 다루는 발상이 엿보인다.

기후와 해류

본론에 들어가 먼저 제2장에서는 일본열도를 둘러싼 기후와 해류의 특징에 대해 논하고 있다. 일본열도는 남북으로 가늘고 길게 늘어

13) 우리나라의 동해. 이 책에서는 책의 성격상 일본해로 표기한다.

서서 쿠로시오[14] 난류와 오야시오[15] 한류에 끼어 있고, 또한 내륙 산악부에서 해안 평야부에 걸쳐 고저의 차가 심한 조건에 의해 열대에서 한랭에 이르는 다양한 풍토 특성을 보인다. 그 결과 생물 분포에서도 북쪽(홋카이도北海道)의 빙원에서 바다표범과 물개가 노는가 하면, 남쪽의 해변에서는 야자나무와 파초 같은 열대나무가 번성한다. 더욱이 열대식물인 대나무를 파묻듯이 쌓인 눈 사이로 열대동물인 원숭이의 소리가 들리는 등 일본열도의 다양성을 지적하고 있다.

이어서 각종 생물에 대해 논하면서 식물 중 일반적으로 일본인의 심성을 대표한다고 여겨지는 벚꽃에 비해 오히려 송백(松柏)이 강직 고매한 품격에서 일본인의 무도(武道) 정신을 대표할 뿐만 아니라 그 종류도 많다고 역설한다. 조류의 경우 그 종류가 많은 까닭은 다윈의 설을 근거로 섬나라는 특이종이 발달하기 쉬운 환경이기 때문이라고 논하고, 곤충과 꽃도 이와 마찬가지로 다루고 있다.

그리고 결말은 구미 여러 나라에서는 볼 수 없는 일본 고유의 풍물의 미를 시가, 그림, 조각 등의 주제로 삼을 것을 권하면서 그 예를 열거하고 있다. "황성(荒城)의 밤은 깊어 부엉이 한 마리 초승달을 향해 울고 있고, 얼음 위 바다표범은 포효하고 북풍을 헤치며 배의 돛이 날아가네" 등 요사 부손[16]의 "유채꽃과 달은 동쪽에 해는 서쪽에"의 구절도 인용하고 있다.

---

14) 黑潮. 일본열도를 따라 태평양을 흐르는 난류.

15) 親潮. 베링해에서 발하여 태평양 쪽을 따라 남하하는 한류.

16) 与謝蕪村, 1716~1783. 에도 중기의 하이쿠 작가이자 화가. 낭만적 · 회화

수증기

시가 시데타카는 『일본풍경론』의 제3장에서 일본은 사방이 바다로 둘러싸여 있어서 해류의 영향, 나아가 태풍에 의해 풍부한 수증기의 혜택을 받고 있다고 논하고 있다. 그 작용으로서 춘하추동 각 계절, 도호쿠(東北) · 도카이(東海) · 산인(山陰) · 호쿠리쿠(北陸) 지방[17] 등 각 지역에 따라 눈 · 서리 · 안개 · 구름 같은 다양한 기상 현상을 일으키고 다양한 식생을 촉진하며 지형에도 영향을 미치는 예를 고전 시가를 빈번하게 인용하면서, 계절이 이어짐에 따라 북에서 남으로 다시 남에서 북으로 지역을 차례차례 돌아다니는 것처럼 현장감 있게 설명하고 있다.

그중에서도 특이한 것으로 신기루와 태풍, 두 가지를 예로 든다. 그리고 봄부터 가을까지 다습한 시기가 이어지는 도쿄의 하루를 예로 들어 일출 때 몽롱한 수증기 속에서 색채가 빛나고 번지며 풍경이 떠올랐다 사라지며 해질녘에 다시금 같은 변화가 연출된 다음 이어서 밤의 어둠 속에 가로등이 점멸하는 광경으로 옮겨 가는 모습을 두고, "천교(天巧)와 인작(人作)이 서로 조화 웅혼(雄渾)하여 대관(大觀)

적 작풍을 지녔으며 일본 남화를 대성했다.

17) 도호쿠 지방은 후쿠시마(福島) · 미야기(宮城) · 이와테(岩手) · 아오모리(青森) · 야마가타(山形) · 아키타(秋田)의 6개 현을, 도카이 지방은 중부 일본의 남부 태평양 연안 시즈오카(靜岡) · 아이치(愛知) · 미에(三重)의 3개 현과 기후(岐阜)의 남부를, 산인 지방은 돗토리(鳥取) · 시마네(島根) · 야마구치(山口)의 3개 현 등을, 호쿠리쿠 지방은 도야마(富山) · 이시카와(石川) · 후쿠이(福井)의 3개 현과 니가타(新潟) 북부를 각각 가리킨다.

을 표출한다"라고 칭찬하고 있다. 또한 약한 암반이 다습의 작용으로 부식한 결과 색다른 모습을 띠게 된 묘기산[18] 등이 강한 수증기 작용의 예로 소개되고 있다. 말미에서는 역시 시와 그림 제재로서 에조[19]의 봄밤의 달과 후지(富士)의 일출 등을 예로 들고 있다.

화산

「제4장 일본에 화산암이 많다」는 『일본풍경론』 가운데 하이라이트라고 할 수 있는 부분이다. 시가 시게타카는 산, 특히 활화산을 가장 용장(勇壯)한 자연현상이라고 찬탄한다. 동시에 일본은 전국을 통해 화산이 많다는 점에서 화산이야말로 일본의 풍경을 대표한다며 상세하게 설명하고 있다.

그는 먼저 동아시아 지역을 살펴보고 북쪽과 남쪽 양쪽의 화산맥이 일본열도에 들어와 합류하여 본토 중앙부를 중심으로 사방으로 확장하여 일대 화산국이 되었음을 지적한 다음, 이 때문에 한국이나 중국에서는 볼 수 없는 다이내믹한 경관을 낳았으며 고금의 가인이 전국 각지의 산을 노래한 와카[20]의 목록을 제시하고 있다. 이어 명산의 기준으로 균형 잡힌 모습과 함께 형태 및 변화의 격렬함, 불규칙성을 제시하고 후자는 지금까지 무시되었다고 말한다. 이런 명산의

18) 妙義山. 군마현(群馬県) 소재의 산으로 기암괴석으로 유명하다.

19) 蝦夷. 아이누족의 옛 이름 혹은 홋카이도의 옛 이름.

20) 和歌. 한시에 대해 상대부터 일본에서 행해진 고유의 정형시. 흔히 와카라고 할 때 5·7·5·7·7의 5구 31음의 단카(短歌)를 이른다.

대표로는 후지산을 들며 일본뿐 아니라 세계에 으뜸가는 명산이라고 극찬했다.

이어서 지시마(千島)열도에서 미나미큐슈(南九州)에 이르는 각지의 대표적 화산이 순서대로 소개된다. 도표와 삽화가 있는 데다가 무엇보다도 시가 자신의 실제 등산 경험을 바탕으로 한 웅혼한 풍광 묘사에 이끌려 일본 화산대를 보아 가는 듯한 흥취가 넘치는 뛰어난 필치로(예컨대 「후지산의 반영」의 항목. "일출과 일몰 때 절정의 서쪽에 서면, 산의 서쪽을 휘감은 운무 사이로 보이는 산 아래의 평원 혹은 태평양 물에 후지의 그림자를 분명하게 볼 수 있는, 이른바 가게후지影富士야말로 뛰어난 경치여서 비할 것이 없다"), 그때까지 우키요에[21] 또는 가부키[22]의 가키와리[23] 식 평면 풍경에 익숙해 있던 당시의 독자에게 매우 참신한 인상을 주는 것이었다. 더욱이 여기에 화산 호수, 화산암의 기경이 더해져 화산의 풍광은 압권이며 다음과 같은 송가를 덧붙이는 것으로 끝맺고 있다.

---

21) 浮世繪. 주로 서민들의 일상 · 유녀 · 배우 등을 그린 에도 시대의 풍속화. 서민층을 기반으로 융성했으며 대담한 구도, 그림자를 표현하지 않는 점 등의 특징이 있다. 서양의 근대 회화, 특히 고흐와 마네 같은 인상파 작가에 영향을 미쳤으며 대표 작가로는 기타가와 우타마로(喜多川歌麿), 가쓰시카 후쿠사이(葛飾北斉) 등이 있다.

22) 歌舞伎. 근세 초기에 발생하여 에도 시대에 발달한 일본 특유의 연극. 음악, 무용 등의 요소들이 집대성한 서민적 종합 연극으로 오늘에 이르고 있다.

23) 書き割り. 연극 도구의 하나. 나무틀에 종이나 천을 바르고 자연 풍경, 건물 따위를 그린 것이다.

아, 조화의 홍로(洪爐)여, 화산, 화산암을 수없이 만들어 일본인에게 하사하니 이를 노래하지 않고 이를 찬미하지 않는다면, 어찌 일본인의 본색이라 하리오.

제4장에는 이와 같은 화산에 관한 기술에 이어 '등산의 기풍을 진작해야 한다'라는 부록이 더해져 있다.

당시까지 일본에서는 슈겐도[24] 등 종교적 목적으로 산에 오르는 일은 있어도, 스포츠 혹은 풍경을 감상하기 위한 등산은 없었다. 그런데 영국의 선교사이며 등산가인 웨스턴[25]이 일본알프스를 소개하면서 근대적 등산이 들어오는데, 시가는 그에 앞서 농업학교 시절 이래 탐험적 등산 체험에 입각하여 『일본풍경론』에서 독자적인 등산을 권유하여 고지마 우스이(小島烏水) 같은 등산가들에게 큰 감화를 주었다. "산, 산, 그 평면 세계에서 초월한 점이 많다"라는 문장으로 시작하며, 모든 자연의 아름다움이 산 위에서는 하계와는 차원이 다른 숭고함과 장관을 드러낸다는 점을 강조하고 있다. 젊은이들 사이에 등산의 기풍이 일어날 것을 갈망한 시가 시게타카는 등산에 필요한 장비와 등반 기술 등 여러 항목에 걸쳐 세심하고 실제적인 주의를 주

24) 修驗道. 일본 불교의 한 파. 일본 고래의 산악 신앙과 불교의 밀교, 도교가 결합하여 헤이안 시대 말기에 성립되었다.

25) Walter Weston, 1861~1940. 영국인 선교사로 일본을 방문하여 일본의 여러 산맥을 종주하며 그 정경과 감상을 기술한 『일본알프스의 등산과 탐험(*Mountaineering In The Japanese Alps*)』를 영국에서 출판했다.

고 있다. 대단히 관념적 로맨티스트이자 철저한 실천가였던 시가 본연의 모습이며, 고지마 등이 지적하듯이 여기서부터 근대 일본의 등산사가 시작되었다고 할 수 있다.

「제5장 일본에는 유수의 침식이 격렬하다」에서는 험준한 산악 지대를 많은 양의 빗물이 흘러 떨어진 결과, 폭포와 계곡이 있는 다이내믹한 경관이 생기고 지하수가 석회암을 뚫어 종유동이 출현하며, 바다에 이르면 역시 격한 해류가 뒤얽힌 해안선 및 기이한 섬과 바위를 만든다는 점을 지적하고 있다.

이상으로 본론은 끝나며 결론적으로 이렇게 다양한 자연미를 다양한 예술로 표현하여 보존과 계몽에 노력하고 일본과 계통이 같은 아시아 대륙의 지리, 지질에까지 시야를 넓혀 서구의 기준에 의존하지 않는 아시아의 독자적 지학 체계를 개발할 것을 호소하며 『일본풍경론』을 완결한다.

서구적 발상과 일본적 문체

『일본풍경론』이 문명개화 이래의 서구화 풍조에 대항하여, 일본인의 국권의식 확립을 목표로 하는 강한 의지에 기초하여 구상 · 집필되었다는 점은 앞에서 소개한 대로이다. 그것은 단지 종래의 전통적 발상을 계승, 고수, 유지하는 것이 아니었다. 『일본풍경론』에 나타난 자연관의 기초가 되는 것은 오히려 반대로 당시 일본으로서는 최첨단을 걷는 지극히 서구적 발상이었다. 시가 시게타카가 일본의 풍경미에서 가장 강조한 것은 화산으로 대표되는 질탕(웅대)이라는 요소인데, 이러한 관점은 그의 지적처럼 종래 일본인의 자연관에는 누락되어 있던 것으로, 그 연원은 19세기 서구 낭만파의 자연관에서 왔다. 18세기까지의 고전주의 문화를 지배하고 있던 형식적 · 정적 · 평면적 자연미 규범을 타파하고 정념적 · 동적 · 입체적 자연미의 발견과 평가를 목표로 한 이 운동은, 영국에서 말하자면 호수 지대의 풍광을 서정적으로 노래한 시인 워즈워스, 스코틀랜드 고지를 무대로 파란만장한 이야기를 쓴 소설가 스콧, 화가 터너(J. M. W. Turner)의 풍경화를 빌려 자연미론을 주장한 사상가 러스킨(John Ruskin) 등으로 대표되는데, 『일본풍경론』의 자연미 의식은 이 사조에 따른 것이었다.

시가 시게타카는 삿포로농업학교 시절의 환경, 교육, 교우를 통해 이 같은 감화를 받아 정신을 형성해 갔다. 원래 홋카이도 개척의 인재를 육성할 목적으로 설립된 이 학교는 초대 교장 클라크의 훈도로 청교도적 기독교 정신을 근간으로 하는 인격 교육을 하고, 이상주의적 문화 창조를 목표로 하여 우치무라 간조[26] · 니토베 이나조[27] · 아리시마 다케오[28] 등의 인재를 배출했는데 시가도 그 일원이었다. 다만 우치무라 · 니토베 · 아리시마 등이 친기독교 · 친서구의 입장에 선 정통파인 데에 반해, 시가 시게타카는 기독교나 서구를 이해하고

26) 內村鑑三, 1861~1930. 종교가 겸 평론가로 무교회파 기독교를 전도했다.

27) 新渡戸稲造, 1862~1933. 교육자이자 농정학자.

28) 有島武郎, 1878~1923. 소설가. 『시라카바(白樺)』 동인에 참여했으며 인도주의적 경향이 강한 작품을 다수 발표했다. 대표작으로는 「카인의 후예」, 「어떤 여자」, 「다시 태어나는 고통」 등이 있다.

그 정신성과 이상성은 받아들이면서도 기독교 · 서구 자체와는 가까워지지 않고 오히려 거기서 반전하듯이 일본으로 향한다.

우치무라나 니토베 역시 뒤에서 설명하겠지만 친서구와 병행하여 친일본 의식은 있었지만, 시가의 경우 병행이 아니라 반전으로서 서구에 맞서는 일본을 강조하게 된다. 그것은 앞에서 언급한 바와 같이 메이지 20년대 전후에 급속히 일어난 국권적 내셔널리즘이라는 정치적 틀에 이끌린 것이었으나, 『일본풍경론』에서 이러한 내셔널리즘은 빈번한 일본 고전 시가의 인용, 낭만파적 자연미 발견의 사이에 삽입된 '벚꽃에 꾀꼬리', '후지산의 소나무 가지'식 옛 어투나 정형화된 형식의 자연미 답습, 그리고 전체를 일관하는 한문 문체로 나타난다.

특히 한문 문체는 『일본풍경론』의 최대 매력으로서 당시뿐 아니라 이후의 독자까지 매료시켰는데, 이는 일본의 전통적 명문장 스타일 중 하나를 훌륭하게 계승한 것이다. 예컨대 「등산의 기풍을 진작해야 한다」의 제2절 '구름의 아름다움과 기이함과 크기는 산을 얻고 조화를 이룬다'는 그 전형이다.

> 중국인은 바위를 '구름의 뿌리'라고 부른다. 풍치 있도다, 이 이름이여. 구름은 산에서 일어나고, 산은 구름을 얻어 더욱 아름답고 더욱 기이하고 한층 크기를 더한다. 그 구름이 끊임없이 연사(蓮絲)처럼 산등성이를 끌어 마치 신녀가 비단 치마 짜는 것을 닮았고, 아침 해와 석양이 때때로 이것과 조화를 이루어 순홍색 불처럼 비단 치마는 복숭아색으로 물드네. 홀연히 구름의 왕래는 신속하고 팽배하여 하늘을 감싸며

많은 길이 미친 듯이 달려 산은 그 사이에서 혹은 분출하고 혹은 사라지고 혹은 떠오르고 혹은 가라앉아 광범위하게 대해상의 섬들을 이루네. 경각(頃刻)에 공기의 운동이 정온(靜穩)해지니 구름은 이윽고 하강하여 산 중턱에서 휘감고 그 위에서 절정의 초연고존(舜然孤尊)함을 보노라. 요컨대 산은 구름을 얻고 구름은 산을 기다려, 마침내 서로 아름답고 더욱더 기이하고 한층 더 크기가 조화를 이루네.

여기서 변환 자재한 구름의 움직임을 좇는 구도는 그야말로 러스킨이 칭찬한 터너의 풍경화를 방불케 하는데, 그 대구(對句) · 성구 · 과장된 공상적 표현을 종횡으로 구사하며, 리듬을 새겨 가는 문체는 전적으로 라이 산요[29] 같은 남성적 서경 한문체의 규범에 따른 것이다. 즉 근대 서구적인 자연관을 전통 일본적 생각으로 감싼 문장, 이 이중성은 개화적 국수주의로 불리는 시가 내지 세이쿄샤의 사상적 특징이었다. 그들의 국수주의란 에도 쇄국기의 모토오리 노리나가로 대표되는 국학[30]의 경우처럼 머리에서 외국(중국)의 사상을 부정하고 배제한 것이 아니라, 개국에 의해 외국(서구)의 사상 특히 내셔널리즘의 사상을 접하고 이를 위협으로 느꼈기 때문에 자신들이

---

29) 賴山陽, 1780~1832. 에도 후기의 유학자 · 역사가 · 한시인. 저서 『일본외사』는 막부 말기 존왕양이운동에 커다란 영향을 미쳤다.

30) 國學. 『고지키(古事記)』, 『니혼쇼키(日本書紀)』, 『만요슈(萬葉集)』 등의 고전을 문헌학적으로 연구하여 유교와 불교가 전래되기 이전 일본의 고유한 문화 및 정신을 밝히려는 학문.

수용한 다음 일본의 생각으로 재형성하여 서구에 대항하려 한 것이다.

이리하여 『일본풍경론』은 서구 낭만파적 자연관과 일본적 전통 문체, 나아가 탐험가와 지학자로서의 실천적 · 과학적 기술까지 혼합한 후 열렬한 내셔널리즘을 불어넣어 한 덩어리가 된 것이라고 할 수 있다. 호랑이 얼굴에 너구리 몸을 한 괴물의 모습 같다고나 할까, 사이보그 같다고나 할까.

여하튼 괴이한 조합인데, 이는 당시 일본의 과도기적이고 혼돈된 문명 상황을 반영한 것이다. 즉 서구 낭만파적 자연관이라면 기타무라 도코쿠[31](「호라이쿄쿠蓬萊曲」 1891), 구니키다 돗포[32](「무사시노武藏野」 1898, 「소라치가와의 저편空知川の彼岸」 1902) 등의 모습이고, 전통 일본적 서경 문체라면 오자키 고요[33](「두 여승의 색정 참회二人比丘尼色懺悔」 1889, 「금색야차金色夜叉」 1897~1902) 등의 모습이며, 나아가 지학적 · 지리적 기술이라면 우치무라 간조(「지리학고地理學考」 1894. 후에 「지인론地人論」으로 개제) 등의 모습이다. 『일본풍경론』은 이 시대의 사조를 총동원하여 내셔널리즘의 틀에 교묘하게 꿰어 맞추어 완성된 것이다.

---

31) 北村透谷, 1868~1894. 시인 · 평론가로서 자유민권운동에 참여했고 근대 낭만주의의 선구자이다.

32) 国木田独歩, 1871~1908. 시인 · 소설가로서 자연주의 문학의 선구자이다.

33) 尾崎紅葉, 1867~1903. 풍속소설의 대표 작가로 우리나라의 「장한몽」은 그의 「금색야차」를 번안한 것이다.

국가 모델로서의 자연

시가가 목표로 해야 하는 근대국가 일본의 아이덴티티 모델로서 가장 강조한 것은 다이내믹하고 남성적인 자연의 이미지이다. 서구 낭만파에서 취한 이 이미지를 지렛대 삼아 그는 폐쇄적이고 정적이며 평면적인 그때까지의 일본상을 타파하고 열강에 끼어 웅비하는 듯한 적극적이고 힘차게 신장해 가는 일본을 제시하려고 했다. 그는 이를 위해 격렬한 화산의 활동과 작용을 일본 풍경의 대표라고 했으며, 또한 북쪽은 지시마, 남쪽은 대만 등 새로운 일본 자연미를 강조했다. 시가 시게타카에게 개국 및 근대화란, 격렬한 생존경쟁의 상황에서 이겨 내기 위해 끊임없이 움직이고 팽창하지 않으면 안 되는 숙명을 의미했던 것이다. 그는 이 숙명을 화산과 새로이 획득한 풍경을 빌려 설명한다.

그의 이러한 의도는 청일전쟁, 러일전쟁 등 대외 전쟁을 이겨 내고 해외로 진출하는 것을 목표로 하고 있던 당시의 상황에 그대로 들어맞아 『일본풍경론』은 일약 '시대의 책'이 되고 말았다. 그러나 두 전쟁을 거친 메이지 40년대쯤 이러한 숙명을 공허하고 불건전한 것이라고 비판적으로 바라보는 나쓰메 소세키[34](「현대 일본의 개화」 1911) 같은 시각도 나타났는데, 메이지 20년대의 시점에서는 시가 시게타카 자신도 그렇고 시대 또한 의기양양하게 긍정적으로 이 상황에 맞

---

34) 夏目漱石, 1867~1916. 영문학자이자 소설가. 일본 근대문학의 대표 작가로서 고답적 입장을 취했으며 근대인이 지닌 이기주의를 파헤쳤다. 대표작으로는 「나는 고양이로소이다」, 「도련님」 등이 있다.

서려고 했다.

그렇지만 시대와 함께 서서히 시가의 본래 의도는 잊혀 가는 것처럼 보인다. 『일본풍경론』은 오래도록 호평을 얻고 있었지만, 그 호평의 내용은 정치적인 면보다는 미적인 면, 구체적으로는 거침없고 열정적인 서경 문체의 매력 때문이었다. 시가는 정치 사상가로서보다는 문장가, 자연 관상가로서 평가되었던 것이다.

그러나 이 점이 시가 시게타카 본인이 바라던 바는 아니었겠지만, 시대를 지나 돌이켜 보면 『일본풍경론』과 시가의 진가는 역시 새로운 자연미를 발견하고 표현한 바로 여기에 있다고 말할 수 있다. 탐험 정신, 곧 실지(實地) 관찰 정신에 기초하여 북에서 남까지, 바다에서 산까지, 지금껏 일본인이 그다지 가까이한 적이 없는 여러 곳을 답파 · 조사한 점에 『일본풍경론』의 독창적이고 획기적인 면이 있었다. 이로써 단조롭고 정적이며 틀에 박혀 있던 일본인의 자연관은 일거에 타파되고 입체성, 활동성, 다양성을 축으로 하는 근대적 자연관으로 바뀌어 갔다.

그 영향은 여러 형태로 나타났다. 가장 직접적인 것으로는 근대적 등산 문화를 탄생시킨 것이며, 탐험과 개발 등도 그 연장선상에 있다. 기타무라 도코쿠 · 구니키다 돗포 등 작가의 자연관과의 병행성이 가져온 것에 대해 말하면, 그들의 계보를 이어 시마자키 도손[35]이 발표

35) 島崎藤村, 1872~1943. 시인 · 소설가. 자연주의 문학의 선구자로서 시집 『와카나슈(若菜集)』로 시인으로서 명성을 얻고 장편소설 「파계」로 소설가로서의 지위도 확고히 했다.

한 근대 일본 최초의 본격 장편소설이라고 할 수 있는 「파계(破戒)」(1906) 속의 히다(飛騨) 산악 지대(일본알프스)에 관한 묘사는 『일본풍경론』의 산악에 관한 기술을 연상시킨다. 뿐만 아니라 이후 일본 근대문학에서의 자연 묘사의 한 원류가 되었음을 알 수 있다. 더욱이 토지야말로 인간의 삶, 문화, 역사의 원점이라는 신념 위에 서서 각 토지마다의 기후, 풍토의 작용을 고찰해 가는 태도는 후의 와쓰지 데쓰로[36]의 『풍토(風土)』에서 우메사오 다다오[37]의 『문명의 생태사관(文明の生態史觀)』에 이르는 풍토 연구, 생태학 연구의 선구가 되고 있다.

따라서 『일본풍경론』은 메이지 일본의 국가 형성 내셔널리즘이라는 열기 속에서 출판되어 그 새로운 풍경관으로 근대 일본문화론의 한 분야를 개척한 작품이라고 할 수 있다. 당시 일세를 풍미한 웅혼한 문체는 1세기 이상 지난 오늘날에 보면 다소 고색창연하게 느껴지는 점은 부정할 수 없지만, 거기에 담긴 자연에 대한 정열과 사상은 지속되어 현재의 내추럴리스트, 에콜로지사상과도 잘 통하기 때문에 앞으로 되살아날 가능성도 있다.

---

36) 和辻哲郎, 1889~1960. 철학자이자 문화사가 · 윤리학자. 자세한 내용은 138~150쪽.

37) 梅棹忠夫, 1920~. 민속학자 · 인류학자 · 비교문명학자.

니토베 이나조의 『무사도』

세계인으로서의 일본인

개화된 민족주의자 시가 시게타카를 탄생시킨 삿포로농업학교는, 교양과 정신의 형성은 시가와 공유하면서 민족주의와는 반대인 코즈모폴리터니즘으로 향한 사상가들을 배출하기도 했다. 바로 니토베 이나조, 우치무라 간조, 아리시마 다케오 같은 이들이다. 클라크가 설명한 기독교 정신에 기초한 이상주의에 크게 감화를 받은 이들은 민족과 국가의 차이를 넘어서 보편적 기독교 이상의 실현을 목표로, 세계(서구)와 일본 양쪽을 동시에 시야에 두면서 활동해 갔다. 세계인으로서의 일본인이란 그런 것이며, 그러한 코즈모폴리터니즘의 입장에서 일본문화론을 논한 대표적 저작이 『무사도(武士道)』(영어 원제는 *Bushido : The Soul of Japan*)이다.

니토베 이나조는 1862년 모리오카(盛岡)에 있는 난부번(南部藩) 번사 집안에서 태어났다. 열 살 때 상경하여 영어를 배우기 시작했으며, 1877년 열여섯 살에 조부가 시작한 개척 사업을 물려받을 준비로 삿포로농업학교에 입학했다. 거기서 동기생인 우치무라 등과 함께 기독교에 입신하고 코즈모폴리터니즘적 이상주의를 배양해 갔다. 농업학교를 졸업한 후 1883년에는 농정학을 중심으로 교육을 받기 위해 도쿄대학에 입학했다. 이때 면접시험에서 장래 희망에 대한 질문을 받고 태평양의 가교가 되겠다는 유명한 모토를 밝혔다.

니토베 이나조

1884년 도쿄대학을 중퇴하고 미국으로 건너갔고, 1887년 독일로 옮겨 3년간 면학 · 연구를 거듭하다 1891년 귀국했다. 잠시 모교에서 교편을 잡는 등 왕성하게 활동하다가 건강을 잃어 1898년 요양 차 미국으로 건너갔는데, 이때 구미의 독자를 대상으로 영어로 『무사도』를 집필하여 1899년 간행했다. 일본에 돌아온 뒤 대만총독부 기사, 일고(제1고등학교) 교장, 도쿄대학 교수, 도쿄여자대학 학장 등을 역임한 후 1920년 제1차 세계대전 후 세계 평화 실현을 위해 발족한 국제연맹의 사무국 차장이 되어 제네바에 부임했다. 이후 1929년 악화하고 있던 미 · 일의 관계 개선을 목표로 한 태평양문제조사회 이사장에 취임했다. 1933년 캐나다 밴푸에서 열린 회의에 참석했다 병으로 쓰러져 72세의 나이로 세상을 떠났다.

특히 니토베 이나조는 다이쇼[38] 시기 이후 당대의 대표적 계몽가이자 교육가로 인생론, 사회론과 관련된 저술과 강연을 통해 사회에 커다란 영향을 미쳤다. 그의 저술과 강연에서 엿보이는 것은 개인, 자유, 휴머니즘, 데모크라시 등을 축으로 한 근대 서구적 이상주의이다. 또한 청년기 이래의 모토대로 일본과 세계(서구)의 상호 이해와 융화를 목표로 쉬지 않고 폭넓은 활동을 펼쳐 간 자세는, 이른바 '다

38) 大正. 다이쇼천황의 연호로 1912~1926년에 사용했다.

이쇼 데모크라시[39]지식인'의 전형이라고 할 수 있다.

『무사도』는 니토베의 초기 저작이지만 이미 그의 생애와 사상이 응축되어 나타나고 있으며, 집필 배경에 대해서는 서문에서 설명하고 있다. 예전에 벨기에 학자와 잡담을 나누던 중 일본의 종교 교육에 대한 질문을 받고 무사도의 교육이 그에 해당하는 것이 아닐까 하는 데에 생각이 미친 경험이 있고, 또 미국인인 부인이 종종 일본인의 사고방식과 습관에 관한 질문을 해와 대답하는 가운데 역시 일본인의 도덕관념의 원천이 무사도에 있다는 것을 새삼 느낀 것이 집필의 계기가 되었다고 한다. 또한 니토베 이나조는 자신이 성장하며 배운 체험을 토대로 무사도에 대해 설명하고 있다.

그는 막부 말기 중에서도 마지막 시기에 태어났고 철이 들 무렵에는 이미 메이지 시기가 되었으며, 얼마 후 영어를 비롯하여 근대적·서구적 교육을 받았다. 더욱이 기독교에 입신하고 구미에 유학하는 등 새로운 문화를 몸에 익힌 독보적인 인물이었다. 그러나 그럼에도 불구하고 소년기까지 자신의 주위에는 무사도의 유풍(遺風)이 여전히 남아 있어 그것이 자신의 인격과 도덕 감각의 근간을 형성했다고 밝힌다. 그러면서도 서문의 말미에 자신은 기독교를 믿고 있으며 기독교의 가르침이 만인에 통한다고 믿고 있다는 점을 확언하고 있다.

---

39) 다이쇼 시기에 현저해진 민주주의적 사조. 도시 중간층이 정치적 자각에 눈뜸에 따라 메이지 이후의 번벌·관료 정치에 반대하고 호헌운동·보통선거운동이 전개되고, 민주주의·자유주의·사회주의 사상의 기운이 높아졌다.

무사도와 기독교, 넓게 말하자면 일본 정신과 서구 정신이 병립 · 공존하는 점은 우치무라와도 공통되는 것인데(유명한 '두 가지의 J, 즉 Jesus와 Japan'의 모토), 그것이 바로 니토베의 생애에서 기본 원리이자 일본과 서구에 대한 비교문화론의 원칙이다.

무사도

『무사도』는 모두 17장으로 구성되어 있다. 「제1장 무사도란 무엇인가」에는 무사도가 원래 봉건 무사사회부터 생겨난 것으로 무사사회는 이미 과거지사가 되어 버렸지만, 무사도 정신은 여전히 남아서 일본인의 마음에 인도자가 되고 있다고 지적한다. 그런 후 무사도에 상응하는 것으로 서구의 기사도가 있다면서 양자가 거의 같은 시기에 봉건 무사단의 도덕 규율로 발생한 것을, 특히 영국과 일본의 경우를 비교하며 설명해 간다. 무사도가 특정한 역사 상황의 산물이라 하더라도 시대와 사회를 초월한 현재성과 보편성을 갖는 것이라고 강조한다.

「제2장 무사도의 근원은 어디에 있는가」에서는 무사도 성립의 사상적 배경으로 불교, 신도, 유교의 세 전통 사상의 영향에 대해 논하고 있다. 불교로부터는 떳떳하게 운명에 몸을 맡기는 각오와 자기를 넘어 절대적인 것에 합일하는 정신이 선(禪)에 의해 전해지고, 신도로부터는 마음의 청명과 조상에 대한 외경심, 그 집대성으로서의 천황 숭배와 충군애국의 정신을 받았다. 한편 가장 중요한 원천인 유교는 무사도가 부여하는 규범 체계의 틀을 제공했다고 하면서 공자에서 맹자로, 더 나아가 이론과 실천의 일치 즉 지행합일(知行合一)을 중시하는 왕양명으로 이어지는 계보를 소개하고 있다.

니토베가 불교, 신도, 유교의 세 전통 사상(노장사상은 빠져 있다. 무사도와 가장 인연이 멀기 때문일 것이다)의 영향을 지적하는 까닭은, 무사도 자체가 종교는 아니지만 종교적 성격을 띠고 있으며 일본인의 정신문명 전체를 계승한 사상이라는 점을 나타내기 위해서라고 할 수 있다. 무사도에 대한 불교와 신도의 관계에 대해서는 상당히 편향된 견해가 강조되고 있다. 원래 유교에 비해 불교 · 신도와 무사도의 관련은 훨씬 희박하고, 경우에 따라서는 서로 반하는 점도 있었다. 무사도는 기본적으로 현세에서의 주종 관계를 축으로 하는 사회질서를 기반으로 하는 데 반해, 불교와 신도는 그런 현세의 질서를 무화(無化)하기 때문이며 실제로 그러한 이유에서 무사도와 불교 · 신도의 충돌이 일어났다.

그러나 니토베 이나조는 그러한 면에 대해서는 언급하지 않고 3자의 협조 · 일치를 주장한다. 특히 신도와의 관련에서 천황 숭배를 강조하는 것은, 메이지 시기에 들어서 쇼군(將軍) 정치에서 천황 친정으로 변화하여 종교적 기반으로서의 천황을 정점으로 하는 신도가 성립 · 추진하게 된 당시의 상황을 짙게 반영한다.

제3장에서 제9장까지는 차례로 의(義), 용(勇), 인(仁), 예(禮), 성(誠), 명예, 충의 등 무사도의 덕목에 대해 해설한다. 모두 유교의 가르침에 기초한 덕목으로 공자 · 맹자 등의 말이 자주 인용되고 있지만 엄밀하게 말해, 그 관련 및 차이점과 공통점이 검증되고 있는 것

은 아니다. 또한 도쿠가와 막번 체제라는 틀에서 이러한 덕목이 제도화된 역사적 · 사회적 배경을 고찰하지도 않는다. 『무사도』는 어디까지나 서구의 일반 독자를 대상으로 하여 입문서이자 소개서의 의미로 쓴 저술로서, 니토베 이나조가 힘을 쏟은 부분은 각 덕목이 구체적으로 어떠한 마음가짐으로 나타나고 어떻게 실천되었는가를 가능한 한 이해하고 공감할 수 있게 하는 것이었다. 그 때문에 그는 다양한 무사의 일화(인에서 파생한 측은지심의 예로 다이라노 아쓰모리平敦盛를 토벌한 뒤 출가한 구마가이 나오자네熊谷直実 등)[40]나 가부키(충의 예로 주군의 어린 아들의 목숨을 구하기 위해 자기 아들을 대신 죽게 한 『스가와라덴주 데나라이카가미菅原傳授手習鑑』의 「데라코야寺子屋」[41] 단 등)를 예로 들면서 기술해 간다. 그리고 거기서 강조되는 것은, 결국 이 여러 가지 덕목은 고결한 마음에 기초한 보편적 미덕으로 이해

40) 헤이안 시대 말기 1184년에 있었던 이치노타니(一ノ谷) 전투에서의 일화. 당시는 이름난 장수이거나 상대할 만한 장수가 아닐 때는 싸우지 않는 게 법도였다. 그래서 구마가이 나오자네가 자신의 이름을 밝힌 뒤 상대의 투구를 벗겨 보니 앳된 다이라노 아쓰모리여서 살려 주려고 했다. 그러나 아쓰모리는 명예를 위해 당장 죽여 달라고 했다. 그 사이 아군이 다가오자 다른 이에게 죽임을 당하느니 자신이 죽이는 것이 낫다고 생각하여 목을 치고 명복을 빌었다.

41) 『스가와라덴주 데나라이카가미』는 1746년 초연된 조루리(淨瑠璃) 시대물로 5단으로 구성되어 있다. 헤이안 시대 스가와라노 미치자네(菅原道真)의 실각 사건과 그 주변 인물을 그린 것으로, 「데라코야」는 4단이다. 데라코야는 메이지 초기 학제가 공포되기 전까지의 초등 교육 기관으로 승려나 무사들이 서민 자제에게 읽기, 쓰기, 셈 따위를 가르쳤다.

할 수 있다는 점이다. 물론 사회가 다르면 당연히 덕목이 표출되는 방식도 달라지지만, 근간으로 거슬러 올라가면 유일 공통의 인간성으로 귀결한다는 것이다.

「데라코야」의 예에서 보듯이 충의는 기타의 덕목에 비해 매우 특수하여 구미의 개인주의와는 동떨어진 것처럼 보이기는 한다. 그럼에도 불구하고 내실을 잘 살펴보면 미묘하고 생생한 인간성의 영위로 이해할 수 있으며, 자기 아들 이삭을 신의 제물로 바치려 한 아브라함의 이야기와 같이 서구의 문화에서도 유사한 예를 찾을 수 있다고 했다. 더욱이 니토베 이나조는 이러한 논법을 발전시켜 일견 전제적으로 보이는 봉건사회도 군주가 인으로써 다스리면 민주사회와 다르지 않을 뿐 아니라 주군에 절대 충성을 요구하는 무사도와 유일신을 믿는 기독교가 모순 없이 공존할 수 있다고 설명한다.

무사의 마음가짐

「제10장 무사는 무엇을 배우고, 어떻게 자신을 연마했는가」, 「제11장 타인을 이기고, 자신을 극복하기 위해」에서는 무사가 지녀야 할 실천적 마음가짐을 논하고 있다.

우선 무사인 자가 중시해야 하는 것은 여러 능력 이상 지인용(智仁勇)으로 집약되는 품성인데, 이것들은 모두 실천적이어야 한다. 이를테면 지는 단순히 지식을 위한 지식이 아니라 행동할 때 지침이 되는 지혜일 것이 요구되었다. 이 원칙에 따라 무사는 검술, 마술, 유술(柔術) 등의 무술 및 서도, 도덕, 문학, 역사 등의 학예를 익혔다. 특기할 것은 무사가 금전을 경시하고 손익 계산을 무시한 점이다. 금전, 손익에 집착하는 것은 품성의 타락을 초래하고 악덕으로 이끈다고 여겨 번(藩)의 재정도 경시되었다. 그 결과 무사는 현대사회에 횡행하고 있는 금권 부패에서 벗어날 수 있었다고 평가한다.

또한 중요한 마음가짐으로 자신을 엄하게 제어할 것이 요구되어 무사는 희로애락의 감정을 밖으로 드러내지 않는 금욕적 태도를 단련했다. 그 결과 과묵함이 중시되고 또한 아무리 마음속으로는 격동이 일어나고 있더라도 겉으로는 조용히 미소짓는 행동거지가 일반화되었다. 이러한 모습을 보고 일본인은 감정이 부족하다고 보는 외국인이 있지만 사실은 그렇지 않다. 일본인은 본래 풍부한 감정을 통제하는 것에서 마음의 평안을 유지하는 방법을 익히고 있기 때문이다.

「제12장 할복」에서는 무사도에서의 궁극적인 두 행위, 곧 할복과 복수를 다루고 있다. 근대 서구의 일반 상식에서 보면 매우 이해하기 어려울 뿐만 아니라 야만스러워 보이는 이 행위들이 사실은 수준 높은 정신문화의 표출이라는 점을 니토베 이나조는 역설한다. 먼저 할복에 대해 이러한 자살이 고대 로마의 유명한 카트의 죽음처럼 서구에도 존재했다는 점을 지적한 후, 배를 가르는 것은 배에 정신이 머문다는 생각에 따라 그 정신을 밖으로 드러내어 결백을 밝히려는 의미라고 설명한다. 할복은 단순한 자살이 아니라 명예를 다하는 행위로 인정되어 그에 상응하는 의례로써 행해졌다. 특히 할복은 죽음에 대한 공포를 이겨 내고 자기 손으로 죽음을 완수해 보임으로써 무사의 마음가짐의 요체인 자기제어와 강인한 의지의 궁극적 표현이라고 할 수 있다.

실제로 니토베 이나조는 할복이 숭고한 것이라는 점을 미트포드(A. B. Mitford)의 『옛날 일본 이야기(古い本の物語)』에 묘사되어 있는 이른바 '고베(神戸) 사건'(1868년 고베 거류지 부근에서 오카야마번岡山藩의 병사와 외국 병사가 충돌한 사건. 일본 정부는 외국 측에 사과하고 오카야마 번사 다키 젠자부로滝善三郎가 외국 측의 입회 하에 할복 자살했다)의 할복 장면을 인용하여 밝히고 있다. 그리고 이와 같이 자신이 믿는 명예나 가치를 위해 생명을 희생하는 점에서 할복은 "나를 위하여 제 목숨을 잃으면 구하리라"라고 한 그리스도의 말에 한없이 가까우며 민족과 문화의 차이를 넘은 인류의 도덕적 일체성을 입증하는 것이라고 지적하고 있다.

한편 복수 역시 인류에게 보편적 정의와 공정을 촉구하는 행동이라고 옹호하고 주신구라(忠臣藏)[42]의 예를 들며 이러한 행동이 현재까지 하나의 문화로서 일본인의 마음에 살아 있다는 점을 소개했다.

「제13장 칼」에서는 무사에게 칼은 단순히 무기가 아니라 충성과 명예의 상징이며 종교적 의미까지 띠고 있다고 설명하고, 칼은 본래 함부로 사람을 살상하기 위해 사용되는 것이 아니라 오히려 그와 반대로 가능한 한 칼을 뽑는 일이 없도록 평화를 추구하는 것이야말로 무사의 본분이라는 점을 가쓰 가이슈[43]의 좌담을 인용하며 설명한다.

---

42) 주군의 복수를 하고 할복한 아코(赤穗)의 무사 47인의 이야기를 다룬 조루리, 가부키, 교겐 등의 총칭.

43) 勝海舟, 1823~1899. 막부 말기 · 메이지 시대의 정치인. 막부 측을 대표하

「제14장 무가의 여성에게 요구된 이상」에서는 무사사회에서의 여성의 참모습에 대해 논하고 있다. 무사도는 본래 남성인 무사의 규범으로 생겨난 것이지만 여성도 기본적으로 그 규범에 따라야 하는 것으로 여겨진다. 즉 무사의 일족인 이상 여성에게도 용맹, 극기, 염치 등의 덕이 요구되고 유사시에는 적과 싸우고 자결도 두려워해서는 안 되었다. 이에 더하여 남성인 무사가 사회에 나아가 책무를 다하는데 반해 여성은 고유의 자세로서 집에서 가족을 위해 진력할 것이 요구되었다. 자기희생과 봉사가 모토이다. 이것은 근대 구미 사회에서 진행되고 있는 개인주의, 여성해방, 남녀평등과 상당히 다르기는 하나 결코 여성을 노예 취급하는 것은 아니라고 해명한다. 무사가 주군을 기꺼이 섬기듯이 여성은 가족을 섬겨야 하며, 이것은 기독교에서 신을 섬기는 것과 마찬가지라고 주장한다.

「제15장 야마토 혼」에서는 무사도가 일본인 전체에게 얼마나 큰 감화를 주었는지를 설명하고 있다. 무사 계급은 일본인 가운데 소수에 불과하지만, 서구 사회에서의 기사 계급이나 신사 계급과 마찬가지로 엘리트라는 점에서 다른 계급에게 깊은 도덕적 감화를 주었다. 미나모토노 요시쓰네[44]나 도요토미 히데요시는 언제나 대중의 영웅이며, 무뢰한들에 이르기까지 무사도의 정신이 규범이 되었다. 그리

여 에도의 무혈 개성(開城)을 실현했다.

44) 源義経, 1159~1189. 헤이안 말기 · 가마쿠라 초기의 무장. 다이라(平) 씨를 전멸시키는 등 무위를 떨쳤으나 후에 반역을 꾀하다 실패하여 자살로 생을 마감했기 때문에 비극의 영웅으로 전설화되었다.

고 무사도는 곧 일본인의 민족정신 그 자체, 이른바 야마토 혼이 되었다. 니토베 이나조는 여기서 "시키시마(일본의 미칭)의 야마토 마음을, 사람들은 아침 해에 빛나는 벚꽃"이라는 모토오리 노리나가의 유명한 시가를 인용하여 벚꽃의 기품, 우아함, 그리고 깨끗함은 야마토 혼의 상징으로 적합하다고 설명한다.

무사도의 장래

마지막으로 「제16장 무사도는 되살아날 것인가」, 「제17장 무사도의 유산에서 무엇을 배울 것인가」에서는 결론으로서 무사도의 장래에 대해 논하고 있다.

무사도를 낳고 지탱해 온 봉건 계급사회가 소멸하고 근대 민주사회가 된 현재부터 앞으로 무사도의 참모습이 어떻게 되어 갈 것인지에 대해 고찰한 것인데, 니토베의 견해는 크게 세 가지로 요약할 수 있다. 먼저 민족정신이란 하루아침에 소멸하는 것이 아니며 무사도 정신은 오늘날에도 여전히 일본인의 행동에서 원동력으로 작용하고 있다는 점을, 메이지유신의 지사들과 청일전쟁에서의 일본 병사들을 예로 들어 역설한다. 일본이 이 정도로 급속히 서구문화를 수용하여 근대화에 성공한 것 자체가 극기에 정진하여 이름을 높이려 한 무사도 정신의 덕택이었다는 것이다.

그런데 다른 한편 계급을 부정하고 개인주의를 내세우는 근대사회에서 무사도의 골격을 이루어 온 특권 계급적 · 엘리트적 정신은 더 이상 존속할 수 없다는 점 또한 인정한다. 그렇다면 어떻게 될 것인가, 그리고 어떻게 되어야만 하는가? 니토베 이나조는 무사도가 이대로 사라져 도덕 규범을 잃어버리게 되면 사회는 공리주의의 혼란에 빠져 들 위험이 있다는 사실을 우려했다. 그런 점에서 그는 다음과 같은 최종 결론을 내렸다. 무사도는 제도나 체계로서는 소멸해 가지만 그 정신은 모습을 바꾸어 살아남아 도덕적 원동력으로서 사회를 지탱해 갈 것이다. 확언하고 있지는 않으나 그 활로가 기독교에 있다고 암시한다. 기독교는 무사도에 비해 신과 인간의 직접 교류를 중시하는 점에서 보다 개인주의적이며 현대사회의 도덕적 원천이 될 수 있기에 기독교를 통해 무사도 정신을 살려 갈 수 있을 것이라고 기대한 것이다.

실천 도덕의 원천

앞에서 소개한 바와 같이 『무사도』는 서구사회에서의 종교(기독교) 교육에 해당하는 일본문화에 관한 질문을 받고 무사도가 그에 해당할지 모른다고 생각한 것을 계기로 집필되었다. 이 에피소드는 니토베 이나조에게 기독교와 무사도 양자의 관계가 어떤 것이었는지를 시사해 준다. 일본의 경우 종교라면 불교 내지 신도가 해당하지만, 그는 그것들을 취하지 않는다. 그는 유교를 주된 기반으로 하여 성립한 무사도가 기독교에 해당하는 역할을 한다고 말하고 있다. 그렇다면 그 역할이란 무엇일까? 한마디로 사회질서를 지탱해 가는 도덕적 규율 혹은 규범이라는 것이다. 기독교와 무사도는 그 역할을 다해야만 하는 문화로서의 의미를 갖고 있다. 그 때문에 니토베는 때때로

『구약성서』의 계율에 대해 언급한다. 무사도에서 규율, 규범이 중시되는 것은 말할 필요도 없다.

이렇게 해서 사회질서의 기반, 실천 도덕의 원천이라는 차원에서 무사도는 기독교와 거의 동등한 보편적 역할을 하고 있는 것으로 제시된다. 그것은 서구의 일반인을 독자로 삼았기 때문이다. 따라서 그는 무사도의 성립과 관련한 여러 특수한 역사적 · 사회적 상황의 문제는 그다지 다루지 않고 오직 거기서 결실을 맺은 여러 가지 덕이 시대와 국가를 넘어, 즉 현대에도 외국에서도 기본적으로 유효한 문화라고 설명한다. 요약하면 질서를 중시하고 자기를 다스리는 인간성이라는 것이며, 이것은 에도 봉건사회든 메이지 근대사회든 혹은 서구 사회든 구체적인 출현 방식에는 차이가 있어도 본질적으로는 변하지 않는다. 니토베 이나조는 그 점을 특히 현대의 시대 상황을 염두에 두고 강조한다. 메이지 일본의 경우 봉건제를 대신한 천황제를 떠받치는 충군 원리로서, 그리고 청일전쟁에 거국일치로 맞선 국민정신의 기초로서 무사도의 의의를 규정하고 있다. 서구사회에 대해 직접적으로 언급하고 있지는 않으나, 금욕적 청교도주의에 대응하는 것으로서 지나친 개인주의나 공리주의를 억제하는 역할을 완수할 수 있다는 것이다.

이와 같은 무사도에 관한 이해는 국수주의와는 대조적으로 보편주의적 · 이상주의적이며 니토베의 다이쇼 데모크라시, 다이쇼 리버럴리즘적 인간성이 반영되어 있다. 이는 '태평양의 가교가 되겠다'라는 그의 모토가 사상적으로 구현된 것이라고 할 수도 있다.

국가와 시대를 넘어

그 결과 『무사도』는 서구와 일본 모두에서 널리 평가되고 수용되었다. 미국에서는 청일전쟁 이래 고조되던 일본인에 대한 관심, 특히 자기규율과 집단 질서 등의 특성에 관한 관심에 답하는 저작으로 큰 반향을 불러일으켜, 루스벨트 대통령이 이 책을 읽고 친구들에게 주었다는 에피소드까지 전해지고 있다.

한편 일본에서는 미국판이 간행된 다음 해인 1900년 영어 원문 그대로 출판되었고, 1908년에는 일본어 번역판이 간행되어 역시 높은 평가를 받았다. 청일전쟁과 러일전쟁에서 연승하여 급속히 국력과 국위를 세계에 떨치고 있던 당시의 일본에서 국력과 국위의 기반이 되는 정신을 서구를 향해 정면으로 주장한 책으로서 열렬히 받아들여졌다. 니토베 이나조의 애제자 야나이하라 다다오[45]가 1938년 이와나미문고(岩波文庫)에서 간행한 새로운 번역서에 수록된 역자 서문 가운데 다음의 한 구절은 그 평가를 전하고 있다.

"박사가 이 책을 넘쳐흐르는 애국의 열정과 해박한 학식과 늠름하고 힘찬 문장으로 일본 도덕의 가치를 널리 세계에 선양하신 공적은 3군의 장수에 필적하는 바가 있다."

그러나 이미 검토해 왔듯이 『무사도』는 본래 서구에 대항하여 국권을 주장한 『일본풍경론』 같은 내셔널리즘과는 달리 서구와 일본을 동등하게 보고 문화의 보편성을 찾는 발상에 기초한 저서이며, 시대

45) 矢內原忠雄, 1893~1961. 경제학자. 도쿄대학 총장을 역임했다.

사조로서는 오히려 다이쇼 리버럴리즘에 가까운 입장에 서 있다. 다이쇼 시기에 니토베는 이런 입장에서 왕성하게 도덕적 계몽 활동을 펼쳤는데, 그것은 『무사도』의 사상이 발전한 결과라고 할 수 있다.

그후 무사도의 사상은 특히 쇼와(昭和) 전시 체제 아래 국수적 정신의 중축으로 빈번히 선전되었고 전후에는 미시마 유키오[46] 등에게 계승되는데, 그것은 니토베의 사상과는 전적으로 역행하는 것이었다.

더욱이 무사도는 보다 일반적으로 일본인의 극기 정신 · 규율 정신 · 과단 정신 등의 대명사로서 예를 들어 '사무라이(侍)' 같은 표현으로 널리 유포되었으며, 이때 니토베의 『무사도』를 증거로 삼는 일이 적잖았다. 그것은 니토베 본래의 사상 그대로가 아니라 상당히 세속화된 경향이 있음에도 불구하고 현대까지 니토베사상이 작용하고 있음을 보여 주는 것이라고 할 수 있다.

무사도는 원래 봉건 무사사회에서 제도화된 문화로 이런 사회가 과거의 것이 되고 니토베처럼 실제로 경험한 사람들이 없어져 버린 지 오래된 현재 『무사도』가 여전히 생생한 의미를 지니고 있다면, 그것은 『무사도』가 무사도를 특수 역사적으로 한정해서 다루지 않고 그 안에 잠재하는 보편적 가능성을 열린 형태로 다루려 했기 때문이며, 이러한 점에서 니토베의 사상은 앞으로도 하나의 도덕 이상으로 살아 숨 쉴 것이다.

---

46) 三島由紀夫, 1925~1970. 소설가. 탐미적 경향과 비평 정신을 특징으로 하는 작품을 남겼으며, 자위대에서 인질을 잡고 농성하다 할복 자살로 생을 마감했다. 대표작으로는 「금각사」, 「가면의 고백」 등이 있다.

오카쿠라 덴신의 『차의 책』

풍류의 형이상학

니토베 이나조의 『무사도』가 구미사회에 이른바 '사무라이의 나라'로서의 일본의 이미지를 널리 보급했다면, 마치 타이밍을 재듯이 그와는 대조적인 '차(茶)의 나라'로서의 일본을 『무사도』와 마찬가지로 서구인을 위해 설명한 책이 나왔다. 바로 오카쿠라 덴신(岡倉天心)의 『차의 책(茶の本)』(영어 원제는 *The Book of Tea*)이다. 차문화를 통해 일본 내지 동양문명의 근저를 흘러온 '풍류의 형이상학'이라고 할 만한 세계관을 설명한 이 특이한 사상서는 일본의 정신 세계를 『무사도』에서보다 한층 더 심오하게 펼쳐 보인 저서로, 오늘날에 이르기까지 서구에서 일본문화론의 고전으로서 큰 영향을 미쳐 왔다.

오카쿠라 덴신(본명 가쿠조覚三)은 1862년 요코하마의 모토마치(本町)에서 생사(生絲) 등을 거래하는 무역상 집안에서 태어났다. 이때 요코하마는 개항지로서 번성하여 모토마치 거리에는 수십 채의 무역 상관이 들어서 코즈모폴리탄적 분위기가 흘러넘치고 있었다고 한다. 그러한 환경에서 나고 자란 덴신은 여섯 살 때 영어를 배우기 시작하여 일본어와 다름없이 모국어처럼 몸에 익혔다. 이 세대의 지식인은 니토베 이나조가 대표하듯 영어에 능통한 인물이 많았는데, 그중에서도 덴신의 경우는 영어로 쓴 시와 오페라 대본까지 남기고 있을 정도로 뛰어났다. 1877년 막 개교한 도쿄대학에 입학했고 그곳에서 고용 외국인 교사로 부임해 온 페놀로사[47]를 만나 가노파[48] 회화 연구에 협력하며, 덴신 자신도 당시 세상에서 완전히 방치되고 있던 전통 일본미술에 눈떠 갔다. 대학 졸업 후 문부성에 들어가 스승인 페놀로사와 일체가 되어 일본미술의 부흥과 재생 운동에 뛰어들었다.

오카쿠라 덴신의 이러한 움직임은 서구화 풍조가 강한 가운데 큰 저항을 받았지만 페놀로사가 전공한 헤겔 미학을 본보기로 삼은 변론을 구사하여 그들을 물리쳤으며, 1889년 도쿄미술학교를 열어 제자 요코야마 다이칸[49]과 히시다 슌소[50]를 지도하는 등 근대 일본화를 창조하기 시작했다. 그러나 세력을 키운 서구화파, 양화파와 대립을 거듭하는 가운데 오카쿠라 덴신은 점점 고립되어 1898년에는 미술학교를 그만두게 되었고 일본미술원을 새로이 창설하여 운동을 계속했다. 그러나 그는 1901~1902년에 걸쳐 일본을 벗어나 인도를 여행한 무렵부터 일본미술원의 활동에서도 서서히 물러났으며 보스턴미술

47) Ernest Francisco Fenollosa, 1853~1908. 미국의 철학자. 메이지 시대 정부의 초빙으로 내일했으며 일본미술에 깊은 관심을 갖고 널리 소개하는 데 힘썼다.

48) 狩野派. 가노 마사노부(狩野正信)를 시조로 하는 일본화의 한 파. 무로마치(室町) 중기 무가 정권의 비호 아래 일본화의 주류가 되었으며, 에도 시대에는 쇼군가(將軍家)의 어용화가로 세습되었다.

49) 橫山大觀, 1868~1958. 일본화 화가. 몽롱체라고 불리는 화풍을 시도하는 등 일본화의 근대화에 기여했으며 수묵화의 신경지를 개척했다.

50) 菱田春草, 1874~1911. 일본화 화가. 일본화 혁신에 힘썼다.

관에 초빙되어 동양 부문에서 활동했다. 일본에 귀국한 후에는 북부 이바라기(茨城)의 이즈라(五浦) 해안에 세운 집에서 칩거하며 낚시를 즐기는 등 망명자적 은둔 생활을 계속하다 1913년 52세를 일기로 세상을 떠났다.

동양 전통 정신의 책

덴신의 주요 저서로는 『동양의 자각(東洋の目覺め)』(1901~1902년 집필, 생전 미발표), 『동양의 이상(東洋の理想)』(1903. 영어 원제는 *The Ideals of the East — with Special Reference to The Art of Japan*), 『일본의 자각(日本の目覺め)』(1904. 영어 원제는 *The Awakening of Japan*), 『차의 책』(1906) 등이 있다. 이들은 한결같이 『무사도』와 마찬가지로 당시 일본에 대해 높은 관심을 갖고 있던 서구사회에 일본을 소개하거나 주장하기 위해 영문으로 집필되어 계몽적인 역할을 했다. 그중에도 『차의 책』은 근대 서구의 물질주의적 문화에 대해 동양 전통 정신 문화의 가장 핵심이 되는 내용을 설명한 것으로 덴신의 문명사상의 진수를 보여 준다.

원래 보스턴미술관에서 행한 일련의 강연회 내용을 정리한 것으로 알려진 이 작품은 일곱 개의 장이 있으며, 각 장은 차를 중심으로 다양한 화제를 자유로이 오가면서 전체가 교향곡처럼 서로 공명하여 하나로 용해되어 있는 듯한 절묘한 구성을 이루고 있다. 그 가운데 서장에 해당하는 「제1장 인정의 그릇」에서는 먼저 차라는 문화의 전체적 의의를 이것저것 현대 세상과 관련지으며 대략적으로 전망하고 있다. 모두에서 차 내지 다도의 정의를, 지극히 일상적 영위 그리고 세속적 일 중에서도 세속적 일이라고 할 수 있는 차 마시는 행위를 궁극적 예술이며, 종교와 같은 비일상적 · 형이상학적 차원으로 승화시키는 문화라고 소개한 뒤, 그러한 문화가 일본인의 전통적인 삶 구석구석에 깊이 작용하고 있다는 점을 강조한다. 즉 매일의 생활 자체가 예술이며 종교 같은 문화의 요체로서 차가 있다는 뜻인데, 이것은 일상생활과 예술 · 종교를 다른 차원의 것으로 구별하는 근대문화 일반과는 정면으로 대립한다.

『동양의 이상』(특히 마지막 장 「전망」)에서 덴신은 근대사회가 효율성을 추구하기 위해 분업화를 추진한 결과, 예전의 직인(職人)은 모든 것을 손으로 해내는 작업을 통해 예술적 · 정신적 기쁨을 얻을 수 있었지만 오늘날의 직공은 단지 기계적으로 공정의 일부를 처리하는 것에 불과해 털끝만큼도 예술적 · 정신적 기쁨을 맛볼 수 없다고 지적하면서, 물질적 효율성보다 정신적 충족을 중시하는 동양 전통문화의 복권을 주장하고 있다. 『차의 책』에서는 이 같은 주장을 더욱 발전시켜 차를 통해 생활과 예술 · 종교의 일체화, 삶의 전체성 실현 등의 문제를 설명하고 있는 것이다.

이어서 논조를 바꾸어 청일전쟁, 러일전쟁을 계기로 서구에서 일본인의 전투 정신에 대한 평가와 관심이 높아진(니토베 이나조의 『무사도』 등에 대응) 사실을 들어 그러한 일본 이해가 얼마나 현대의 침략주의적 발상에 기초한 피상적인 것인지를 야유 · 비판한 다음 그와는 완전히 상반되는 평화적 · 자기충족적 문화인 차 속에야말로 일본

오카쿠라 덴신

의 진수가 있다고 설명한다.

이 부분의 기술은 기지와 유머를 구사하면서 서구인의 일본에 대한 무지를 비웃는가 하면("우리 아시아인은 때때로 우리에 대해 괴이하게 만들어진 사실이나 공상 이야기에 놀라는 경우가 있다. 쥐나 바퀴벌레를 먹으며 산다는 것까지 가지 않더라도 연꽃 향기를 맡으며 살고 있다고 상상하기도 한다. 이것은 무능자의 광신이거나 천박한 쾌락이다"), 다른 한편으로는 일본인의 터무니없는 서구 모방을 질타하고("우리 동포 가운데는 여러분의 관습이나 예의범절을 지나치게 열심히 수용하여 빳빳한 깃이나 높은 실크해트로 치장하는 것이 여러분의 문명의 달성을 의미하는 것이라고 착각하고 있는 사람조차 있다"), 대조적으로 자신의 주장을 선명하게 부각시키는 훌륭한 화법을 유감없이 발휘하여 통쾌할 정도이다.

이러한 화법은 덴신이 영어에 능통하고, 특히 강연의 경우에 효과를 발휘하는 기지와 유머가 뛰어난 점(제1장의 영문 제목 *The Cup of Humanity*도 *A Cup of Tea*의 패러디이다) 외에도 뒤에서 설명하는 것처럼 역설적 논법을 구사하는 선에 친숙했던 점에 영향을 받았을 것이다.

이어서 이번에는 반대로 서구 측에 접근하여 그들의 홍차문화에 일본의 차문화와 통하는 것이 있다는 점을 인정하여 동서양 융화의 가능성을 언급한다. 그리고 마지막으로 고대 중국의 여왜 전설(중국의 천지창조 신화에 나오는 여신 여왜가 하늘의 갈라진 곳을 고친 이야기)을 인용하면서 욕망으로 광란하는 현대의 혼란을 수습할 방법에 대해 고민하면서 이렇게 맺고 있다.

> 그럼 여기서 차라도 한 모금 마시기로 할까. 오후의 햇살은 대숲을 비추고 샘은 솟아올라 기쁨이 넘치고 송뢰(松籟)는 내 차 끓이는 솥에 전해진다. 함께 덧없음을 꿈꾸며 어리석고도 아름다운 것에 잠시 마음을 멈추지 않으랴.

의표를 찌르듯이 어조를 바꾸어 멋있게 연출된 결론이며, "어리석고도 아름다운 것(the beautiful foolishness of things)"이라는 표현이야말로 『차의 책』의 사상을 한마디로 요약하는 키워드이다. 이와 동일한 표현은 「제6장 꽃」에서 다실에 꽂꽂이되어 있는 한 송이 백합꽃이 "인생의 어리석음을 웃고 있는 듯하다(it seems to smile at the foolishness of life)"라고 다시 한 번 반복되는데, 일반적으로 부정적 의미만 갖고 있는 '어리석음(foolishness)'이라는 말이 여기서는 마치 선에서의 '큰 어리석음'과 같은 철리(哲理)를 계시하는 말로 나타난다. 다시 말해 어리석음이란, 인간이 광분하는 현세의 모든 것은 결국 일말의 꿈에 불과하고, 그 무상함을 아름다운 것으로 보고 웃으며(smile) 받아들이는 경지라고 할 수 있다. 오카쿠라 덴신은 한 잔의 차와 한 송이의 꽃 속에서 이러한 궁극의 경지를 발견하고 있는 것이다.

허(虛)와 상대성

「제2장 차의 유파」에서는 4~5세기 중국에서 시작된 끽다(喫茶)의 문화가 당나라와 송나라로 변천 · 발전해 가고 마침내 일본에 전해져 무로마치 시대[51]에 선종을 배경으로 다도가 완성되는 과정을 소개한 후, 「제3장 도교와 선」에서는 다도의 배경이 되는 철학에 대해 설명한다. 이 두 장은 차의 형이상학이 고대 중국 노장사상의 흐름을 잇고 있는 도교와 선의 세계관에 의해 성립하고 있다는 점을 보여 주고 있으며, 그 요점은 노장사상의 근본 원리이고 도교에 계승된 '도(道)'를 기원으로 하는 상대성의 이념에 있다.

이 세상의 여러 가지 일, 특히 물질적 현실에 절대라는 것은 없으며 모든 것은 상대적인 것으로 변하기 쉬운데, 이 섭리를 다양하게 전개하여 집약한 것이 다도 곧 차의 도이다. 앞에서 언급한 어리석음의 이념은 그 전형으로 불완전성 혹은 허(무)의 원리로 나타나는 경우가 있다. 이 세계에 완전 내지 완성은 있을 수 없고 반대로 불완전하고 미완성이기에 완전이나 완성을 향해 무한한 가능성이 열려 있으며, 마찬가지로 허(무)이기 때문에 거기에 무한한 가능성이 포함된다는 것을 덴신은 그림에서의 여백, 노자의 물병의 예("물병의 유용성은 물을 따를 수 있는 텅 빈 곳空에 있는 것이지 그 형태나 제작된 재료에 있는 것이 아니다") 등을 들면서 설명한다.

---

51) 室町時代, 1336~1392. 아시카가(足利) 씨가 교토 무로마치에 막부를 두고 정권을 유지한 시대.

그리고 특히 이 상대성의 철학이 다도의 성립에 결정적으로 작용한 과정으로서 선종 수행의 실상이 강조된다. 즉 선종에서는 모든 것이 상대적이며, 그렇기 때문에 대소의 구별 없이 동등한 의의를 갖는다는 생각에 기초하여 일상다반사의 하나하나를 수행으로 간주하고 그 속에서 최고의 경지를 발견한 것이 다도의 근본 사상이 되었다는 것이다.

차의 공간

「제4장 다실」에서는 이러한 다도의 형이상학을 구현한 공간으로서 다실의 다양한 특징에 대해 설명하고 있다. 먼저 다실의 별칭으로 지칭되는 '스키야'라는 말에 대해 이 말이 통상 사용되는 數寄屋라는 한자 외에 數奇屋·空家·好き屋라고도 표기할 수 있다면서, '數奇屋 : 불완전성 원리의 표현으로서의 비대칭성', '空家 : 허의 공간', '好き屋 : 변하기 쉬운 취향을 반영한 임시의 집' 등과 같이 각각의 표현에 다도의 형이상학이 상징되고 있다고 논한다. 다실이란 이와 같은 특성의 이것이기도 하고 저것이기도 한, 그야말로 상대성의 철학을 집약한 다면적 공간인 것이다. 더욱이 차의 공간은 다실에 들어가기 전 뜰을 지날 때부터 이미 시작되며, 그곳에서 서서히 일상 세계로부터 이탈해 가는 정신은 마침내 다실에 들어가 정적 속에 차를 끓이는 솥에서 희미하게 퍼지는 송뢰의 울림을 듣는 가운데 궁극적인 무아의 경지에 도달하는 자기계시의 과정에 대해 언급하고 있다

자타일체

「제5장 예술 감상」에서 오카쿠라 덴신은 갑자기 도교에 있는 '거문고 길들이기' 이야기를 소개한다. 먼 옛날 선인이 숲 속의 왕이라고 할 만한 고목 오동나무로 거문고를 만들었다. 이 거문고를 얻은 황제는 명인들에게 연주하게 했으나 거문고는 도무지 소리를 낼 기미가 없었다. 그곳에 명인 중의 명인 백아(伯牙)가 나타났고, 그가 거문고를 만지자 거문고는 기다렸다는 듯이 저절로 울리기 시작했다. 크게 감동한 황제가 백아에게 그 비결을 묻자, 백아는 "다른 명인들은 자기의 노래를 부르게 하려고만 했기 때문에 실패한 것이지만 저는 거문고 자신의 노래를 하게 하여 자기와 거문고가 하나가 된 것이 성공한 이유입니다"라고 답했다.

이 설화를 인용하여 덴신은 이것이야말로 예술 감상의 신비를 보여 주는 것이라고 말했다. 즉 백아는 예술이고, 거문고는 감상자인 우리이다. 예술을 감상하고 예술과 일체가 됨으로써 우리 마음속 깊이 잠겨 있던 여러 감정이 표출되고 노래되는 공감성이야말로 걸작의 요체이다. 그렇다면 오늘날 예술에서 종종 보이는, 예술가와 감상자 둘 다 자신을 드러내 놓고 자기주장을 하는 관계가 얼마나 쓸모없는 것인가는 명백하다. 반대로 자신을 희생하여 예술에 자기를 바쳐 자기를 초월한 자타일체의 경지에 이르는 것이 예술의 핵심이며, 그로써 예술은 종교나 다름없는 신성한 세계가 된다. 예술에서의 암시 혹은 여백의 의미란 바로 여기에 있다.

여기서 덴신은 차에서 벗어나 예술 일반의 바람직한 모습에 대해 설명하는데, 물론 예술론으로 언급하고 있는 것은 이미 이야기해 온 차의 바람직한 모습을 그대로 응용한 것이다. 예술이든 차든 혹은 유도든 검도든, 나아가 선과 같은 종교를 포함한 모든 것은 동일한 원리로 일관되어 있다.

사람과 자연

「제6장 꽃」에서는 그 변주이며 다도와 더불어 발달한 화도(花道)에 관해 그 진수를 언급한다. 앞 장이 설화로 시작된 데 비해 여기서는 꽃에 대한 찬가, 호소, 한탄을 지은 산문시 같은 다음 구절로 시작한다.

> 부드러운 꽃이여, 별의 눈물방울이여, 밭에 서서 하얀 이슬과 햇빛을 찬송하는 꿀벌을 반가이 맞이하는 꽃이여, 너희는 너희를 기다리고 있는 무서운 운명을 깨닫고 있을까.

자못 신파조 같지만 완급이 자유자재하고 다양한 스타일을 적절히 가려 써 듣는 사람이나 읽는 사람을 매혹시켜 가는 덴신 변론술의 진면목이라고 할 수 있다.

동시에 꽃을 의인화해서 부르는 스타일은 변론상의 기교일 뿐 아니라 자연과 인간을 대등하게 다루고 자연의 입장에서 인간과 자연의 본연의 관계를 묻는 이 장의 근본 주제에 부응하는 것이기도 하다. 이러한 시점에서 오카쿠라 덴신은 현대사회, 특히 서구에서 꽃이 전적으로 물질적 자원으로서 인간이 원하는 대로 소비되고 사용이 끝나면 쓸모없는 쓰레기로 버려지고 마는 것을 비판한다. 이것은 꽃에 국한하지 않고 자연환경 일반에 대한 근대 서구사회의 인간 중심적으로 자원을 이용하는 태도, 즉 대규모 공업 생산과 소비가 전제되어 자연을 무인격의 것으로 여겨 인간의 형편에 맞게 일방적으로 이용하든 파괴하든 자유라고 간주하는 태도를 비판한 것으로, 이미 오늘날의 에콜로지사상을 취한 문명 비평이라고 할 수 있다.

이에 대해 덴신은 섬세한 애정을 기울여 꽃을 기른 옛사람들의 에피소드 몇 가지를 소개한다. 나아가 있는 그대로의 들판의 꽃에 인간이 다가가 상완(賞玩)하는 것이 이상적이라고 권한 뒤 화도의 이야기로 전환한다.

원래 다도의 일부로 생겨난 화도는 다실이라는 공간을 구성하는 한 요소로서, 족자나 다기 같은 다른 요소들과 조화 · 균형을 이루듯이 결코 돌출하여 자기주장을 하지 않도록 배려되고 있었다. 그것이 이윽고 독립하자 다양한 스타일이 파생되었는데, 덴신은 크게 세 가지로 분류했다. 즉 양식성을 중시하는 양식파(formalistic), 자연스러움에 치우치면서도 형태에 맞도록 수정을 가하는 의자연파(naturalesque), 자연 자체를 받아들이는 자연파(natural)의 세 가지이며, 주로 전문 화도가의 영역인 앞의 두 가지에 비해 자연파야말로 다도에서 의미하는 본래의 차 꽃의 모습을 나타내는 것이다. 다인(茶人)은 단지 꽃을 고를 뿐 그 다음은 개개의 꽃이 자신의 이야기를 하도록 맡겨 둔다. 마치 백아가 거문고에게 거문고 자신의 노래를 하게 한 것처럼 말이다. 그리고 이와 같이 다실에 꽂힌 한 송이 백합꽃은 이슬에 젖어 "인생의 어리석음을 웃고 있는 듯하다"라는 것이다.

마지막 장 「차의 종장(宗匠)」에서는 센노 리큐[52]로 대표되는 다인들의 삶과 죽음에 대해 설명한다. 다인은 차에서 추구한 마음가짐을 일상생활 전부에 살려가도록 노력해야 한다. 삶 자체가 종합적 예술이 되어야 하며, 거기서 건축 · 정원 · 의상 · 도예 · 회화 등 일본인의 삶 구석구석에 차의 미학이 깊은 영향을 미치게 된다. 그리고 다인의 세상살이에 관해서는, 이 세상의 생이 불완전하고 어리석고 심지어 비참하기조차 한 것임을 인정하는 한편 거기서 기쁨과 아름다움을 찾아내 경쾌하고 평온하게 살아가야 한다고 한다. 궁극적으로는 죽음 역시 마찬가지로 아름답게 맞아야 한다. 그 모범적인 예가 리큐의 죽음이다. 히데요시로부터 할복의 명을 받은 리큐는 최후의 다회를 열어 지인들에게 작별을 고한 다음, 세상을 하직하는 선어(禪語)를 외면서 미소를 띠고 침착하게 죽어 갔다.

『차의 책』의 스타일

앞에서 소개한 바와 같이, 『차의 책』은 원래 보스턴미술관에서 했던 강연을 바탕으로 한 것이어서 제1장은 당시의 미 · 일 정세, 세계정세를 둘러싼 풍자와 야유를 섞는 등 시국적 · 정치적 입장을 의식

52) 千利休, 1522~1591. 아즈치모모야마 시대(安土桃山時代, 1568~1600)의 다인. 협소한 다실을 이용한 간소한 다도인 와비차(わび茶)의 완성자.

하면서 시작하고 있으나, 본론에 들어가서는 곧 그러한 시국적 · 정치적 의식은 자취를 감추고 순수하게 시공을 초월한 풍류의 형이상학이라고 할 세계가 펼쳐진다. 여기서 말하는 풍류란 현세 사회를 도맡는 인과(因果) · 득실 · 인간사와 같은 여러 굴레를 벗고 자연의 섭리에 몸을 맡겨 유유히 즐기는 경지로서, 그러한 경지를 일상 속에 집약적으로 실현한 문화가 바로 차이다. 그리고 오카쿠라 덴신은 그러한 차문화의 근거가 되는 세계 원리를 노장사상을 중심으로 밝히고 있다. 그렇게 해서 나타난 풍류의 형이상학은 이미 당 · 송의 중국으로부터 무로마치 시대의 일본으로 다도가 발전 · 완성해 간 역사적 경과를 뛰어넘어, 어떤 시대나 사회에서도 통용하는 보편적인 것이 되는 것이다.

원래 덴신은 말, 특히 문어(文語)를 신뢰하지 않았다. 불립문자(不立文字)라는 선어에 나타나듯, 그는 진리는 결국 말로 전부 표현하고 전달할 수 없는 것이라고 포기하고 있었다. 『동양의 이상』에서 『차의 책』에 이르는 주요 저서들도 우연한 계기에 쓴 것으로, 이 저서들을 집필한 것도 4년 정도의 일에 지나지 않는다. 그에게 저작은 어차피 활동의 일부에 지나지 않는 것이었다.

그러나 바로 그 때문에 『차의 책』의 독자적 스타일이 생겨난 것이라고 할 수 있다. 말은 본래 말해져야 하는 사상의 아주 작은 단편, 이른바 빙산의 일각에 불과하나, 덴신은 그 일각에 가려진 방대한 부분을 어떻게든 암시하여 전하려고 시도하고 있다. 「제5장 예술 감상」에서의 백아와 거문고 이야기나 「제6장 꽃」에서의 꽃의 의인화 등은 이를 위한 것이다. 이로써 『차의 책』은 분량이 많지는 않지만 자유자재로 변환(變幻)해 가는 기술(記述)의 틈틈이 회화에서의 여백, 음악에서의 여운, 하이쿠에서의 생략처럼 광대하고 심원한 배후의 세계가 엿보이는 듯한 인상을 준다.

『차의 책』의 위치

그렇다면 이렇게 제시된 『차의 책』은 사상적으로 어떤 위치에 있을까? 계보적으로 보면 노장사상을 근저로 하여 노장에서 발전한 도교와 선에서의 일상생활의 수행 작법화를 계기로 하여 이를 예술이나 심미사상에까지 전개한 것이라고 자리매김할 수 있으며 또한 중요한 것은 동시대의 서구사상, 예를 들어 프랑스에서의 상징주의, 영국에서의 라파엘로전파 등과 병행하여 잘 맞는다는 점이다.

보들레르(Charles – Pierrre Baudelaire)를 선두로 베를렌(Paul – Marie Verlaine), 랭보(Arthur Rimbaud) 등을 거쳐 말라르메(Stephane Mallarme)에서 정점에 달한 상징주의에서는 언어 표현의 한계를 넘기 위해 언어의 상징성과 암시성을 추구하며 궁극적으로는 절대적 공무(空無)를 몽상했는데, 『차의 책』에서 설명되는 여백의 미학, 허의 형이상학은 그야말로 이 상징주의 이념에 합치하는 것이었다. 또한 러스킨, 로제티(Dante Gabriel Rossetti)에서 모리스(William Morris)에 이르는 라파엘로전파는 예술 본래의 정신성을 상실하고 제도화·경직화한 아카데미즘을 벗어나 중세 고딕 교회 건축에서 볼 수 있는 것과 같은 예술성과 종교성이 융합일체화한 본래의 모습을 재생시키려고 시도하는 한편, 그러한 예술을 일상생활에서 실현하기 위해 생활의 예술화 혹은 민예운동을 일으켰는데, 이 역시 차가 목표한 것이었다.

오카쿠라 덴신의 『차의 책』의 사상이 이러한 동시대 서구예술사상과 잘 들어맞은 것은 결코 우연이 아니다. 앞에서 소개한 경력에서 알 수 있는 바와 같이 덴신은 당시의 일본에서는 누구보다 서구를 잘 알고 이해하고 있던 인물로, 일반 일본 지식인이 섭취하고자 했던 서구 근대문명의 틀이 사실은 이미 시대에 맞지 않게 되어 그러한 위기를 극복하기 위해 상징주의나 라파엘로전파 같은 운동이 일어났다는 것을 알고 그에 공감하고 있었다. 그리고 그러한 운동에 호응할 뿐 아니라, 그것을 미래에 선도해 가고자 하는 기개로 차의 이념을 설명한 것이다. 서구 근대문명이 정체 상태에 달했을 때 그것을 타파해 가는 새로운 지평은 서구에 대한 동양, 근대에 대한 근대 이전의 문명에서 찾을 수 있다며, 이에 확실히 부응하는 것이 바로 차라는 자부심이다. 『차의 책』이 서구사회를 향해 영어로 발표되고 「제1장 인정의 그릇」에서 혼란스러운 세계의 문명 상황을 야유하는 것도 그러한 자부심을 배경으로 하고 있다.

그러나 이런 깊은 사정은 당시에는 좀처럼 이해되기 어려운 것이었다. 똑같이 서구와 일본을 병행적으로 바라보면서 무사도라는 전통 사상을 재평가한 니토베 이나조에 비해 『차의 책』의 경우에는 그 예술사상은 차치하더라도 탈속 · 반근대사상의 부분은 아직 문명개화, 즉 서구화 · 근대화의 도상에 있던 당시의 일본에서는 시대역행적 · 시대착오적 발상으로 고립되었다. 하지만 『무사도』의 경우에는 그 실천 도덕성이 근대사회에도 적합하고 당시의 국위 선양기와 맞아떨어져 수용되기 쉬웠다. 망명자 또는 은둔자처럼 살았던 오카쿠라 덴신의 반생은 이러한 고립을 반영하고 있다.

덴신이 세상을 떠난 후 『차의 책』은 서서히 과거의 일본문화의 소개 계몽서로서 높이 평가되어 갔으나, 태평양전쟁[53]을 전후하고는 "아시아는 하나"라는 『동양의 이상』 모두의 유명한 말이 대동아공영권사상의 선구로 선전된 결과 격렬한 정치적 소용돌이에 휘말리게 되고, 이 시기가 지나간 1970년대 무렵부터 드디어 『차의 책』 본래의 의도로 이해되는 기운이 일어났다. 이것은 일본을 포함한 세계의 문명 상황에서 본격적으로 근대문명의 틀을 벗어나고 그것을 뛰어넘는 새로운 문명 모델, 이를테면 자연과 인간의 공생을 주창하는 에콜로지문명 등의 모색이 시작되었기 때문이다. 이러한 사조에 『차의 책』은 1세기 가까이 앞서 있었다고 할 수 있는데, 앞으로 이러한 관점에서의 재평가가 더욱 많아질 것이다.

53) 제2차 세계대전 중 일본과 미국, 영국, 네덜란드, 중국 등 연합국이 아시아 · 태평양 지역에서 치른 전쟁. 1941년 일본이 진주만공격을 감행하여 시작되었으며 전쟁 중 일본에서는 대동아전쟁이라고 불렀다.

제2장
민속의 발견

『무사도』, 『차의 책』에서 설명하는 일본문화는 모두 무사나 지식인 혹은 상류층 시민을 담당자로 해 일상생활을 뛰어넘은 윤리와 미를 추구하는 것이었는데, 그렇다면 일반 민중 즉 서민의 일상적인 삶 속에는 어떠한 문화가 있으며 또 있었을까? 이런 과제에 부응하는 학문으로 탄생한 것이 민속학이었다. 위정자의 지배적 문화의 그늘에 매몰되어 정리된 기록도 없고, 그 결과 정통 역사에서는 결코 다루어지지 않았던 서민문화 속에서 지배적 문화가 성립하기 이전부터 있어 온 일본문화의 고층(古層) 혹은 원형을 발견할 수 있는 것은 아닐까?

이 같은 문제의식에 기초하여 일본사회의 저변 혹은 주변부를 파고들어 가는 시도를 통해 새로운 일본문화의 모습이 나타난다. 대표적인 예를, 근대 일본에 민속학을 도입하고 확립한 제1인자인 야나기타 구니오(柳田国男)와 그의 특이한 계승자 오리쿠치 시노부[1] 그리고 민속 가운데에서의 미의 문제를 다룬 야나기 무네요시[2]에 초점을 맞추어 살펴보고자 한다.

1) 折口信夫, 1887~1953. 민속학자. 자세한 내용은 79~100쪽.

2) 柳宗悦, 1889~1961. 민속학자. 자세한 내용은 101~120쪽.

야나기타 구니오의 『도노 이야기』와 『산의 인생』

1875년 효고(兵庫)의 의사이며 한학자이자 신관이었던 마쓰오카(松岡) 집안에서 태어난(후에 야나기타 가문에 양자로 들어가 성을 바꾸었다) 구니오는 소년 시절부터 단카를 짓는 등 문학 취미를 길러 도쿄의 제1고등학교 재학 중에 다야마 가타이,[3] 구니키다 돗포 등과 가까이 지내는 한편 서정성 풍부한 신체시를 발표하며 문학청년다움을 발휘했다.

그러나 1897년 도쿄제국대학에 들어가 농정학을 전공할 무렵부터 문학 창작으로부터 멀어지는 대신 전공인 농정을 통해 일본사회의 현상과 그 개량 대책과 같은 실제 문제에 관심을 기울이게 되었다. 1900년 대학을 졸업하고 농상무성 농무국에 들어가자(후에 내각 법제국, 귀족원 서기관실 등으로 전임), 전국 각지를 돌며 소작인과 영세 농민의 보호와 생활 개선을 목표로 한 정책 및 제도를 제안하는 등 경세제민의 이상을 실현하기 위해 노력했다. 한편 이러한 시찰을 통해 여러 지방에 남아 있는 민중의 생활문화에 깊은 관심을 갖기 시작해 1909년 미야자키현(宮崎県) 시바(椎葉) 마을의 멧돼지잡기 전승을 정리한 「후수사기(後狩詞記)」, 1910년 이와테현(岩手県) 도노(遠野) 마

3) 田山花袋, 1871~1930. 소설가. 적나라한 현실 묘사를 주장했으며 「이불」, 「생」 등의 작품으로 자연주의 문학의 대표 작가가 되었다.

을 산사람 등의 전승을 정리한 『도노 이야기(遠野物語)』를 발표하여 근대 일본 민속학의 기초를 쌓았다.

이후 야나기타는 관료 생활을 하면서 민속학 연구를 하다가 공직에서 물러나 잠시 아사히신문사 객원과 국제연맹 위임통치위원을 지냈다. 그후 간토대지진(關東大地震)을 계기로 "정도의 학문을 위해 서겠다"(『고향 70년』 1959)라는 결의를 굳혀 민속학의 체계적 확립 및 전개에 전념했다. 미나가타 구마구스,[4] 오리쿠치 시노부 등과 협력하고 민족학자와 손을 잡아 각지의 연구가를 조직하는 등 리더로서 정력적으로 활동했다. 한편 자신의 연구도 폭넓게 진행해 벼농사를 기반으로 하는 촌락 공동체가 현재에 이르는 일본인의 생활의 중심축이라는 상민사상(常民思想)[5]을 주장하였다. 태평양전쟁 중에는 국민의 위기와 재난을 염려하고 전쟁이 끝난 후에는 일본인은 자신을 앎으로써 행복해질 수 있다면서 그를 위한 학문으로서의 민속학에 의미를 부여한 신국학의 이념을 제창했는데, 여기에는 농무 관료 시절 이래의 경세제민사상의 발전이 엿보인다.

만년에 야나기타는 오래도록 몰두해 온 오키나와 등 남방군도 문화 연구의 정리에 매달려 세상을 떠나기 전해인 1961년 『해상의 길(海上の道)』을 간행했다. 청년 시절 미카와의 이라고자키(伊良湖崎)에 머물던 중 바닷가에 밀려 온 야자를 발견하고 그 아득히 먼 여로에 감

4) 南方熊楠, 1867~1941. 민속학자이자 박물학자 · 세균학자.

5) 상민은 민속을 전승하고 유지하는 기층문화의 담당자로서의 계층을 말하는데, 야나기타 구니오는 영어의 folk에 해당하는 용어로 이용했다.

동을 느꼈던 일, 그것을 친구인 시마자키 도손에게 이야기한 것을 계기로 노래 「야자 열매(椰子の實)」가 탄생한 일 등 에피소드를 머리말로 하여 일찍이 벼농사 기술을 갖고 남쪽에서 해상의 길을 오랜 시간 거슬러 찾아온 민족이 일본인의 기원이 아닐까 하는 가설을 편 것으로, 야나기타는 이 장대한 일본문화기원론을 유언처럼 남기고 다음 해인 1962년 87년에 걸친 풍요로운 생애를 마쳤다.

문화의 고층을 찾아서

앞에서 소개한 바와 같이 야나기타의 민속학 연구는 그 폭이 넓고 오랜 기간에 걸쳤기 때문에 쉽게 개괄할 수는 없지만, 크게 메이지 40년대의 「후수사기」나 『도노 이야기』에서 시작해 다이쇼 시기 말기까지 각지의 전승을 수집 · 고찰하는 작업에 몰두한 전기와, 그후 쇼와 시기에 들어 민속학의 학문 체계 구축에 본격적으로 몰두하기 시작하여 『해상의 길』에 이르기까지 다양하게 확대 · 발전시킨 후기로 양분할 수 있다. 그리고 전기에서 후기로의 이행에는 전기의 중심 테마인 산사람문화에서 후기의 상민문화로의 관심 이동이 최대의 초점이 된다.

이 가운데 야나기타 구니오 민속학 전체에서의 비중으로는 후기의 상민문화가 중핵을 이루어 그의 일본문화관을 대표하는 것이라고 할 수 있으나, 여기서는 전기의 산사람문화 연구의 두 저작 『도노 이야기』와 『산의 인생』을 살펴보고자 한다. 그것은 상민문화에 앞서지만, 상민문화에 의해 주변으로 밀려나게 되는 산사람문화에 대한 연구에서야말로 상민문화만큼 정통적인 것은 아니지만, 보다 시원(始原)으로 거슬러 올라간 일본문화상을 엿볼 수 있기 때문이다.

『도노 이야기』

『도노 이야기』는 이와테현 하나마키(花巻) 근교의 산촌 도노에 사는 향토 연구가 사사키 교세키(佐々木鏡石)가 채집해 온 이 지방 일대의 전승 설화를 충실히 기록한 것으로, 100여 개의 짧은 장으로 이루어져 있다. 내용으로서는 지세, 마을 신, 집의 신, 산신, 산의 남자, 산의 여자, 산의 영이(靈異), 집의 성쇠, 영혼의 행방, 행사풍속, 다양한 종류의 짐승 등이 여러 항목에 걸쳐 혼재되어 있다. 간결한 문어체로 담담하게 사실만을 기록해 가는 스타일로 쓰여 있고, 때때로 야나기타의 주석이 덧붙여 있는데 이 역시 매우 짧게 한정되어 있다. 전체적으로는 금욕적일 정도로 주관의 개입을 억제하여 전승 그대로의 모습을 전하려는 자세로 일관하고 있다.

그렇다면 이렇게 수집된 전승은 전반적으로 어떠한 특징을 띠고 있을까? 책 모두의 제1화에서는 도노의 지리를 소개하고 제2화에서는 도노를 둘러싼 산들에 얽힌 신화를 소개한다. 아주 먼 옛날 여신이 세 딸을 데리고 이 부근에 와서 꿈에서 본 대로 딸들에게 각각 산을 나누어 주어 처녀신들이 산들을 지배하게 되자, 도노의 여자들은 질투를 두려워하여 지금도 산에서 놀지 않는다는 것이다. 이야기의 내용 자체는 특별히 두드러진 점이 없고 각지의 풍토기에서도 비슷한 이야기를 찾아볼 수 있는 유형이다.

야나기타 구니오

그러나 이러한 내용이 도호쿠 지방의 산속 작은 마을에 고유한 신화로 전승되어 지금껏 믿어지고 있다는 사실이 중요하다. 그것은 기기(記紀) 신화처럼 일본 민족 혹은 천황가의 기원과 연관된 규모가 크고 정통성을 목표로 하는 것이 아니기에 역사적 검증의 대상으로 간주된 적이 없었다. 하지만 그렇기에 그러한 위정자, 지배자의 역사나 문화와 다른 차원에서의 문화, 즉 중앙에서 벗어난 이 지역에 대대로 살아온 사람들의 심성 깊은 곳에 숨어 있는 문화를 이야기하는 것이다.

여기서 언급하는 '아주 먼 옛날'이란 어느 옛날일까? 여신이란 어떤 신일까? 기기 신화의 신대(神代)나 신이라면 어렴풋하게나마 이름이나 맥락을 더듬어 올라가 역사상에 추정하여 자리매김하는 것이 가능할 것이다. 그러나 이러한 향토 신화의 '아주 먼 옛날'과 '여신'의 경우에는 그러한 역사적 차원을 넘은 것이다. 그것은 이 산속 지방에 사는 사람들에게 산이나 강 같은 자연처럼 태고부터 현재까지 일상을 둘러싸듯이 널리 존재하는 옛날이고 신이다.

신화에 이어 중심 주제인 산사람 이야기가 시작된다. 마을 사람이 사냥을 하며 산속에 들어가자 바위 위에서 아름다운 여인이 긴 머리를 빗고 있었다. 총을 쏘자 쓰러졌기에 머리카락을 조금 잘라 호주머니에 넣어 돌아왔다. 도중에 너무 졸려서 잠시 꾸벅꾸벅 졸고 있으려니 비몽사몽간에 키 큰 남자가 가까이 와서는 호주머니에 손을 넣어 조금 전의 머리카락을 꺼내 가지고 가버렸다(제3화). 어느 날 밤을 주우려고 산에 들어간 마을의 계집아이가 돌아오지 않았다. 여러 해 지나 사냥꾼이 산속에서 그 여자 아이를 발견하여 이야기를 들으니 산사람에게 납치되어 산속에 끌려가 도망치지도 못하고 살고 있다며 신세를 한탄했다(제7화). 역시 사냥꾼 한 사람이 산속에 임시 오두막을 만들어 떡을 굽고 있을 때 거한이 엿보다 그 떡을 빼앗아 먹었다(제28화). 이런 이야기들이다. 그리고 이와 관련하여 산의 괴기담, 전설, 산사람의 변형이라고 할 수 있는 산의 신 덴구[6] 등의 이야기가 전개된다. 많은 이야기를 통해 마을을 둘러싼 산의 세계가 있고, 그곳에는 마을의 생활과는 이질적이고 다른 차원의 문화가 있다는 사실이 이해되어 간다.

마을의 이야기도 풍부하게 소개되고 있는데 그 내용을 크게 나누면 마을 신(가쿠라사마, 곤게사마), 집의 신(오쿠나이사마, 오시라사마, 자시키와라시) 등으로 분류되는 여러 종류의 토속신과 불가사의한 인연에 농락당하는 집안들의 성쇠 혹은 망령의 출현, 행사풍속 등이며 전체적으로는 역시 주술적 · 초자연적 요소가 다수를 점한다. 일상세계라고는 하나 일상 자체가 이 산속 공동체에서는 근대적 합리주의 이전의 심성을 진하게 띠고 있어 그 때문에 산의 세계, 신화의 세계와 이어져 있는 것이다.

---

6) 天狗. 얼굴이 붉고 코가 높으며 등에 날개가 있어 하늘을 날면서 깊은 산에 산다는 상상의 괴물.

예를 들어 집의 신의 일종인 오시라사마의 유래를 언급한 제69화는 『도노 이야기』 속에서도 애절하기 그지없는 비극으로 알려진 이야기로 내용은 대강 이렇다. 옛날 어떤 농부의 딸이 기르고 있던 말과 사랑에 빠져 마침내 부부가 되었다. 이를 안 아버지가 노여워하여 말을 죽이고 그 머리를 잘라 버리자 슬퍼한 딸은 말의 머리에 올라탄 채 하늘로 올라갔다. 그후 신으로 모셔지게 된 것이 오시라사마라는 것이다. 이 지방 생활 속에서의 말과 사람의 깊은 교류를 엿볼 수 있는 이야기인데, 이것은 이른바 이류혼(異類婚) 전승이라는 점에서 산의 이야기에 나오는 산사람 · 산신 · 원숭이 · 비비와 마을 사람들의 혼인 전승(예를 들어 제7화)과 뿌리가 같다.

이 토속신들은 모두 기기 신화에 등장하는 아마테라스오미카미,[7] 스사노오노미코토[8] 등 인간성과 영웅성이 풍부하고 전설상 또는 역사상의 인물에 이어지는 신들에 비해 이류적 · 정령적이고 주술과 애니미즘 등의 심성을 짙게 띠고 있다. 죽은 지 얼마 안 되는 인간이 떠났던 곳에 나타난다는 망령의 이야기도 마찬가지로 불교가 설파하는 피안이나 서방정토보다 원초적인 생사관과 영혼관을 보여 주고 있다.

이렇게 해서 『도노 이야기』에 수록된 전승의 세계는 신화 세계의 층, 산 세계의 층, 마을 세계의 층이라는 세 개의 층이 이어지면서 쌓

7) 天照大神. 태양신이자 일본 황실의 조상신.

8) 須佐之男命. 아마테라스의 동생. 난폭하여 다카마노하라(高天原)에서 추방되었으나, 이즈모(出雲)에 내려와 야마타노오로치(八岐大蛇)를 물리치고 아마노무라구모노 쓰루기(天叢雲劍)를 아마테라스에게 바쳤다.

여 완성된 것으로 전체적으로 근대합리주의 이전, 더 나아가 역사 이전의 심성을 투영한다. 야나기타는 바로 그것을 일본문화의 원형으로 제시한 것이다.

『산의 인생』

『도노 이야기』 이후 계속된 야나기타 구니오의 산의 문화 연구는 마침내 1926년 발표한 『산의 인생』으로 집대성되면서 끝맺었다.

『산의 인생』은 도노와 마찬가지로 일본 각지에 흔적이 남아 있는 산의 문화를 모아 고찰한 것이다. 『도노 이야기』가 기본적으로 도노 일대의 전승으로 구성된 소우주를 외부 세계나 역사와 분리하여 부각시키려고 한 것인 데 반해, 『산의 인생』은 다른 지역과의 대비, 역사와의 관계를 통해 종합적으로 검토하여 일본문화사상에 위치시키고자 한 점이 특징적이다. 그리고 이를 위해 각지의 전승에 더하여 『곤자쿠모노가타리』[9]나 『기케이키』[10] 등의 이야기나 각종 고문서, 사서를 풍부하게 인용했다.

전체 30장으로 이루어진 내용을 대략 소개하면, 「제1장 산에 매몰된 인생」에 서론을 대신하여 야나기타가 일찍이 내무 관료 시절에 열람하여 인상에 깊이 남았던 두 건의 형사 사건 기록 이야기를 한다.

---

9) 今昔物語. 헤이안 시대 말기인 12세기 전반에 성립된 일본 최대의 고대 설화집. 편자는 미상이고 전 31권이다.

10) 義經記. 미나모토노 요시쓰네(源義経)의 불운한 생애를 중심으로 한 군기모노가타리(軍記物語) 작품.

둘 다 생활이 곤궁한 남자나 여자가 절박한 나머지 산속에서 가족을 죽이거나 동반 자살을 도모한 후 자신은 죽지 못하고 형을 살았다는 내용인데, 야나기타 자신이 미리 양해를 구하고 있는 바와 같이 산사람문화와 직접 관련이 있는 것은 아니지만 "위대한 인간고(人間苦)의 기록", "우리가 공상에서 그려 보는 세계보다 감춰진 현실이 훨씬 깊다. 또한 우리로 하여금 생각하게 한다"라고 권두에 쓰고 있다. '산에 매몰된 인생'이란 그러한 의미의 장 제목으로서 산사람문화 연구를 총결산하는 그의 마음가짐을 역력히 볼 수 있다. 정사(正史)의 그늘에 가려 먼 태고의 옛날부터 메이지 · 다이쇼의 현재에 이르기까지 면면히 이어져 온 이름 없는 서민의 마음의 기록을 발굴하여 그에 마땅한 위치를 부여하려는 집념이다.

이어서 제2장부터 본론에 들어가 여러 장에 걸쳐 산속 생활자의 이야기를 설명한다. 과거의 전승보다는 오히려 최근에 가까운 보고가 많이 집약되어 그것만으로 구체적이고 현실적으로 이들의 생활 모습, 내력, 산에 들어오게 된 사정이 자세히 검토된다. 이 가운데는 산카[11]라고 불리는 산속 떠돌이 주민들의 예를 들고 있지만, 그것보다도 야나기타 구니오가 중시하는 것은 이런 저런 이유에서 마을을 뛰쳐나와 산에서 살게 된 개인의 예이다. 특히 여성이 출산 후 정신 이상이 생겨 산에 들어오게 된 사례를 세밀하게 고찰하며 이와 관련해 산신에게 시집간 전승에 대해 여러모로 비교하며 논한다. 이것들

11) 山窩. 산지의 강 등을 따라 떠돌며 죽세공이나 수렵을 업으로 하던 사람들.

은 모두 『도노 이야기』 이래의 주제로 『도노 이야기』에서는 단지 전승을 소개하는 데서 그치고 있지만, 여기서는 그러한 전승이 생기고 전해진 사정의 규명에 힘을 기울여 언뜻 보기에 기이하거나 공상적 내용의 전승에 대해서도 가능한 한 현실적이고 합리적인 해석을 목표로 검증 · 고찰해 간다.

제7~10장에서는 행방불명에 관한 이야기를 한다. 마을 사람 중 어린이가 갑자기 모습을 감추어 버리고는 그대로 돌아오지 않는 경우도 있고, 때로는 며칠 지나 불쑥 돌아와 덴구에게 끌려가 영계(靈界)를 보고 왔다면서 그 모습을 자세히 말하는 경우도 있다는 것이다. 야나기타 구니오는 이에 대해 자신의 어린 시절 경험까지 언급하면서 자세히 검토한 결과, 미아가 된 어린이는 평소 주위에서 들어 왔던 이야기를 자신의 경험으로 굳게 믿고 주위에서는 그것을 받아들인 것이라는 합리적 해석을 시도한다. 다만 이러한 행방불명이나 영계 방문 등의 전승을 곧바로 무의미하다거나 잘못된 생각이라고 부정해 버리는 것이 아니라, 이것이 근대 이전의 민간문화에서는 일상세계와 영적 세계의 교류 미디어의 역할을 하고 있었다고 의미를 부여하며 옹호한다.

제11~12장에서 다룬 선인, 너구리스님의 전승에 대한 고찰도 같은 패턴으로 진행된다. 800살이나 되었다는 늙은 비구니(팔백비구니)나 미나모토노 요시쓰네의 부하 히타치보카이손[12]을 자칭하는 노승

12) 常陸坊海尊. 무용에 뛰어난 헤이안 말기의 전설적 인물로, 후에 선인이 되었다고 전해져 다양한 전설을 낳았다.

이 각지에 출몰했다는 것인데, 야나기타는 이 이야기들 모두 요시쓰네 주변의 것에 국한되어 있음을 지적하며 당시 민간문화의 스타였던 요시쓰네 전설을 말하거나 듣고 싶어하는 바람이 높아진 나머지, 거짓과 환상의 경계가 희미해져 본인은 물론 주위 사람조차 그를 팔백비구니나 히타치보라고 생각하기에 이른 것이라고 해석한다. 너구리스님의 경우에는 떠돌이 승려가 잠자리를 빌린 인사로 기묘한 서화를 남기고 가버렸는데 실은 이것이 너구리나 여우의 소행이었다는 것으로, 이 역시 떠돌이나 행각승에게 여우와 너구리 신앙이 결합한 결과일 것이라고 추정한다. 그리고 팔백비구니와 히타치보의 경우는 『기케이키』 등과 같은 문화적 산물이라고 의의를 부여했다.

제13장부터는 행방불명의 이야기로 돌아와서 어린이뿐만 아니라 젊은 여자가 사라지는 경우도 많다는 점에서 다시 산신에게 시집가는 전승의 이야기로 넘어간다. 그리고 뿔이나 엄니가 난 오니코(鬼子), 즉 이류(異類)의 자식을 낳은 이야기, 산속에서 아이를 기르는 귀녀(鬼女) 이야기, 산에서 양육되는 아이 이야기를 거쳐 산사람 일반의 다양한 행동 특징을 언급한다. 산사람은 때때로 마을 사람들을 그리워해 사냥꾼이 산속에 움막을 짓고 있을 때 다가와 불을 쬐거나 떡이나 밥 등 먹을거리를 달라고 조르고 그 보답으로 땔감을 모아 오거나 혹은 마을까지 나가 술을 얻어 오는 자까지 있었다고 한다. 또 산속에는 산사람이 다니는 길이 있고 산사람이 신은 큰 조리와 큰 짚신이 전해지며 그 거대한 발자국이 각지에 있어서 외경시되고 있다는 점을 소개한다. 마지막 장인 제30장에서는 '일본문화사 미해결의

문제'라는 제목을 붙인 결론으로 들어가는데, 거기서는 특히 산사람의 용모나 행동의 특징이 과장 · 신화화된 전형으로 덴구 전승이 발달해 왔다는 점과 일본 각지의 촌락이나 마을에는 중앙에서 권청[13]되어 온 신불 신앙 외 지역의 산신을 받드는 토착 신앙이 있어 지금까지 이어지고 있다는 점이 강조된다.

산사람의 기원

이렇게 해서 『산의 인생』은 다양한 화제로 옮겨 다니는데, 이 책 전체에서 최대의 초점이 되는 것은 말할 나위 없이 산사람의 존재를 어떻게 볼 것인가 하는 점이다. 이 문제를 다시 정리해 보면, 첫 부분 몇 장에서 원래 마을에 살고 있던 사람이 어떤 사정으로 산에 들어갔다는 사례가 비교적 근년의 보고에 기초하여 상세하게 검토한다. 그리고 후반부에 가서는 이러한 태생의 문제는 방치되고 면밀하게 추구되지 않는다. 그러나 주의해 보면 고대로부터의 전승에 근거하여 산사람을 마을 사람과는 별개의 기원을 갖고 별개의 생활을 영위해 온 종족이라고 간주하는 견해가 점차 강해져 결론에 이른다.

이 산사람의 태생과 기원의 두 계통성은 이미 『도노 이야기』에서도 볼 수 있으며 야나기타 구니오의 산사람 연구의 중심 문제로 고찰되어 왔다. 하지만 당초 그는 마을의 문화 이전의 고층문화를 산에서 찾는다는 점에서 산사람의 기원을 다른 종족, 선주 종족이라고 보는

13) 勸請. 신 혹은 부처님의 왕림이나 계시를 비는 것.

견해를 중시했다고 할 수 있다. 이러한 입장이 명료하게 주장된 예로서, 1917년 일본역사지리학회에서 행한 강연 「산사람 고찰」이 있다. 이것은 야마토(大和)로서 일본을 통일하여 현재에 이르는 외래 민족 이전에 일본에는 토착 선주민이 있었고 그 존재는 하늘에 있는 신에 대응하는 국토 수호신, 귀신, 덴구 등으로 전승되어 왔다. 바로 그러한 것이 산사람의 기원이라고 설명했다.

하지만 야나기타는 이 강연의 결론에서 산사람은 근년까지 그 기억이 전해져 왔지만 현재는 거의 절멸했다고 인정했다. 이 「산사람 고찰」의 결론을 거쳐 그후에도 야나기타 구니오의 산사람 연구는 계속되나, 전승 외에 구체적인 선주민문화의 잔존은 발견해 내지 못하고 점차 이 방향에서의 실증적이고 체계적인 고찰로부터 후퇴해 갔다.

『산의 인생』은 그러한 과정을 거친 산사람 연구의 총결산이라고 할 수 있다. 여기서 그는 산사람의 태생과 기원에 대해 양 계통의 가능성에 신축성을 갖게 하면서 최종 결론을 맺으려고 한다. 즉 전반부에서는 실증 차원에서 마을 사람의 태생에 대해 논증하고 후반부에서는 전승 차원에서 선주 종족의 기원에 대해 논증을 전개하는 것이다. 이 가운데 원래 야나기타가 목표로 한 것은 후자인 선주 종족의 기원이라고 할 수 있고, 여기서는 이미 그 실증적 · 체계적 고증을 단념하고 오로지 전승문화로서의 의미와 의의만 찾으려고 한다.

사실로서 실증할 수 없다 하더라도 사람들의 심성 속에는 확실히 산사람이라는 것이 존재하고 있는바, 바로 그것이 실증역사학 등은 미칠 수 없는, 민속학이 탐구하고 해명해야 할 일본의 고층문화 또는 기층문화라는 것이다. 귀신과 덴구 같은 것이 실제로는 존재하지 않더라도 그것을 만들어 낸 사람들의 상상력은 확실히 있었다. 그리고 그러한 상상력의 확산을 세밀히 검토해 가면, 이들의 심성에 마을의 일상 세계와는 다른 산의 세계라는 것이 얼마나 크고 리얼한 모습으로 존재하고 있었는지를 엿볼 수 있다. 야나기타 구니오는 『산의 인생』의 후반 대부분을 할애하여 여러 가지의 전승과 이야기를 구사하면서 논고를 전개하여 생생하고 풍요로운 산의 세계를 펼쳐 보이고 있다.

그후의 산의 세계

동시에 여기서 야나기타 구니오의 산사람 연구는 사실상 종결된다. 앞에서 소개한 바와 같이 이후 메이지 시기가 되자, 그의 관심은 상민으로 옮겨 가 산사람 문제는 돌아보지 않았다. 그 이유는 다각도에서 추측되고 있지만, 그가 원래 상정한 선주 종족의 문화를 실증할 수 없었던 점이 큰 요인인 것으로 생각된다. 『도노 이야기』 이후 그가 최대의 정열을 기울여 탐구해 온 것이 산사람의 존재, 산사람문화의 존재였는데 마침내 그것은 전승에서만 엿볼 수 있을 뿐 실증할 수 없는 환상이며, 요람기를 끝내고 근대적 학문 체계로서의 확립기를 맞이하고 있던 민속학의 틀에서는 벗어나 버릴 수밖에 없는 것이었다. 그는 그 점을 수용하여 연구 방향을 전환하게 되는데, 전환점 혹은 분기점에 서서 그때까지의 정열의 대상이 무엇이었으며, 어떠한 의미를 갖고 있었는가를 『산의 인생』에서 회고하는 동시에 작별을 고하고 있다.

『산의 인생』 이래 야나기타 구니오 민속학은 상민문화 연구를 축으로 급속히 체계화 · 이론화해 간다. 이와 더불어 산사람문화의 문제는 그러한 체계와 이론의 옆으로 빗겨나 학문 연구의 대상이라기보다는, 오히려 호사가나 문학가의 향수와 공상을 자극하는 것으로 조망되는 일이 많았다.

그러나 근년에 이 산사람문화 문제는 다시금 새로운 문화사적 관점에서 평가 · 검토되는 분위기가 고조되고 있다. 그것은 민족학, 고고학, 인류학, 역사학 등의 협력을 얻어 야요이문화[14] 이전의 조몬문화,[15] 야마토 민족 이전의 선주민의 존재가 지금까지 생각해 온 이상으로 거대하고 풍부하며 일본문화와 일본인의 기층을 이루고 있음이 분명하다는 점과 그것이 중세 · 근세에 이르기까지 여러 형태로 잔존하고 영향을 미쳐 온 점이 밝혀진 것과 더불어, 종래의 평지 농경 정주를 축으로 하는 일본상과 병행하여 산중 수렵 채취 이동을 축으로 하는 일본상이 부각 · 논의되었기 때문이다. 이것이 바로 야나기타 구니오가 『도노 이야기』로부터 『산의 인생』에 이르기까지 추구해 온 것으로, 당시의 실증 차원의 한계에 부딪혀 마침내 환상으로서 단념했던 이 비전이 재평가되는 상황이 찾아왔다. 산에 대한 그의 상상력

14) 弥生文化, 제5장의 각주 17.

15) 縄文文化, 제 5장의 각주 16.

은 그러한 미래에 대한 예견력을 잉태한 것이었다고 할 수 있을까?

상상력이라는 점에서 야나기타가 전승을 토대로 그려 낸 산 세계의 리얼리티는 이야기나 문학 세계의 리얼리티에 가깝다. 산 세계의 리얼리티는 통상적 학문방법론이 추구하는 엄밀한 실증성과 이론성에 어울리지 않을 만큼 읽는 사람에게 생생하게 현장감 넘치는 비전으로 다가오며, 더욱이 한때 민중이 덴구나 귀신 · 팔백비구니 · 히타치보를 실감한 거짓과 진실, 시간과 공간의 경계를 초월한 리얼리티를 느끼게 하는 것으로 이러한 상상력은 근대에서 문학의 영역에 남아 있거나 되살아난다.

야나기타 구니오와 가까운 친구였던 이즈미 교카[16]의 「고야히지리(高野聖)」나 「야샤가이케(夜叉ヶ池)」 등에서는 산신에게 시집가는 전승이, 도노의 근교 하나마키에서 살고 있던 미야자와 겐지[17]의 「산 남자의 4월(山男の四月)」 · 「축제의 밤(祭りの晩)」 · 「자감 염색에 대해(紫紺染めについて)」 등에서는 산 남자 전승이 각각 주제가 되어 『도노 이야기』 · 『산의 인생』의 산 세계와 연계되어 있는 것이 그 증거이다. 교카나 겐지의 이 작품들은 근대적 리얼리즘의 틀에서 벗어난다고 해서 방계로 취급되어 왔으나, 근년에는 반대로 그러한 근대적 리얼리즘의 한계를 넘어선 가능성을 연 것으로 급속히 재평가되고

16) 泉鏡花, 1873~1939. 낭만주의 문학의 독자적 경지를 개척한 소설가.

17) 宮沢賢治, 1896~1933. 시인 · 동화작가. 왕성한 자연과의 교감, 희생정신, 휴머니즘을 작품 세계에서 볼 수 있으며 「은하철도의 밤」, 「주문 많은 요릿집」 등의 대표작이 있다.

있다. 또한 이런 흐름에 호응하여 현대문학의 여러 작품, 즉 오에 겐자부로[18]의 「동시대 게임(同時代ゲーム)」, 나카가미 겐지의[19] 「천년의 유락(千年の愉楽)」 등에 산 세계가 새로운 모습으로 되살아나는 놀라운 조류가 등장했다. 그것은 야나기타 구니오의 산사람문화 연구의 재평가와 더불어 나타나는 현상으로서, 양자를 합쳐서 거대한 문화 전환기의 발로라고 할 수 있을 것이다.

---

18) 大江健三郎, 1935~. 노벨 문학상 수상 작가. 대학 재학 중 「사육」으로 아쿠타가와상을 받으며 데뷔했고 풍부한 상상력과 독특한 문체의 작품을 발표하고 있다.

19) 中上健次, 1946~1992. 시인이자 소설가 · 비평가. 복잡한 혈연관계의 애증을 그린 작품을 발표했다.

오리쿠치 시노부의 『고대 연구』

오리쿠치 시노부(折口信夫. 가인으로 활동할 때는 샤쿠초쿠釈迢空라는 이름을 사용)는 1887년 오사카의 유서 깊은 상인 집안에서 태어났다. 어릴 때부터 감수성이 뛰어나고 마음에 그늘을 간직한 듯한 기질로 일본의 고전문학에 강한 흥미를 가졌다고 한다. 1905년 도쿄로 나와 국학원대학에 입학하여 본격적으로 국문학을 공부하기 시작했으며, 졸업 후 오사카로 돌아가 중학교 교사로 근무하는 한편 독학으로 연구를 계속하여 문학을 중심축으로 하면서 고대문화 전반으로 관심을 넓혀 갔다.

마침내 야나기타 구니오를 접하게 되어 그가 주재하는 『향토 연구』에 논문을 투고했고, 1914년에는 다시 도쿄로 와서 야나기타를 사사하며 민속학의 입장에 설 것을 선택했다.

한편 같은 시기에 와카 가인인 시마키 아카히코[20]를 만나 단카(短歌) 동인지 『아라라기(アララギ)』, 『일광(日光)』 등을 무대로 연구와 시작의 양면에서 적극적으로 관계해 갔다. 더욱이 모교인 국학원과 게이오대학 두 대학에서 국문학, 민속학, 예능사, 신도학 등을 가르치며 많은 제자를 길렀다. 오리쿠치는 평생 독신으로 살며 때때로 남

20) 島木赤彦, 1876~1926. 동양적 상징주의를 지향한 메이지 · 다이쇼 시대의 가인.

자 제자들과 기거를 함께하기도 했는데, 그 가운데 양자로 삼으며 총애했던 후지이 하루미(藤井春洋)가 전쟁에 나가 전사했을 때의 탄식은 예사롭지 않았다고 한다.

이러한 특이한 동성애적 사제 관계나 일상의 언동에 감도는 신들린 듯한 분위기는 지극히 상식적인 사람이던 야나기타 구니오와는 완전히 대조적이었으며, 결과적으로 이들의 학문에도 그 성격이 여실히 반영된다.

야나기타는 근대 이전의 사람들, 특히 서민의 심성이 근대인과는 이질적이라는 점을 강조하며 그 해명에 진력했는데, 해명의 절차 자체는 근대적 · 합리적이었다. 이를테면 『산의 인생』에서 팔백비구니 전승, 히타치보카이손 전승을 들어 이들은 당시 사람들이 받아들였던 것처럼 실제로 800살에 달한 선인이었던 것이 아니라 요시쓰네 전설을 둘러싼 소문이나 동경이 집단적(공동) 환상을 초래한 결과라고 사회심리학적으로 추측하는 방식이었다. 또한 실증할 수 없다는 점에서 『산의 인생』을 경계로 산사람 연구를 단념하고 마는 것도 근대적 · 과학적 학문 절차를 존중했기 때문이다.

이에 반해 오리쿠치 시노부는 자료를 검토하고 실지 조사를 하면서도 마지막으로는 자신의 직관을 결정적인 근거로 해서 논지를 세워 간다. 때로는 실증이나 논리를 뛰어넘어 비합리적이라고 여겨지는 절차를 밟는 경우마저 있으나, 그러한 경우에도 오리쿠치는 마치 현장에 있었던 것 같은 확신을 갖고 직관이 지시하는 바를 말했다. 그것은 팔백비구니 전승, 히타치보카이손 전승을 말하는 전근대인의 심성에도 통하는 환시자(幻視者)이자 또한 근대인, 연구자로서의 깨인 비평 의식도 함께 가진 복합적 정신이다.

이러한 정신의 실상은 오리쿠치의 학문 스타일에 다양한 특색을 가져왔다. 특색 가운데 하나는 오리쿠치학의 중심 주제인 상세[21] 혹은 마레비토[22]로 대표되듯이 현실에서 격리된 존재에 큰 관심을 기울인 점이다. 이것은 야나기타 구니오가 『산의 인생』 이래 본격적인 야나기타학 구축에서 상민으로 대표되듯이 일상 현실 세계의 해명에 힘을 쏟았던 것과 대조적이다. 다른 하나는 오리쿠치 시노부가 연구와 표리일체를 이루는 것처럼 와카뿐 아니라 소설을 창작하며, 거기서 고대인의 심성을 추체험하려고 한 점이다. 그 대표적 예가 다이마데라(当麻寺)와 주조히메(中将姫)전설[23]을 소재로 한 「사자의 서(死者の書)」(1939)이다.

그 모두에 시가 쓰히코(오쓰노미코大津皇子)[24]의 사령(死靈)이 어둠 속에서 소생하는 장면을 소름끼치도록 무섭게 묘사한 기술은, 고대

---

21) 常世. '죽은 사람이 가는 영원한 세상', '바다 저편에 있는 불로불사의 나라', '영원'이라는 뜻.

22) まれびと. 마로도라고도 하며 본디 손님이라는 뜻이 있으나 여기에서는 이국에서 찾아온 신을 가리킨다. 사람들의 환대를 받아 돌아간다고 생각되었다.

23) 다이마데라는 나라현에 있는 절이며, 주조히메는 전설상의 인물이다. 주조히메는 아버지의 좌천을 슬퍼해 다이마데라에 들어가 중이 되어 덕을 쌓아 연줄기의 실로 하룻밤에 만다라를 짰다고 한다.

24) 滋賀津彦. 덴무천황(天武天皇)의 황자로, 문무에 능하고 시는 당대 최고였다. 밀고에 의해 모반을 꾀했다는 죄명으로 죽음의 명을 받았다.

인의 생사관을 연상시키는 리얼리티를 느끼게 하는 것으로서 근대적 · 과학적 학문의 틀을 크게 벗어난 오리쿠치 시노부의 발상을 보여 주고 있다.

야나기타와 마찬가지로 오리쿠치도 전 생애에 걸쳐 여행을 거듭하면서 다양한 영감과 착상을 얻었다. 젊은 시절 시마(志摩)구마노(熊野)에 가는 도중 하마터면 산중에서 조난될 뻔했다가 마침내 이른 다이오사키(大王崎)의 맨 끝에서 바라본 광대한 바다 저편에서 '영혼의 고향'을 느꼈던 경험이 상세, 비국사상(妣が國思想)[25]으로 결실을 맺은 예 가 그렇다. 여행 중에서 가장 의미 깊은 것은 역시 야나기타 구니오의 권유로 1921년부터 방문한 오키나와 및 남방군도 체험이었다. 그는 여기에서 생생한 고대문화의 잔존을 발견하고, 나아가 상세 · 마레비토 등의 장대한 고대 세계 비전을 구축하게 된다.

그는 만년에 열렬한 문하생들에 둘러싸여 일종의 비의적(秘儀的)이며 은연한 권위를 띠며 고대 세계를 깊이 탐구하여, 이윽고 다다른 세계관을 『민족 사관에서의 타계 관념(民族史稽における他界觀念)』(1952)으로 펴내고 1953년 66세를 일기로 세상을 떠났다.

『고대 연구』

오리쿠치 시노부에게 최초의 저서인 『고대 연구(古代研究)』는

---

25) 妣が國思想. 바다 저편 조령(祖靈)이 모여 있는 곳으로, 정해진 시기에 인간 세계를 찾아온다는 사상

1929~1930년에 걸쳐 「국문학편」 및 「민속학편 1 · 2」의 세 권으로 발간되었다. 민속학에 뜻을 둔 이래 20년 가까운 연구를 집대성한 저서로 오리쿠치학이라고 불리는 학문 구상의 모든 내용이 드러나 있다.

오리쿠치 시노부

오랫동안 여러 기회에 발표된 논의를 집대성한 것으로 스타일과 내용 모두 다방면에 걸쳐 있다. 간략하게 개요를 소개하면, 「국문학편」에서는 '국문학의 발생'이라는 제목을 붙여 고대 일본사회에서의 마레비토 존재의 다양한 실상을 설명하는 것으로 시작하여 마레비토, 곧 인간계를 찾아온 신이 사람들에게 전하는 다양한 언어에서 문학이 발생하고 발전해 간 과정을 더듬어 간다. 거기서 특히 강조하는 것은 아직 문자가 없던 시대에 신의 언어가 정확히 반복 구전되어 가기 위해서는 음조가 정리된 정형화된 양식이 적합하며 그곳에서 가요가 발생했다는 점이다.

이 관점에 서서 다양한 양식을 검토하고 그것들이 『만요슈』[26]로 집대성되고, 나아가 단카로 수렴 · 변천해 가는 과정을 『신코킨슈』[27]

26) 萬葉集. 일본 최고(最古)의 가집. 나라 시대에 성립되었으나 정확한 연도는 알 수 없으며, 약 400여 년에 걸쳐 천황으로부터 유녀에 이르기까지 다양한 신분의 사람들이 지은 노래 4,500여 수가 수록되어 있다.

27) 新古今集. 1205년에 편찬된 와카집. 약 1,980여 수가 수록되어 있으며 정식 명칭은 '신코킨와카슈(新古今和歌集)'이다.

에 이르기까지 차례로 설명해 간다. 「민속학편」에서는 먼저 상세 내지 비국 신앙의 문제를 기기 신화나 오키나와를 예로 들면서 논하고 (「비국으로 · 상세로」 · 「고대 생활의 연구」 · 「류큐琉球의 종교」), 이어서 물이라는 단어인 '미즈'의 음과 의미의 변화를 검토하고 나서 이와 관련된 미코(무녀) · 신녀의 다양한 실상을 다룬 논의(「물의 여인」), 사루가쿠[28] · 노가쿠[29] 등 예능에서의 오키나[30]를 신과 인간을 이어 주는 신인(神人)으로 간주하여 그에 대한 다양한 전개를 더듬은 논의(「오키나의 발생」), 시노다즈마(信太妻) 전설[31](이류혼), 오구리 판관(小栗判官) 전설[32](「가키아미소세이탄餓鬼阿弥蘇生譚」), 아이고노와카(愛護若) 전설[33](「귀종유리담貴種流離譚」), 본오도리(盆踊り),[34] 마쓰리 등을 주제로 한 논의가 이어진다.

---

28) 猿樂. 헤이안 시대의 예능으로, 우스꽝스러운 흉내나 말솜씨가 중심이다.

29) 能樂. 일본 전통 예능의 하나로, 사루가쿠에서 발전한 가무극이다.

30) 翁. 노가쿠를 구성하는 3단 가운데 하나 또는 노인(오키나)의 탈을 쓰고 나와 춤을 추며 축언을 하는 역할.

31) 시노다숲의 여우가 사람과 혼인하여 자식을 낳았으나 정체가 탄로나 숲으로 돌아갔다는 전설을 주제로 한 조루리나 가부키.

32) 히타치의 성주 오구리 집안은 싸움에 지고 재산을 모두 잃는다. 하지만 오구리판관은 한 여자의 도움으로 몸을 피하고 둘은 가까워지나 우여곡절 끝에 부부가 된다는 이야기.

33) 아이고노와카는 계모의 모략으로 도둑으로 몰려 자살하나 후에 신으로 모셔진다.

34) 7월 13~16일에 걸친 우라본(盂蘭盆) 때 정령을 맞아 위로하기 위해 가요 등에 맞추어 추는 춤.

고대란

'고대 연구'라는 제목에서 알 수 있는 바와 같이 오리쿠치 시노부의 민속학은 한결같이 고대를 중심 주제로 전개되었는데, 그에게 고대란 무엇이었을까?

통상적으로 일본에서의 고대란, 3세기 중반 야마타이코쿠[35] 등 부족국가가 출현한 때를 기점으로 하여 다이카개신[36]으로부터 나라(奈良)·헤이안(平安) 왕조기를 거쳐 12세기 말 중세 봉건사회의 성립에 의해 끝나는 1천 년 가까이에 이르는 시기를 가리킨다. 오리쿠치는 이 가운데 국가의 틀이 정비되고 문자가 사용되기 시작하며 『고지키』,[37] 『만요슈』 등이 성립하는 문명 융성기를 전후한 7~8세기를 시야에 넣어 고대로 구상했다. 그러나 이 구상에서 중요한 것은 그것이 정치사적 구분도 문화사적 구분도 아닌, 사람들의 심성 본연의 모습에 기초한 것이라는 점이다. 즉 근대적 심성과는 완전히 이질적인 고대적 심성이라는 것이 있고, 그러한 심성에 의해 움직이고 있는 것이 고대라는 생각이다. 그 결과, 오리쿠치의 고대는 통상적인 시대 구분으로서의 고대와 겹치면서도 경우에 따라서는 중세에서 근세까지 비

---

35) 邪馬台國. 『위지왜인전』에 기록된, 2세기 후반부터 3세기 전반에 걸쳐 일본에 있던 나라.

36) 大化改新. 중앙집권 국가의 건설을 목적으로 645년에 일어난 일련의 정치 개혁.

37) 古事記. 현존하는 일본 최고(最古)의 역사서. 겐메이천황(元明天皇)의 명으로 오노야스마로(太安万侶)가 기록하여 712년에 헌상했으며, 상·중·하 세 권으로 구성되어 있다.

집고 들어가는 일도 있다. 팔백비구니 전승이 에도 시대까지 믿어지고 있었다는 것 등은 이러한 오리쿠치 시노부 고대 세계의 잔존이라고 할 수 있다.

이러한 발상은 기본적으로 야나기타의 근대와 전근대의 구분과 공통하는 것이지만, 오리쿠치의 경우 특히 이것을 '고대'라고 강조하는 것은 이러한 전근대적 심성을 항상 고대적인, 즉 영적 · 주술적 기원으로 거슬러 올라가 파악하고자 하기 때문이다. 오리쿠치에게서 전근대란 결국 고대이며, 고대란 일상적인 인간계와, 인간계의 저편에 있으며 일상 인간계와 영적 · 주술적 차원에서 다양하게 교류하는 비일상적 신계(神界), 두 차원으로 이루어진 세계이다.

그는 언제나 민속을 고대적 기원까지 환원하고, 이어서 반대로 그곳으로부터 현재에 이르는 생성의 과정을 복원하려고 한다. 마레비토의 마레, 물의 여인의 미즈(물) 등의 어원을 집요하게 파고들어 국문학의 발생, 오키나의 발생 등 '발생'을 둘러싼 여러 논고에 힘을 쏟고 있는 것이 증거이다.

타계

오리쿠치 시노부에게 고대 세계관의 근저가 되는 것은 타계(他界)의 문제였다. 일상 인간계의 저편에 있는 타계가 '왜, 어디에, 어떤 의미를 갖고 존재하는가? 어떻게 일상 인간계와 관련되는가?' 하는 점을 해명하는 것이 고대를 탐구하는 가장 중요한 과제였다. 그는 이 과제에 기기, 풍토기 등의 고대 신화와 그 배경이 되었다고 여겨지는 고대 민족 이동, 그 이동의 발자취가 남아 있는 남방도 민속 등을 통해 고찰해 간다.

대략을 살펴보면, 일찍이 일본열도에 이주해 온 선조들이 이별하고 떠나온 땅 — 한반도라고도 일컬어지지만, 오리쿠치는 중국 대륙 남부라고 추정 — 을 그리워하는 마음과 그와 반대로 언젠가 도달하게 될 미지의 낯선 땅에 대한 동경이 이 타계를 만들어 냈다고 기원을 추측한다. 이어 타계로 상상된 곳이 어디인가 하는 점에 대해서는 바다 저편을 기본으로 하면서 그 변형으로 바닷속(와다쓰미노쿠니わたつみの國, 용궁), 땅속(네노쿠니根の國, 황천국), 산중, 공중(다카마가하라高天原, 천상) 등이 제시된다. 이 타계들은 죽은 자가 가는 두려운 암흑의 세계(요미노쿠니夜見の國, 도코요常夜)와 반대로 시간이 없고(혹은 시간의 진행 방식이 다른) 부귀번영하며 사랑으로 가득 찬 낙원(상세)으로 상상되었다. 그리고 거기서는 거인, 소인, 귀신, 벌레 등 이인, 이류, 이신(異神), 이승을 떠난 조상이 살고 있는 것으로 여겨졌다고 한다.

이렇게 고대에서 존재하던 타계의 양상은 일본 본토의 중앙부에서는 이미 기기 신화 등 과거의 전승을 통해 엿볼 수밖에 없지만, 주변부 특히 태고의 일본 민족의 선조들이 대륙에서 일본열도로 이주해 오는 경로에 해당하는 오키나와 등 남방제도에는 그곳에 그대로 정착한 부족 사이에 여전히 습속으로 남아 있다고 하면서, 오리쿠치 시노부는 정성껏 조사하여 거기서 선명하고 상세한 타계의 비전을 얻어 내려 했다.

보통 '니라이카나이'[38]라고 일컫는 이 타계 또한 바다 저편에 있는 것으로 상정되어 마야(まや)나 기타의 신들이 살고 있으며, 그곳으로부터 섬들을 찾아온다. 섬들에는, 노로(のろ) 또는 유타(ゆた) 등으로 불리는 무녀가 타계를 향하여 절하는 장소가 마련되어 다양한 제사가 행해진다.

마레비토

타계와 일상 인간계는 다양한 형태로 교류한다. 이자나기노미코토[39]의 황천국행, 우라시마(浦島)의 용궁 방문,[40] 야마사치히코[41]의 해신의 궁 방문, 다지마모리(田道間守)의 상세행[42]과 같이 드물게는 인간계에서도 타계에 갔다가 돌아오는 일이 있으나, 중요한 것은 타계에서 신이 인간계를 찾아오는 것을 마레비토(마로도)라고 부르는 것이다. 마레비토야말로 고대인의 심성의 핵심을 이루는 것으로서 오리쿠치

---

38) にらいかない. 아마미(奄美)와 오키나와 지방에서 바다 저편에 있는 것으로 믿고 있는 낙토로, 해마다 그곳에서 신이 찾아와 복과 불과 곡식을 준다고 한다.

39) 伊弉諾尊. 일본 국토와 신들을 낳고 처음으로 일본을 다스렸다는 남성 신.

40) 우라시마가 거북이의 꾐에 빠져 용궁에 갔다 마을에 돌아와 보니 300년이나 흐른 뒤였고 자신도 노인이 된다는 이야기.

41) 山幸彦. 일본 신화 속의 신으로 해신의 딸과 혼인한다.

42) 다지마모리는 고대 전설상의 인물로 신라 왕자의 자손. 기기에 따르면 스닌천황(垂仁天皇)의 명으로 10년 만에 상세에서 귤을 가지고 왔으나 이미 천황은 세상을 떠나고 없어 비탄에 잠긴 나머지 능 앞에서 죽었다고 한다.

민속학의 중심 개념이다.

마레비토는 초봄 곧 연초와 우라본에[43] 등 때를 정해서 사람들이 있는 곳을 찾아온다. 고양이나 뱀 등의 동물 · 귀신 · 요괴의 모습을 하거나 도롱이와 갓으로 얼굴을 감추고 찾아오며, 사람들은 큰 두려움으로 이들을 맞이하여 향응에 힘쓴다. 그러면 마레비토는 사람들에게 풍작이나 경사스러운 일을 예언하고 교훈을 주고는 사라진다.

사실 이들 마레비토의 정체는 촌락의 젊은이들이 가장한 것이지만 그것은 묵계로서 비밀로 되어 있으며, 그 순간에는 맞이하는 쪽도 찾아오는 쪽도 모두 정말로 신이 찾아왔다고 느끼고 믿는 것이다.

오리쿠치 시노부는 오키나와에서 이러한 마레비토의 방문이 지금도 생활 속에 맥맥이 살아 있는 모습과 조우하여 거기에서 일본인의 신에 대한 관념의 기원을 발견하고 그로부터 다양한 전개를 도모하게 된다.

오키나와뿐만 아니라 본토에도 미카와의 꽃(정월) 축제나 아키타(秋田)의 나마하게[44] 등과 같이 동일한 마레비토 행사가 있으며, 궁중에도 전해진 것이 니나메사이[45]라고 한다. 오키나와 등 남방제도

---

43) 盂蘭盆會. 음력 7월 15일 조상을 제사하는 불교 의식.

44) 生剝. 아키타현의 오가(男鹿) 지방 등에서 음력 1월 15일(최근에는 양력 12월 31일이나 1월 15일) 밤 청년들이 귀신의 모습을 하고 집집마다 찾아다니며 어린이에게 훈계를 하고 술과 음식을 대접받는 행사.

45) 新嘗祭. 11월 23일 천황이 햇곡식을 천지의 여러 신에게 바치고 친히 먹는 궁중 행사.

에서는 마레비토가 바다 저편에서 찾아오는 것으로 여겨지나 내륙에서는 마을을 둘러싼 산에서 찾아오는 것으로 여겨지며, 특히 농경의례와 깊은 관련을 맺어 초봄에 산에서 내려와 벼농사를 지켜 주고 수확까지 지켜본 다음 다시 산으로 돌아가는 논의 신으로 변용해 갔다.

춘하추동 각 계절의 마쓰리로 대표되는 다양한 마쓰리는 대체로 마레비토를 맞이하는 것이 원래의 취지이며, 여기서 중요한 것은 내방신인 마레비토가 하는 말에 이를 맞이하는 지방의 정령이 답하는 대화 의례이다. 대화라고는 하나 상하 관계가 확실하게 정해져 있어 위에 선 마레비토가 선지(宣旨)를 내리는 것이 이른바 노리토(祝詞)이며 아래에 선 정령이 진상하는 것이 요고토(賀詞)로, 이러한 대화가 바로 문학 혹은 예능의 원형이다. 문학이든 예능이든, 대개 문화의 기원은 이와 같이 다른 세계에서 온 신이 말하는 주언(呪言) 내지 축언(祝言)이 지방의 정령을 매개자로 하여 사람들에게 전해지는 전달 과정에서 비롯된다는 것이 오리쿠치 문화관의 근본이었다.

귀종유리, 미코토모치, 신의 아내

오리쿠치 시노부가 문학의 경우 이러한 발생의 양상을 특징적으로 드러내고 있다고 강조한 것이 귀종유리담(貴種流離譚)이라는 이야기 유형이다. 이것은 본래 바다 저편이나 천상과 같은 타계에 있던 신(귀종. '고귀한 가문의 사람'이라는 뜻)이 무언가 잘못을 저질러 지상 세계에 흘러왔고(유리), 그 고장의 처녀와 부부의 언약을 맺는 등의 내력을 이야기하는 유형으로, 『고지키』에서의 스사노오노미코토 신화에

서 시작되어 가구야히메(かぐや姫)[46] 전설이나 하고로모(羽衣) 전설,[47] 혹은 『겐지모노가타리』[48]에서의 히카루겐지(光源氏)의 스마(須磨)와 아카시(明石)에의 유배, 『이세모노가타리』[49]에서의 옛날 남자(아리와라노 나리히라在原業平)의 아즈마쿠다리[50] 등의 세속 이야기에까지 계승되어 일본인의 이야기 발상의 기본이 되었다고 한다. 이 귀종유리담의 틀은 더 내려가면 『헤이케모노가타리』[51] 등의 군기물, 지카마쓰 몬자에몬[52] 등의 조루리[53]에 왕성하게 이용되는 미치유키[54]

46) 『다케토리모노가타리(竹取物語)』. 대나무에서 태어나 용모가 비할 데 없이 뛰어나게 성장하여 다섯 명의 귀공자에게 구혼을 받지만, 모두 거절하고 8월 15일 밤 달나라로 돌아간다.

47) 우리나라의 「선녀와 나무꾼」과 같은 내용의 이야기.

48) 源氏物語. 헤이안 중기 무라사키 시키부(紫式部)가 쓴 장편 이야기로 일본 최고(最高)의 고전.

49) 伊勢物語. 헤이안 시대의 작품으로 작가는 미상. 대부분 "옛날에 한 남자가"로 시작되며, 아리와라노 나리히라로 생각되는 남자의 생애를 연애를 중심으로 그리고 있다.

50) 東下り. 교토에서 동부 지방, 에도나 가마쿠라로 가는 일.

51) 平家物語. 작자 · 성립 연도 미상의 전쟁과 전투를 주제로 하는 군기 모노가타리의 대표작. 다이라 가문의 영예와 몰락을 불교의 무상관을 기조로 하여 그린 서사시풍 작품.

52) 近松門左衛門, 1653~1724. 에도 중기 조루리 및 가부키의 대표적 극작가.

53) 淨瑠璃. 샤미센을 반주로 다유(太夫)가 사장(詞章)을 이야기하고, 인형이 더해지는 일본의 전통 예능. 사장은 단순한 노래가 아니라 극중 인물의 대사나 그 행동, 연기의 묘사를 포함한다.

54) 道行き. 조루리나 가부키에서 사랑하는 남녀가 도피나 동반 자살을 위하여 함께 여행하는 것.

나, 근대문학에서도 시가 나오야[55]의 「암야행로(暗夜行路)」, 가와바타 야스나리[56]의 「이즈의 무희(伊豆の踊子)」, 「설국(雪國)」까지 포함할 수 있을 정도로 커다란 유효 범위를 갖는 구상이라고 할 수 있다.

또한 오리쿠치는 내방신의 말을 사람들에게 전하는 매개자의 역할을 중시했다. 이른바 신언(神言)의 통역자이며, 이를 총칭하여 '미코토모치(御言持ち)'라고 한다. 이 미코토모치에는 다양한 존재 또는 위계가 있고 최고위에 서는 것이 천황이다. 즉 천황도 원래는 신의 말을 가장 가까이에서 받아 신을 대신하여 전하는 역할이다. 그러나 신의 대리자인 천황이 마침내 신 자체로 여겨져 천황의 미코토모치로서 나카토미 씨[57]가 임명되고, 이러한 대리자의 역할이 더욱 하위로 내려가는 상태가 계속되는데, 그것이 이른바 문화 전달 · 전개의 기본 패턴이 된다. 야나기타 민속학의 중심 주제였던 산사람의 존재를 오리쿠치는 이 미코토모치의 틀에 넣어 해석한다. 즉 산사람이란 산의 신을 섬기어 그 말을 마을 사람들에게 전하는 미코토모치의 일종이라는 것이다.

한편 신을 섬기는 역할을 하는 여성이 곧 무녀이며, 무녀의 경우에는 단지 신의 말을 전하는 데에서 그치지 않고 신과 교제하는 '신의

---

55) 志賀直哉, 1883~1971. 소설가. 무샤노코지 사네아쓰(武者小路実篤) 등과 잡지 『시라카바(白樺)』를 창간했고 강렬한 자의식과 간결한 문체에 의한 사실주의 문학을 형성했다. 대표작으로는 「화해」, 「기노사키에서」 등이 있다.

56) 川端康成, 1899~1972. 노벨문학상 수상 작가. 자세한 내용은 제4장.

57) 中臣氏. 고대 씨족의 하나. 대대로 제사, 신사(神事) 등을 관장했다.

아내'로서 위치가 부여된다. 구체적으로는 신의 대리인인 신주(神主) 혹은 제의 때의 황홀 상태에서 신이 들린 남성들과 성행위를 하는 고대의 풍습이 있는데, 그것을 통해 먼 곳에서 온 신을 대접하고 위로하며 또한 축복을 받게 된다. 이러한 신과의 교제에 관한 관념은 변형되어 결혼의 초야권(첫날밤 부부는 금욕하고 신에게 신랑의 권리를 넘겨준다)이나 다양한 인신공양 등으로 전해지고 있다고 한다. 이 '신의 아내'의 모티프는 「사자의 서」 등의 이야기를 낳기도 한다.

오키나, 모도키

오리쿠치 시노부는 문학과 병행하여 예능의 발생과 전개에 대해서도 정력적으로 고찰했는데, 거기서 예능의 원점으로 여겨지는 것이 역시 마레비토의 도래와 그것을 맞이하는 신사(神事)이며 각각 오키나와 모도키(もどき)로 설명된다.

먼저 오키나란 상세에서 찾아온 신, 일족의 조상신이 성스러운 장로(長老)의 모습을 하고 나타난 것으로, 이 오키나가 사람들에게 축복을 베푸는 몸짓이 바로 예능의 기원이다. 노가쿠의 오키나단에서 오키나가 도토타라리[58]라고 주술을 외면서 춤추는 것이 원형이며, 혼례 같은 경사 때에 공연되는 「다카사고」[59]에서 스미노에(住吉)의 소나무와 다카사고의 소나무 한 쌍의 정령이 노옹노온(老翁老媼)의

58) とうとうたらり. 뜻은 알 수 없으며 유파에 따라서는 도도타라리(どうどうたらり)라고도 한다.

59) 高砂. 다정한 노부부의 전설을 다룬 요쿄쿠(謠曲)의 하나.

모습을 하고 나타나는 것 또한 그러한 오키나의 의의를 전하고 있다.

한편 모도키란 마레비토를 맞이하는 지방의 정령이 답례하는 몸짓으로, 미코토모치가 신의 말을 복창하여 전달하듯 마레비토의 몸짓을 흉내 내는 데에서 모도키라고 부르게 되었다. 그 원형 또한 오키나단의 오키나의 춤에 이어 그 동작을 흉내 내어 반복하는 산바소[60]이다. 여기서 파생한 것이 노에서의 시테[61]와 와키[62] 같은 조합이다. 더 내려가 만자이[63]에서의 다유[64]와 사이조,[65] 현대 만자이[66]에서의 보케[67]와 씃코미[68]에까지 이 모도키의 형태는 전해지고 있는 것이다. 흉내, 반복, 주고받기를 기본 패턴으로 하여 기지, 야유, 과장 등의 요소를 담아 익살스러운 효과를 준다. 또한 노에 대한 교겐[69] 혹은 가

60) 三番叟. 노가쿠를 구성하는 3단 가운데 마지막 단 또는 이때 나와 추는 춤이나 그 역할을 맡은 광대. 검은 노인의 탈을 쓰고 부채와 방울을 들고 나온다.

61) して. 노 · 교겐의 주인공 역이나 그 역을 하는 연기자.

62) わき. 시테의 상대역 또는 그 연기자. 원칙적으로 남성이 하며 가면은 쓰지 않는다.

63) 萬歲. 새해를 맞아 집집마다 다니며 축언을 하는 일종의 걸립꾼.

64) 太夫. 노나 가부키 등의 상급 연예인.

65) 才蔵. 어릿광대.

66) 漫才. 두 사람이 익살스러운 말을 주고받으며 관객을 웃기는 재담. 만자이(萬歲)가 현대화한 것으로 다이쇼 초기 오사카에서 시작되었다.

67) ぼけ. 멍청하게 딴청을 피우는 역.

68) つっこみ. 보케에 반해 주로 이야기를 끌고 가는 역.

69) 狂言. 일본 고전 예능의 하나. 노와 마찬가지로 사루가쿠에서 나온 것으로 익살스러운 흉내 내기의 요소가 세련되어진 대사극이다.

부키와 같이 예능 양식의 분화 · 발전, 나아가 와카에 대한 렌가[70] · 하이쿠[71] · 교카[72] · 센류[73]와 같은 시가 등 다른 문화 영역에서의 분화 · 발전에서도 본격에 대한 변격이라는 모도키의 원리가 작용하고 있다고 오리쿠치학의 계승자인 이케다 야사부로(池田弥三郎) 등은 지적한다.

다시 말해 즉 내방신과 지방 정령의 대화에서 생긴 모도키야말로 일본문화 생성 · 발전의 다이너미즘을 만들어 낸 기본 요소이다.

미코토모치든 모도키든 마레비토의 말이나 거동을 지방의 정령이 흉내 내고 반복한다는 신사가 일본문화의 기원이 된 것에 대해, 오리쿠치 시노부는 이향에서 찾아온 마레비토의 말이나 거동이 지방의 일반인에게는 이해되지 않는 상징적인 것이었기 때문에 알기 쉽게 번역할 필요가 발생한 것이라고 설명했다.

즉 일본문화의 본질을 외부에서 찾아온 미지의 문화를 번역하고 해석하여 국풍화하는 문화로 파악하는 견해이며, 그것을 단순한 모방으로 부정하는 것이 아니라 창조와 발전적 에너지의 표출로서 평가한 것이다.

---

70) 連歌. 두 사람 이상이 와카의 상구(5 · 7 · 5)와 하구(7 · 7)를 번갈아 지어 나가는 시가 형태.

71) 俳句. 5 · 7 · 5의 17음을 정형으로 하는 짧은 시.

72) 狂歌. 풍자나 익살을 노래한 비속한 단카.

73) 川柳. 에도 시대 중기에 시작된 5 · 7 · 5의 3구 17음으로 된 짧은 시. 풍자나 익살이 특색이다.

신성과 천박

오리쿠치 시노부는 예능사를 고찰하는 데 있어 신성함〔聖〕과 천박함〔賤〕이라는 요소를 중시했다. 예능이 원래 마레비토의 말과 몸짓을 전하고 모방하는 데서 시작된 것이라면, 예능은 당연히 일상성을 뛰어넘은 이세계성(異世界性)을 본질로 하며 그 표출로서 신성함 혹은 그 반대의 천박함을 띤다. 이 신성함과 천박함은 시대가 내려감에 따라 신성함보다 천박함의 비중이 증대해 가지만, 항상 표리일체를 이루어 예능과 그 주변에 따라다닌다.

전형적인 예는 무녀에서 유녀로의 이행일 것이다. 원래 신을 섬기는 신의 아내로서 성스러운 존재였던 무녀는 마침내 세속화하여 가무의 예를 마음대로 부리는 시라뵤시[74]가 되고, 나아가 성적(性的)인 요소를 강화하여 매음을 생업으로 하는 유녀라는 천한 존재가 되어 간다. 그러나 사실은 무녀에게 이미 유녀적인 천박함이 있으며, 유녀에게도 반대로 무녀적인 신성함이 잔존해 있어, 시라뵤시와 같은 예능인은 두 가지 모두 갖고 있었다고 할 수 있다. 원래 마레비토(마레비토의 대리 미코토모치)가 집집마다 축언을 노래하며 마을을 도는 의미를 담고 있던 호가이비토[75]가 마침내 乞兒로 표기되어 걸립꾼 즉 거지로 멸시받게 된 것도 마찬가지이며, 특히 이렇게 여러 지방을 떠

74) 白拍子. 헤이안 말기에서 가마쿠라 시대에 유행한 가무 혹은 가무를 하는 유녀. 남장을 하고 추었으며 에도 시대에는 유녀를 가리키는 말이 되었다.

75) ほがいびと. 축언하는 사람.

돌아다니는 유랑자의 경우는 염불춤의 고승인 비파법사,[76] 고제[77]처럼 현저하게 신성함과 천박함이 혼재된 신비로움을 띠게 된다. 가부키의 어원이 된 '가부쿠(かぶく)'라는 말이 원래 상궤를 벗어난 기발함과 무뢰한 거동을 뜻하는 것에도, 또 가부키 배우, 넓게는 예능자 일반을 가와라거지[78]라고 경멸하여 부르는 것에도 예능의 근원을 이루는 이세계성과 그로 인한 신성함과 천박함이 엿보이며, 현재의 예능문화와 풍속문화에까지 그 영향을 깊이 미치고 있다. 오리쿠치는 이 신성함과 천박함이 예능의 본질을 이루며, 멀리는 일본문화의 핵심으로 간주했다.

일본문화의 기원으로, 심층으로

앞에서 지적한 바와 같이, 오리쿠치는 야나기타 민속학의 자극을 받아 자신의 학문을 발전시켜 평생 야나기타 구니오를 스승으로 받들며 연구했으나, 개성 · 발상 · 방법은 대조적이라고 할 수 있을 정도로 이질적이었다. 야나기타는 본래 합리적인 발상과 사고를 하는 상식적인 사람이며, 그러한 경향은 쇼와 이후 본격적으로 민속학 체계를 확립해 가는 과정에서 한층 강화되었다. 그래서 그는 일반인의 일상생활의 기초를 실증적으로 해명하고자 상민에 관해 연구한 데

76) 비파 타는 것을 업으로 하는 맹인. 승려 모습을 했다.

77) 瞽女, 샤미센을 타거나 노래를 부르며 구걸하던 여자 맹인.

78) 가와라(河原)는 교토에 있는 지명으로, 이곳에서 근세 초기에 가부키가 흥행한 데에서 나온 말이다.

반해, 오리쿠치는 원래 비일상적이며 이계적(異界的)인 것을 동경하는 심성을 가진 이로서 논리와 실증을 넘어 문화의 기원, 심층에 감추어진 이계적인 것을 생생히 눈으로 보듯이 진행해 갔다.

그 결과 오리쿠치학은 야나기타 상민학을 축으로 하는 민속학의 주류에서 벗어난 이단적 · 비교적 성격을 띠게 된다. 그것은 야나기타와 경쟁하면서 개성이 강한 토착적 · 애니미즘적 세계관을 전개했던 미나가타 구마구스의 민속학이 주류를 벗어난 곳에 자리 잡은 것과 상반되는 부분이 있다. 미나가타는 오랜 외국 경험과 점균(粘菌) 연구 등을 배경으로 한 문화인류학적이면서 박물학적인 광범위하고 수평적인 시야가 특징이나, 오리쿠치는 시인(詩人)적인 직관에 따라 자신의 감성 깊은 곳에 잠겨 있는 것을 응시하고 그 기원을 향해 거슬러 올라가려는 수직적 방향성이 현저하기 때문이다. 야나기타학이라는 정통 주류를 사이에 두고 두 방계적 성격의 학문이 각각 고립된 듯이 양립하는 3극 구조가 일본민속학의 큰 골격을 이루었다고 할 수 있다.

그러나 야나기타 구니오를 다룬 부분에서 지적한 바와 같이 근년에 전기 야나기타의 산사람문화 연구에 대한 재평가의 분위기가 고조되고 있는 것과 더불어 이들 오리쿠치 시노부, 미나가타 구마구스에 대한 평가와 관심도 급속히 높아져 새로운 의미를 띠게 되었다. 그때까지의 후기 야나기타 상민민속학이 기반으로 삼아 온 야요이 이후의 농경정주문화를 기본으로 하는 일본문화관에 대해, 그 뿌리에 있는 조몬 이전 수렵채취이동문화를 중시하는 원(原)일본문화관이 전면에 등장했으며, 이에 따라 야나기타의 산사람문화 연구나 오리쿠치와 미나가타의 연구가 주목받게 된 것이다. 오리쿠치에 대해 말하자면 예언자적 직관으로 찾아낸 오키나와 등 남방에 잔존하는 고층문화, 마레비토를 매개로 한 타계와의 교류, 신이나 영혼과의 교류라는 비전이 일본문화의 기층을 밝혀내고 나아가 그후의 일본문화 전개의 기본 구조까지 해명하는 실마리를 제시했다.

그 중심이 되는 것은 천황의 존재이다. 집약하여 말하자면, 후기 야나기타는 야요이 이후의 농경 정주 공동체의 틀 속에 일본문화를 놓고 천황 역시 기본적으로는 그 틀 속에 집어넣었다. 하지만 오리쿠치는 천황을 본래 그 이전의 공동체와 외부 초월 세계(타계 · 이세계) 사이의 매개자(마레비토 · 미코토모치)였다고 보고, 농경 정주 사회로 이행한 후에도 그러한 기원적 의미를 유지하여 단순한 정치 권력자 이상의 신의 위력을 띰으로써 일본문화에 초월적 · 형이상적인 방향성을 부여하는 기반이 되었다고 보았다. 이러한 오리쿠치의 천황관은 근년의 새로운 고대일본문화관, 국가상의 논의에 부응하여 영향을 미치고 있다고 할 수 있다.

더욱이 학문적 차원뿐 아니라 근년의 일반 문화에서까지 오리구치의 발상과 대응하는 양상을 뚜렷이 볼 수 있다. 예를 들어 종래에는 일본문화에서 낮은 위치에 있던 예능을 중시하여 마레비토의 현현(顯現) · 신성함과 천박함의 이중성이라는 틀에서 고찰했는데, 이것은 1960~1970년대 이후 종래의 신극을 대신한 가라 주로[79]와 데라야마

79) 唐十郎, 1940~. 희곡 작가 · 연출가 · 배우 등 다방면에서 활동하는 예술

슈지[80]로 대표되는 언더그라운드 연극 등의 현대 연극이 목표로 한 방향과 정확히 합치한다. 신극이 근대시민사회를 리얼리즘적으로 묘사하고자 하는 데 반해, 이들 언더그라운드 연극은 그러한 근대시민사회의 저변 깊숙한 곳에 있는 원(原)일본적 문화를 비(非)리얼리즘적으로 환시하고 부상시키고자 하여 오리쿠치적 예능 세계에 접근해 가는 것이다.

이리하여 적잖이 특이한 비교적(秘教的) 학문으로 여겨지던 오리쿠치학은 새롭고 열린, 그리고 보편적인 학문으로서의 가능성을 보이기 시작했다. 그것은 야나기타학, 미나가타학의 재평가와 함께 민속학의 문명학으로서의 의미의 재편성과 혁신을 나타내는 것이다.

가. 소설가로서는 「사가와 군으로부터의 편지」로 아쿠타가와상을 수상했다.

80) 寺山修司, 1935~1983. 극작가 · 시인 · 작가 · 영화감독.

야나기 무네요시의 『잡기의 미』, 『미의 법문』

야나기 무네요시(柳宗悅)는 1889년 도쿄에서 태어났다. 아버지는 해군 기술 장교의 뛰어난 인재였으나 무네요시가 두 살 때 죽고 이후 신관(神官) 집안 출신인 어머니의 손에서 성장했다. 학습원에서 배우고 여기서 무샤노코지 사네아쓰,[81] 시가 나오야 등과 알게 되어 잡지 『시라카바』[82]를 창간한 후 오래도록 시라카바파[83]의 일원으로 활동했다. 이 무렵부터 심령 현상 등 영적인 문제에 관심을 가져 도쿄제국대학에 들어가 심리학과 철학을 전공했다. 입학 후 얼마 되지 않아 일본에 체류 중이던 영국인 미술가 버나드 리치(Bernard Leach)와 교우를 맺었고, 그에게서 영국의 신비주의적 시인이자 화가인 윌리엄 블레이크(William Blake)에 대해 배웠다. 이를 계기로 지상적 · 지

---

81) 武者小路実篤, 1885~1976. 소설가이자 극작가. 1910년 아리시마 다케오, 시가 나오야 등과 동인지 『시라카바』를 창간하는 한편 이상주의적 · 공상사회주의적 사상에 심취했다. 「우정」, 「한심한 짝사랑」 등의 대표작이 있다.

82) 白樺. 개성주의, 자유주의를 기조로 한 문예지. 무샤노코지 사네아쓰, 시가 나오야, 아리시마 다케오 등에 의해 1910년 4월 창간되어 1923년까지 간행되었다. 다이쇼 시기 문학에 커다란 역할을 했으며 귀족 자제들이 다니는 학습원 출신이 중심이 되었던 점에서 상류층 자제에 의한 문학이라는 비판도 있었다.

83) 일본 근대문학 사조의 하나. 자연주의에 저항하여 인도주의, 이상주의, 개인주의를 표방하며 다이쇼 시기의 문단을 지배했다.

적 · 개아(個我)적인 것을 넘은 우주적 · 영적 · 전체적 존재의 탐구를 목표로 한 신비주의적 종교사상을 연구하기 시작했다. 이 과정에서 블레이크와 함께 미국의 생명주의 시인 휘트먼(Walt Whitman)에게도 몰두했으나, 동시에 이러한 지향에 적합한 종교사상으로 불교와 노장 같은 동양의 전통 사상에 접근했다.

한편 야나기 무네요시는 일찍부터 미술을 애호하여 『시라카바』를 통해 서양근대미술의 소개와 보급에 힘써 시라카바미술관의 설립 등을 구상하고 있었지만, 1916년 조선 도자기 연구가 아사카와 노리타카 · 다쿠미 형제[84]의 권유로 조선을 여행했다. 거기서 전통 공예 미술, 특히 조선의 잡기(雜器)에 매료되어 귀국 후에는 일본의 잡기로도 관심을 넓혀 갔다. 더욱이 당시 살고 있던 아비코(我孫子)에 리치, 하마다 쇼지[85] 등을 초대하여 그들의 도예 작업을 가까이서 접하면서 단순한 고미술 감상에서 그치지 않고 공예 창조의 본질 추구를 목표로 삼았다.

1919년 일본의 식민지화 정책과 탄압에 항의하며 독립을 주장하는 3 · 1운동이 일어나자 야나기는 적극적으로 이를 옹호하는 입장을

84) 浅川伯教 · 巧. 조선의 예술에 깊은 관심을 갖고 있던 형 노리타카가 1913년에, 동생 다쿠미가 1914년에 한반도에 건너와 조선 미술 공예, 특히 백자의 아름다움에 반하여 조선의 미를 세계에 알리는 데 진력했다. 두 형제와 야나기 무네요시, 세 사람은 조선 미술품 보존에도 힘썼다.

85) 浜田庄司, 1894~1978. 도예가. 1936년 야나기 무네요시, 가와이 간지로(河井寬次郎)와 함께 민예운동을 추진했으며, 1955년 민예 도기의 중요무형문화재 보유자로 인정받았다.

발표했다. 1924년에는 조선문화의 유지와 소개를 위해 조선민족미술관을 설립하는 등 다양한 운동을 전개했다. 같은 해 야나기는 에도 후기의 떠돌이 승려로 가는 곳마다 엄청난 양의 소박한 목조 불상을 남긴 모쿠지키쇼닌[86]의 작품을 발견하고 조사 · 연구에 집중하기 시작한다.

이 모쿠지키쇼닌 불상과의 만남은 공예와 신앙의 융합일치라는 야나기의 근본 사상 확립에 큰 시사를 주는 한편, 깊어지고 있던 잡기에 대한 관심과 더해져 1926년 민중적 공예를 줄인 '민예(民藝)'라는 말을 만들어 내고 그 선언이라고 할 만한 『잡기의 미(雑器の美)』(원제는 '투박한 것의 미下手ものの美')를 발표했다. 그리고 이를 계기로 민예운동이 본격적으로 개시되었다. 각지에 남아 있는 고민예품의 조사 · 수집, 민예 이념의 보급, 신작의 고안 · 제작 · 반포(頒布)의 세 분야에 걸친 이 운동은 야나기 무네요시를 중심으로 하마다, 가와이 간지로[87] 등의 실제 제작자와 오하라 마고사부로[88] 등의 후원자가 힘을 합해 1936년 일본민예관 설립으로 결실을 보았다.

이 사이에 야나기 등은 일본 각지를 비롯하여 조선과 만주까지 여

86) 木喰上人. 무로마치 말기의 진언종 승려.

87) 河井寬次郞, 1890~1966. 도예가. 야나기 무네요시 · 하마다 쇼지와 함께 민예운동을 펴는 한편, 일본 · 조선 · 영국의 그릇에서 받은 영향을 토대로 실용적이고 간소한 조형의 작품을 발표했다.

88) 大原孫三郞, 1880~1943. 실업가. 미술관과 공예관을 건립하는 등 문화 예술인들의 후원 활동을 했고 오하라사회문제연구소를 설립했다.

행을 거듭했고 1938년에는 처음으로 오키나와에 가서 독자적인 전통 민속문화에 감명을 받았다. 그 뒤 조선의 경우와 마찬가지로 이를 소개하고 보존하는 운동에 분주했다.

1946년 그는 호쿠리쿠를 여행하는 도중 정토진종의 개조 신란[89]의 가르침을 알기 쉽게 설파한 색종이에 쓰인 와산[90]을 보고 소박한 신앙에 강하게 끌렸다. 이후 정토계의 타력신앙, 특히 배움은 없으나 한결같이 경건한 신앙을 가진 평신도의 존재에 빠져 간다. 그리고 1948년 타력신앙을 축으로 민예 이념의 의의를 설명한 『미의 법문(美の法門)』을 발표하여 마침내 야나기 종교미학을 완성했다.

만년의 야나기 무네요시는 사재를 전부 민예관에 기증하고 와산과도 닮은 짧은 장구(章句)를 기록한 "나무아미타불 이토시즈카", "오늘 하늘은 맑지 않네" 같은 게(偈)를 만들어 사람들에게 베푸는 나날을 보냈다. 이리하여 성자를 연상시키는 경지에 이르러 1961년에 72세로 세상을 떠났다.

『잡기의 미』

민예 선언이라고 할 만한 기념비적 논문 『잡기의 미』는 각각 800~1천자 정도의 단장(斷章) 열한 개와 간단한 서문과 발문을 붙였을 뿐으로 분량으로는 소편이라 할 정도의 것이다.

---

89) 親鸞. 1173~1262. 가마쿠라 초기의 승려로 정토진종을 열었다.
90) 和讃. 헤이안 중기부터 유행한 일본어로 된 불교 찬가.

무학이며 가난하기는 했어도 그는 독실한 평신도이다. 왜 믿고 무엇을 믿는지조차 충분히 말로 표현하지 못한다. 그러나 그 소박한 말 속에 놀라울 정도의 경험이 번쩍이고 있다. 손에는 이렇다 할 것을 갖고 있지 않다. 그렇지만 신앙의 진수만큼은 확실히 쥐고 있다. 그가 쥐지 않아도 신이 그에게 쥐여 주고 있다. 그 때문에 그에게는 움직이지 않는 힘이 있다.

야나기 무네요시

위에 인용한 서문의 모두 부분처럼 독특한 발상과 리듬으로 가득 찬 산문시나 잠언을 연상시키지만, 치밀하게 이론을 전개해 가는 것은 아니었다. 그럼에도 불구하고 야나기 무네요시 민예사상의 모든 요소가 제시되어 있다. 여기서는 이 요소들을 정리하고 같은 시기에 잇따라 저술한 『공예의 길(工藝の道)』, 『공예미론의 선구자에 대해(工藝美論の先驅者に就いて)』 등 보다 상세하게 이론을 논한 논문으로 보완하면서 소개하고자 한다.

앞서 인용된 서문에는 야나기가 생각하는 민예의 최대 본질인 신앙과 공예의 일치융합이 소리 높이 주창되고 있다. 공예 그것도 '민예'라는 말로 규정되는 바와 같이, 서민의 삶에 밀착한 공예를 만들어 내는 직인의 행위에는 대체로 자신이 만든다거나 자신을 표현한다는 따위의 의식은 손톱만큼도 없다. 순수한 무심의 경지에서 숙련된 손놀림으로 물건이 만들어져 나오는 것을 기다릴 뿐이며, 그것은 오로지 염불을 외면서 부처님이 현현하기를 기다리는 것과 같은 것이다("명호名號는 이미 사람의 소리가 아니라 부처님의 소리라고 전해지고 있으나, 도공의 손도 이미 그의 손이 아니라 자연의 손이라 할 수 있을 것이다"). 이러한 신앙 · 공예일원론은 이후 더욱 심화되어 만년의 『미의 법문』으로 집대성되는데, 그 원형이 이미 이 서문에 명료하게 나타나 있는 것이다. 다만 『미의 법문』에서는 신앙의 있는 그대로의 모습 쪽으로 비중이 이동하지만, 『잡기의 미』에서는 이론의 전제로 주창되는 데서 그쳐 본론에서는 오로지 공예의 실상이 논해지고 있을 뿐이다.

투박한 것, 잡기, 민예

『잡기의 미』가 최초로 신문에 발표되었을 때에는 '투박한 것의 미(下手ものの美)'라는 제목이었다. '투박한 것'이라는 말은 당시 야나기 무네요시가 진귀한 물건들을 찾으러 다니고 있던 교토의 고물 시장에서 '빼어난 것(上手もの)' 곧 상등품에 상반되는 하등품, 싼 것의 의미로 사용되던 말을 이용한 것이라고 한다. 후에 이것을 '잡기'라는 말로 고친 이유는 '투박'이라는 가볍게 보는 듯한 말투, 넓게는 '투박한 것'이라는 그로테스크한 이미지를 불식하고 편견에 사로잡히지 않은 채 본래의 가치를 재인식해 주기를 바랐기 때문이다. 야나기 무네요시는 잡기란 단순히 '일반 민중이 일상생활에서 쓰고 있는 접시, 밥그릇 등 식기를 중심으로 한 잡다한 물품'이라고 정의한다. 이 경우의 잡(雜)은 '삶 속의 실용 도구라면 무엇이든지 구별 없이'라

는 의미, 즉 특별하고 특수한 것이 아니라 당연하고 평범한 것이라는 의미로서 투박과 같은 차별 내지 모멸을 포함하지 않는다. 그러한 일상의 삶을 있는 그대로 받아들이는 자세를 잡기라는 말에 의탁하고 있는 것이다.

그리고 그러한 자세를 더욱 선명하게 나타낸 것으로서 '민예'라는 말이 창조된다. 민예의 '민(民)'은 말할 필요 없이 민중이다. 그때까지 '빼어난 것'만을 미로 여기고 상류 계급만이 미를 전유하고 향유하는 것으로 여겨 왔던 데에 비해, 야나기는 미의 차원으로부터 소외되어 온 민중의 편에 서서 민중의 미를 발견하고 확립할 것을 '민'에 의해 말하고자 했다. 그렇다면 '예(藝)'는 무엇인가? 후에 야나기 무네요시 자신이 주해하고 있는 바에 따르면(『일본민예관』 1954), '예'는 예술이 아니라 공예를 가리킨다. 예술이라고 하면 더욱 고급인 듯하지만, 그래서는 '빼어난 것'처럼 미 자체를 목표로 한 셈이 되어 결국 야나기 무네요시의 본의에서 벗어나 버린다. 어디까지나 실용이 먼저이며, 예술가가 아닌 직인에 의해 만들어진 공예가 아니면 안 되는 것이다. 이렇게 비하하지도 뽐내지도 않고 민중의 공예, 삶 속의 실용에서 태어난 미를 정면에서 응시 · 평가하고 위치를 부여하는 것이야말로 야나기 무네요시의 의도인 것이다.

그렇다면 이러한 잡기의 특질이란 무엇인가?

우선 실용성이다. 다시 말해 나날의 사용에 견디기 위해 튼튼해야 한다. 따라서 단지 진기함을 자랑하는 듯한 병적인 것, 과도하게 장시적인 것은 배제된다. 이어서 무명성, 비(非)개인성이다. 예술이라면 어느 특정한 예술가 개인의 작품으로서의 성격을 띠지만, 공예는 수를 헤아릴 수 없고 이름도 알 수 없는 직인에 의해 만들어지며 그런 의미에서 공동적 성격을 본질로 한다.

더욱 골똘히 생각해 보면 공예는 자연에 의해 만들어진 것이라고 할 수 있다. 구체적으로는 각 지방 고유의 흙과 나무 같은 재료가 공예의 출발점이고, 이들 소재 각각의 성질을 거스르지 않고 만들어진 것에서 비로소 천연의 미가 저절로 드러난다.

제작 과정에 대해 말하자면 반복, 신속, 자재(自在)가 중요하다. 이것은 생활 실용품으로서 대량으로, 그리고 싼값으로 생산되어야 하므로 같은 종류의 것을 반복해서 만들어 가고, 그럼으로써 숙련도가 증대하여 점점 손놀림이 빨라지는 동시에 물건을 만들고 있다는 의식에서도 해방된 무심 · 자재의 경지에 달한다는 것으로서, 종국에는 신의 업적이라고 할 만한 놀라운 완성과 미가 태어난다.

마지막으로 이렇게 해서 나타난 잡기의 미 자체의 특성으로는 단순, 다채로움, 독창을 들 수 있다. 불필요한 장식성을 배제하고 한결같이 실용을 추구하는 데에서 단순함이 생겨난다. 그리고 기계공업적 생산과는 달리 미묘한 소재의 차이, 손놀림의 가감에 따른 천변만화라고 할 수 있는 다양성도 생겨난다. 또한 지식이나 형태 따위에 얽매이지 않고 작업이 진행되므로 외래 양식의 모방에 빠지는 일 없이 독창적인 일본 고유의 미를 실현한다는 것이다.

그렇다면 야나기 무네요시는 현대 일본의 지식인으로서 이상과 같은 특성을 가진 잡기를 어떻게 대하고, 어떻게 문명사적 의미를 부여했을까?

그는 이 시점에서 새삼스레 잡기의 의미를 확인하고 이야기하게 된 까닭은 잡기가 절멸에 직면하고 있기 때문이라고 설명한다. 그때까지 잡기가 주변에서 일상적으로 사용되어 오던 동안에는 당연한 것으로 여겨져 주목받을 일이 없었으나, 급속한 근대화·기계공업 생산화에 의해 수공예가 내몰릴 위기에 직면하자 그 의미에 대한 의식이 자각되었다. 잃어버릴지도 모르게 되어서야 비로소 잡기가 더할 나위 없이 소중하다는 사실을 뼈저리게 느끼고 되돌아보게 된 것이다. 역사의 역설이지만, 야나기 무네요시는 그 역설을 정면으로 받아들여 그 증인이 되는 것을 자신의 사명으로 삼았다. 좋든 나쁘든 지식인, 특히 현대 일본과 같이 격렬하게 문화가 변용하는 전환기에 태어난 지식인의 역할이다.

야나기는 이러한 사명감 위에 서서 잡기가 걸어온 운명과 문명사적 의미에 대해 고찰하고 있다.

그에 따르면 예술의 역사는 대개 타락하강의 경향이 강하다고 할 수 있다. 시대가 흘러갈수록 의식적·인위적 성격이 강해져 기교나 장식의 과잉, 모방에 의한 형해화 따위를 초래하는 경우가 많기 때문이다. 그중 잡기는 예외적으로 그러한 퇴폐를 피한 결과, 민족문화 본래의 건강미를 유지해 올 수 있었다는 점을 야나기 무네요시는 중시한다.

그는『공예의 길』의 서언과『공예미론의 선구자에 대해』에서 특히 이 문제를 언급하며 자신이 목표한 민예운동을 문명사적으로 규정하려고 시도했다. 거기서 야나기는 근대 서구문명에서 미술(Fine Art)과 공예(Craft)가 나뉘고, 실용성을 배제한 전자에서만 순수하고 고상한 미가 추구되고 실현된다고 간주해 온 점을 비판한다. 이러한 견해는 사실 르네상스 이래 인간 중심적 · 개인 중심적 · 자력적 가치관이 강화되어 온 결과이며, 서구에서도 중세에는 신 혹은 자연 중심적 · 몰개인적 · 타력적 가치관을 배경으로 실용과 미의 종합을 목표한 고딕 양식의 교회 건축 같은 예술이 존재했다고 설명하면서 그곳으로 돌아가자고 제창한다. 그리고 이러한 사고의 선구자로 19세기 영국에서 흥했던 라파엘로전파 운동의 지도자 러스킨과 이 운동의 집대성자 모리스, 두 사람을 들어 그들의 사상을 상세하게 소개한다.

러스킨과 모리스의 사상과 활동에 대해서는 이미 오카쿠라 텐신의 『동양의 이상』에서 언급해 왔으나, 일본에서 가장 깊고 주체적으로 관계한 것은 야나기이며 그 민예운동의 발상이 그들로부터 큰 자극을 받아 일어난 것임에는 틀림없다. 선구적으로 산업혁명을 이루고 기계공업 생산을 추진한 영국에서 수공업의 쇠망은 한층 심각했다. 러스킨은 이것을 문명의 위기로 파악하고 그것을 극복하기 위해 중세 고딕 양식의 교회 건축을 재평가할 것을 주장했으며, 모리스는 성조지조합(Guild of St. George) 등을 통해 공예미술운동을 추진하는 한편 자연환경의 재생과 사회주의적 이상 사회의 건설을 목표로 했다.

야나기 무네요시는 이들의 사상을 수용하여 민예운동을 창시했다. 그러나 그는 한 가지 점에서 모리스의 공예운동을 비판했다. 그것은 모리스가 공예의 미를 지나치게 강조한 나머지 공예를 미적인 것으로 만들어 버려 공예 본래의 실용성을 해쳤다는 것이다. 야나기는 모리스의 대표작 「레드 하우스(Red House)」를 단적인 예로 들면서 그 벽지의 장식적 모양을 역겹다고까지 혹평한다. 그의 관점에서 보면 모리스도 결국은 순수미술, 즉 '실용을 떠난 미'라는 근대 서구 예술이 일반적으로 범해 온 폐해에 빠져 버렸던 것이다. 아니 사실을 말하자면, 이 일반적 폐해는 근대 서구에만 국한되는 것이 아니라 공예에 끊임없이 따라다니는 유혹으로서, 일본에서도 잡기의 미를 처음으로 인정한 다도가 곧 형식화·제도화해 감에 따라 본래 잡기였던 것을 한결같이 미적인 것으로 다루게 되는 퇴폐가 엿보인다. 그는 이러한 폐해·퇴폐에 빠지지 않고 어디까지나 실용성을 으뜸으로 삼는 공예의 참모습을 주장하면서, 거기서 자신들의 운동이 갖는 획기적 의미를 자부하는 것이다.

『미의 법문』

『잡기의 미』가 장년기의 야나기 무네요시가 민예운동을 개시하면서 민예, 곧 민중 공예 자체에 대해 행한 사상 선언이라면, 그로부터 20여 년 지나 만년에 접어드는 그가 민예사상의 근저를 이루는 종교적 세계관·심미관을 총결산하여 언급한 것이 『미의 법문』이다. 청년기에 종교학자로 출발하여 인간에게 종교가 갖는 의미를 모색해 온 야나기는 장년기에 들어 오로지 민예라는 넓은 의미에서의 미적 세계에 들어갔는데, 마침내 이 양자를 아우르는 경지에 다다른 것이다.

『미의 법문』에서 설명한 사상의 기본은 앞에서 인용한 『잡기의 미』의 서문 모두의 "무학이며 가난하기는 했어도 그는 독실한 평신도이다"에 이미 표현되어 있다. 이러한 공예 직인이 물건을 만들어 가는 마음의 저변에 흐르는 신앙의 참모습을 더욱 추구하여, 그것이 공예 제작에서 그치지 않고 정토종계 서민의 소박한 타력신앙 전반에 통한다는 점, 요컨대 정토 3부경 가운데 하나인 『대무량수경(大無量壽經)』의 「무유호추(無有好醜)의 원(願)」이 최상이라는 점을 지적하는 것이 『미의 법문』의 중심 취지이다. 야나기는 전부터 이 사상을 품고 있었으나, 제2차 세계대전이 끝난 지 얼마 안 되어 때때로 호쿠리쿠를 여행하며 그곳에서 이러한 정토계 민중 신앙의 전통을 접했고, 또한 대학 시절 이후 스승으로 모신 스즈키 다이세쓰[91]로부터도 감화를 받았다. 그뿐 아니라 1948년 7월 도야마현(富山縣)에 있는 사찰 조하나베쓰인(城端別院)에서 『대무량수경』을 읽은 것이 결정적인 계기가 되어 그 직후 『미의 법문』을 단숨에 집필했다. 그리고 그해 11월 교토에서 열린 '제2회 일본민예협회 전국대회'에서 발표하자, 큰 반향을 불러일으켜(그때 청중의 한 사람이었던 무나카타 시코[92]는 감격한 나머지 단상의 야나기에게 울면서 매달렸다고 한다) 다음 해 환갑을

91) 鈴木大拙, 1870~1966. 불교철학자. 선을 수행하고 선사상의 연구와 보급에 진력했다.

92) 棟方志功, 1903~1975. 판화가. 판화를 版畵가 아닌 板畵라고 썼으며 목판의 특징을 살린 작품으로 일관했다. 부처를 소재로 한 작품이 특히 유명하다.

기념하여 사가판(私家版)으로 간행되었다.

무유호추의 원

『미의 법문』은 모두에서 『대무량수경』 48원(願)의 「제4원 무유호추의 원」의 뜻을 설명하는 것으로 시작한다.

> 예컨대 내가 부처를 얻었더라도
> 나라 안의 인천(人天)
> 형색이 다르면서도
> 호추(好醜) 있다면
> 정각(正覺)을 얻을 수 없으리니

야나기는 이것을 "만약 내가 부처가 될 때, 우리나라 사람들의 형태나 색이 같지 않고 보기 좋은 자와 보기 추한 자가 있다면 나는 부처가 될 수는 없네"라고 구어로 옮긴 후, 그 요점을 부처의 나라에는 미와 추 둘이 없다고 설명하며 이로써 미의 종교가 세워진다고 주장한다.

원래 이 원(願)은 정각(깨달음)을 열어 아미타불이 되기 이전에 수행하는 몸이던 법장보살이 중생구제를 위해 세운 48개의 원 가운데 하나인데, 야나기는 이를 위와 같이 해석하여 미추의 구별을 넘어선 경지 속에 민예가 목표해야 하는 궁극적이며 지고한 이상을 최종적으로 자리매김한다.

돌이켜 보면 그는 『잡기의 미』 이래 '투박한 것'이라거나 '잡기'라 불려 '빼어난 것'과 차별되어 미의 범주에서 소외되어 온 일상의 실용 도구 속에 미를 복권시키고자 노력해 왔는데, 그러한 차별을 끝까지 파고들면 결국 예술과 실용, 미와 추 같은 구분 자체가 문제가 된다. 이러한 구분 자체, 구분 의식 자체를 버리지 않는 한 해결은 있을 수 없다. 그리고 그 해결을 이 원이 제공해 준 것이다.

보통 인간의 의식은 끊임없이 매사를 선악, 호오, 미추 따위를 구별하는 것으로 영위된다. 인간의 의식 혹은 문화란 이러한 구별의 집합 또는 체계라고까지 말할 수 있다. 그렇지만 인간의 번뇌는 바로 거기에서 생긴다. 부처의 가르침은 그러한 구별 의식, 즉 분별에서 벗어나 일체 구별이 없는 무분별의 경지에 이르라고 한다. 우리가 사로잡혀 있는 여러 가지 구별이란 겉모양에 불과하고 본래는 둘이 아니라 하나 즉 불이일원(不二一元)이야말로 세계의 본질이며, 그러한 본질로 되돌아가야만 한다는 것이다. 이 근본적인 세계관의 뒷받침을 받아 비로소 『잡기의 미』 이래의 민예 이념이 완성된다. 이 세상에 미추 따위는 없고, 모든 것을 있는 그대로 받아들이는 것이 부처의 길이며, 곧 민예의 가장 심오한 경지이다. 믿음이 지탱해 주는 미의 이상, 신미일여(信美一如) 이상의 완성이다.

타력, 염불, 한결같은 신앙을 가진 평신도

그렇다면 이러한 경지에는 어떻게 도달하는가? 『미의 법문』 후반은 오로지 민예의 근저를 이루는 믿음에 대해 설명하고 있다. 거기서 중요한 것은 미추를 구별하는 의식, 다시 말해 분별을 버리는 것이며 그러한 분별의 근원이 되는 나를 버리는 것이다. 그러기 위해서는 어린아이와 같은 무심, 무력한 존재로서 내 몸을 부처에게 맡겨 모든 것을 부처님의 뜻에 따르는 타력본원의 자세가 바람직한 것으로 여겨진다. 특히 지식도 재주도 없는 범부에게는 오로지 부처의 자비에 매달리는 이 길이 바로 구제를 얻기 위한 대도이며, 그것을 집약한 것이 염불이다. 엄격한 수행이나 어려운 교의는 필요 없고 그저 나무아미타불의 명호를 외우는 한 가지에만 전념함으로써 선인 · 악인, 재인 · 범인의 구별 없이 동등하게 왕생은 달성된다.

이러한 염불에 의한 구제를 설파하는 것이 염불종 혹은 염불문[93]이다. 야나기는 그중에서도 여러 지방을 떠돌며 염불춤을 확산시킨 시종[94]의 개조 잇펜쇼닌[95]을 믿음의 모범으로 들어 민예가 근거해야만 하는 경지라고 했다. 민예는 단순한 기술이 아닐 뿐만 아니라 예술도 아니다. 오로지 자기를 비우고 물건을 만들어 가는 손놀림 자체가 기대하지 않은 염불인 것처럼 반복의 극치에서 부처와 하나가 되고 부처가 되는 믿음의 행위이다. 그런 의미에서 『미의 법문』에서는 직접 언급하고 있지 않으나 이 시기에 매료되기 시작했던, 배움은 없

93) 念佛門. 아미타불의 구제를 믿어 염불로써 정토에 왕생할 것을 기원하는 불교 종파.

94) 時宗. 여러 곳을 떠돌며 수행하고 포교하는 정토종의 한 종파. 가마쿠라 시대에 잇펜이 열었으며 민중을 교화했다.

95) 一遍上人, 1239~1289. 가마쿠라 중기의 승려. 타력염불을 주장하며 중생 제도를 위해 민중에게 염불춤을 퍼뜨렸다.

으나 한결같이 경건한 신앙을 가진 평신도(묘코닌妙好人)의 실상과 민예는 겹치게 된다. 시정에 있으면서 비록 무학, 무명이나 오직 신심 하나만으로 노력하는 소박한 평신도인 묘코닌이야말로 민예의 이상이다. 따라서 야나기는 민예품을 묘코힌(妙好品)이라고 부르기조차 했다.

야나기 민예사상의 보편성과 독창성

『미의 법문』의 본문 개요는 대체로 이상과 같은데 야나기 무네요시는 여기에 약간의 후기를 붙여 자신의 사상에 위치를 부여하고 있다.

먼저 종교마다 성전이 있듯이 민예미학의 전거가 될 만한 것을 오래도록 탐구한 끝에 『대무량수경』 제4원에서 그것을 발견하고, 그에 따라 부처의 자비를 기본으로 하는 민예라는 신미일여의 이상이 완성되었다고 선언한다. 정토문의 타력신앙을 기초로 하는 미학인데, 그 전거가 되는 『대무량수경』에서는 그 자신이 설명하는 바와 같이 보통은 「제18원 염불왕생의 원」이 타력신앙사상의 요체로 제시되는 경우가 많다. 이것은 모든 중생이 염불을 외워 왕생할 때까지 자신은 부처가 되지 않겠다는 법장보살의 원으로, 신란의 악인정기설[96] 등의 근거가 되었던 것인데 야나기는 굳이 이 제18원이 아니라 제4원

96) 惡人正機說. 아미타불의 본원(本願)은 악인을 구제하는 것이며, 따라서 악인이야말로 구제의 대상이라고 보는 설. 신란 염불사상의 핵심이다.

을 전거로 선택했다. 물론 이 두 가지 원은 서로 통하는 것이기는 하지만 제18원이 중생구제라는 윤리성을 정면으로 내세운 것인 데 반해, 제4원은 미적인 것으로 전위(轉位)시킨 데에 차이가 있다. 야나기는 제4원을 선택함으로써 자신의 민예사상이 종교적 · 윤리적인 것을 기초로 하면서 미적인 것으로 전위시켜 성립했음을 명확히 한 것이다.

이어서 야나기 무네요시는 이와 같이 불교, 특히 정토문의 타력사상을 원용하여 민예의 기초를 쌓아 가는데, 이에 대해 본질적으로는 기독교나 다른 종교사상에서도 다르지 않다고 설명한다. 즉 "부처가 정각을 얻는다"라는 것은 '신이 신 스스로가 된다'라는 것으로, '무'는 '무한'으로 바꿔 말할 수 있다고 설명한다. 종교는 보편적인 것이며, 그에 입각한 민예 또한 보편적이라는 의미이다.

다만 여전히 정토문의 타력사상을 원용한 점에 대해서는 세 가지 사정을 들 수 있다. 첫째는 야나기 자신이 동양인이기 때문에 동양문화에 익숙하다는 점, 둘째는 동양사상은 불교에서 가장 깊이 있게 무르익었다는 점, 그리고 셋째는 불교 가운데 정토문의 염불종에서 타력신앙이 극에 달한다는 점이다.

이것을 그의 관련 저서에 비추어 보충하자면 서구, 특히 근대 서구가 자아 · 개아를 중시하고 자타를 구별하며 매사를 분별하는 경향이 강한 문화인 데 반해, 동양에서는 자아멸각(自我滅却) · 자타일체를 지향하는 문화가 특히 불교에서 발달했고 그것이 가장 철저한 것이 정투문의 타력신앙이라는 것이다. 이러한 사고방식의 이치에 따라 야나기의 민예 이념은 최종적으로 자리 잡으며, 이로써 야나기 이전의 민예적 문화 이념과 차이도 현저해진다.

야나기 무네요시는 『공예미론의 선구자에 대해』에서 러스킨이나 모리스 등이 편 운동의 선구적 의의에 대해서는 높이 평가하는 한편 그들은 공예를 실용에서 이탈시켜 예술로 승화시킴으로써 타락해 버렸다고 비판했는데, 그것은 결국 구별 · 분별하는 근대 서구문화의 한계였다. 이에 대해 무유호추 혹은 불이일원 등의 말에 집약되어 있듯이 야나기 등의 민예운동은 구별 · 분별을 배제하는 동양적 문화 전통에 입각하여 이러한 한계를 뛰어넘으려고 했다. 한편 야나기는 일본에서도 센노리큐 등의 다인(茶人)이 모처럼 잡기의 미를 발견할 수 있었음에도 불구하고, 마찬가지로 차를 일상과 격리된 순수하게 미적인 것으로 세련되게 만들어 퇴폐시키고 말았다고 비판한다(『공예미론의 선구자에 대해』, 『'차'의 병「茶」の病』 등). 이것은 차가 권력이나 부에 영합하여 일반 서민의 일상생활에서 유리된 데에서 생긴 폐해이나, 민예는 정토문에서의 묘코닌 중 무학이지만 경건한 신앙을 가진 평신도들의 실상을 모범으로 삼아 이러한 폐해를 피하고 본래의 경지로 되돌아가고자 한다. 또한 차에 대한 이러한 비판과 민예 이념의 참모습은 오카쿠라 덴신의 『동양의 이상』, 『차의 책』의 사상에 대해서도 같은 말을 할 수 있다. 덴신이 주장한 불이일원 등의 이념은 확실히 야나기 민예사상의 근본과 통하는 것인데, 야나기의 입장에서 보면 덴신은 사상가 · 예술가 · 천재의 차원에서 이념을 추상적 · 관념적으로 설명하는 데에서 그친 것이다. 이에 반해 민예는

어디까지나 일반 서민의 구체적인 삶에서 실천되어 가야 하는 것이다.

이러한 의미에서 야나기의 민예 이념의 '민'은 역시 야나기타 구니오 민속학의 '민'의 범주에 든다고 할 수 있다. 그러나 야나기타의 '민'에 신화, 옛날이야기, 이야기 등 다양한 문화 요소는 있어도 그것이 미의 관점에서 평가·음미되는 일은 적었다. 야나기타가 이들 민중문화를 취급할 때에는 한결같이 거기에 나타난 현실 인식, 세계 인식의 참모습을 문제 삼았을 뿐 미 같은 요소는 무시했다고 할 수 있다. 그것은 예능의 문제를 중시한 오리쿠치 시노부의 경우에도 기본적으로 다르지 않다. 민속학에서 미학은 배제된다. 이에 비해 야나기 무네요시 민예 이념의 독창성은 그야말로 민속을 미의 문제로 정면에서 다루었다는 데에 있다. 『대무량수경』의 제18원이 아니라 제4원을 취한 것에서도 나타나고 있으나, 야나기에게 모든 것은 미로 수렴된다. 야나기는 본질적으로 미의 사상가였던 것이다.

야나기 무네요시가 창시한 민예운동은 여전히 활동하고 있는 일본민예관을 축으로 착실히 계승되고 있다. 그 특색은 학문적 조사·연구와 병행하여 실천(창작 공예), 계몽(민예문화 의의의 보급)이 큰 비중을 갖고 추진되고 있는 점이다. 야나기의 사상은 전후에 사회학자 쓰루미 슌스케[97]에 의해 종래의 아카데믹한 학문과 예술의 범주에서

97) 鶴見俊輔, 1922~. 사상가·평론가. 1946년 『사상의 과학』을 창간하여 사상사 연구에 성과를 거두었으며 언론계의 지도적 인물이다.

버려져 있었던 민중문화 · 민중예술의 의미를 명확히 하였다고 평가(『한계예술론』)받거나, 야나기의 직계 제자인 미술사가 미즈오 히로시[98]가 일본미사상의 근원을 밝혀내는 업적을 성취했다고 칭송하는 것처럼 서서히 성가를 높여 왔다. 그리고 1970년대 이후 근대적 문화가 막다른 곳에 이르러 근대 이전 문화를 재검토 · 재평가하는 시류에 부응해 야나기타 민속학의 의의가 급속히 재인식되어 오늘날에 이른 것처럼, 앞으로 더욱 주목받을 것이다. 야나기 무네요시는 다이쇼 교양주의를 대표하는 시라카바파의 일원으로 활동을 시작했고 당시 그 가운데서는 이단적 · 비주류적 존재였으나, 오늘날에 오히려 가장 풍요로운 미래성을 띤 사상가로 변모했다고 할 수 있다. '민'의 사상, '미'의 사상, 그리고 '신(信)'의 사상, 이 세 가지 사상이 더해져 전개된 사상운동은 엄청난 가능성을 간직하고 있다.

98) 水尾比呂志, 1930~. 민예 연구가 · 미술사가로 『평전 야나기 무네요시』, 『일본미술사』, 『근세일본의 명장』 등의 저서가 있다.

제3장
일본철학의 창조

근대 일본의 철학은 철학이라는 용어 자체가 philosophy(philosophia)에 맞춰진 번역어라는 데서 알 수 있는 것처럼, 서구철학의 유파들을 수입하여 이를 이해하는 데에 전념하여 그 수준 이상의 독자적 일본철학사상을 창출하지 못한 시기가 메이지 30년대(1897~1906) 후반까지 계속되었다. 이 사이에 예컨대 정토진종 오타니파[1] 출신으로 도쿄대학에서 페놀로사에게 사사하고 헤겔(G. W. F. Hegel)의 관념론적 변증법을 익힌 후 이것을 불교에 응용하여 독자적인 종교철학을 구축하려 한 기요자와 만시[2] 같은 선구

1) 大谷派. 정토진종의 한 파로 교토의 히가시혼간지(東本願寺)를 본산으로 하고 있다.

2) 清沢満之, 1863~1903. 종교철학자. 진종 오타니파의 개혁운동에 전념했으며 정신주의를 주창했다.

자도 있었지만, 충분한 전개 및 달성은 이루지 못했다. 그러나 마침내 러일전쟁을 거쳐 메이지 40년대에 들어서자 근대화의 성숙이 가속되고 이에 부응하여 나쓰메 소세키가 '자기 본위' · '내발적 개화'와 같은 말로 설명한 바와 같이, 서구문화를 그대로 받아들이는 것이 아니라 충분히 소화한 다음 일본에 입각한 문화의 양태를 모색하고자 하는 기운이 높아졌다. 이에 따라 철학에서도 일본에 고유한 문화철학을 창조하려는 움직임이 본격적으로 시작되었다.

그 최초의 성과로서 크게 주목받은 것이 당시 교토대학에 부임한 지 얼마 안 된 니시다 기타로(西田幾多郎)가 발표한 『선의 연구(善の研究)』였다. 이 저서는 단순한 철학 전문서에서 그치지 않고 부쩍 증가하기 시작한 지식 계층 전반에까지 교양서로 읽혀 그후 철학, 특히 이제부터 다루려고 하는 일본문화론과 관련한 철학, 윤리와 도덕 및 인생론과 관련한 철학은 문학에서의 소세키나 아쿠타가와 류노스케,[3] 시라카바파 등과 함께 이른바 다이쇼 교양주의문화의 일익을 이루었다. 니시다를 필두로 다나베 하지메,[4] 와쓰지 데쓰로, 구키 슈조,[5]

---

3) 芥川龍之介, 1892~1927. 소설가. 제3 · 4차 『신사조』의 동인. 1916년 발표한 「코」로 작가로서 인정받았으며 신기교파의 대표 작가로 인정받았다. 대표작으로는 「나생문」, 「어떤 바보의 일생」 등이 있으며 그를 기념하는 문학상이 유명한 아쿠타가와상이다.

4) 田辺元, 1885~1962. 철학자. 자연철학의 기초를 쌓은 니시다 철학의 후계자이며, 니시다가 '장소'의 철학이었다면 다나베는 '주체'의 철학을 펼쳤다.

5) 九鬼周造, 1888~1941. 철학자. 자세한 내용은 151~166쪽.

미키 기요시[6] 등 개성적이고 폭넓은 식견을 갖춘 철학자가 배출되었다. 이들 중 다수가 니시다 이래 교토대학 철학과와 관련을 맺음으로써 교토학파[7]라고 불린 이 그룹은 쇼와 전기에 이르기까지 큰 영향을 미쳤다. 여기서는 그 가운데 개성적인 일본문화론을 전개한 세 사람을 다루기로 한다.

---

6) 三木淸, 1897~1945. 철학자. 유럽에 유학하여 하이데거에게 사사했으며 휴머니즘에 입각한 저술 활동으로 젊은 세대에게 커다란 영향을 미쳤다. 저서에는 『철학 노트』, 『인생론 노트』 등이 있다.

7) 니시다 기타로와 다나베 하지메 및 이들에게 사사한 철학자들이 형성한 철학의 한 학파. 이들은 서양철학과 동양사상의 융합을 목표로 했으며, 서양철학을 수용하는 데서 그치지 않고 서양철학과 어떻게 내면에서 절충할 수 있을지를 모색했다. 그러나 동양에 대한 재평가와 독자적인 아이덴티티를 모색하고자 했던 원래의 목표를 잃고 '서양은 한계에 와 있으며 동양(일본)이 중심이 되어야 한다'라는 대동아사상에 가까워져 제2차 세계대전 이후 쇠퇴했다.

니시다 기타로의『선의 연구』외

1870년 이시카와현에서 지금의 촌장에 해당하는 쇼야(庄屋) 집안에서 태어난 니시다는 가나자와(金沢)의 제4고등학교에서 처음에는 수학에, 이어서 철학에 뜻을 두었다. 동급생 중에는 평생의 친구로서 니시다와 이인삼각을 이루듯이 해외에서의 일본사상 보급에 진력한 스즈키 다이세쓰(본명은 데이타로貞太郎)가 있다. 1891년 도쿄제국대학 철학과에 들어가 칸트 윤리학을 배우는 한편 가마쿠라(鎌倉)의 겐초지(建長寺), 엔가쿠지(円覚寺) 등에서 참선을 시작했다. 졸업 후 고향으로 돌아가 모교 제4고등학교에서 가르치면서 서구철학 연구를 계속하고 선에 더 깊이 빠져 들어가 마침내 이 양자를 종합하려는 입장을 모색하기 시작했다. 메이지 30년대 내내 계속된 이 연구는 서서히 수렴되어 이윽고 '순수경험'이라는 니시다 철학의 기본 개념으로 결실을 맺고, 이를 핵으로 세계관 전반에 걸친 체계를 구축하여 전개한 최초의 저서『선의 연구』가 교토대학에 부임한 다음 해인 1911년 간행되었다. 이로써 니시다사상은 널리 세상에 알려지게 되었다.

니시다 기타로는『선의 연구』이래 기본적으로 이 저서에서 구상한 사상을 다양하게 전개하기 위한 논고를 거듭해 갔는데, 몇 가지의 특징적인 방향성으로 정리할 수 있다. 그는 순수경험과 밀접하게 관련된 직관이 작용하는 실상을 여러 방면에서 검토해 직관이 즉자적인 데 대해, 그곳에서 한걸음 떨어져 객관적으로 돌아보는 반성의 작용을 대치시키고 양자를 통일하는 것으로서 자각을 제시했다. 또한 직관을 단순히 정적인 의식 작용으로서가 아니라 동적인 행위와 일체된 것으로 파악한다. 이어서 서구철학이 중시해 온 주체에 대해 그 주체가 자리 잡고 활동하는 장(場), 즉 문장 구조로 치환하면 주어보다 술어를 중시하여 주체나 주어는 장 혹은 술어에 포섭되어 존재하고, 그 장 혹은 술어의 극한태로서 무(無)라는 것이 있는데, 이 경우의 무는 서구에서 흔히 생각하는 유에 대한 무와 같이 상대적인 무가 아니라 그러한 차원을 넘어 유와 무 모두를 포함하는 절대무로서, 이 절대무가 세계의 근저를 이루는 것이라고 설명한다. 그리고 이 절대무에서는 자타 혹은 주체와 객체가 상호에게 개(個)이면서 일(一)이고, 다(多)이면서 일(一)이며, 모순되면서 동일하다는 '모순적 자기동일' 내지 '절대 모순적 자기동일'이라는 가장 만년의 사상에 도달한다. 이 논고와 사상들은 모두 『선의 연구』에 나타난 착상을 발전시킨 것으로 그 근저에는 선의 체험이 일관되게 반영되고 있으며, 그것은 니시다 철학의 두 가지 특징과 관련 있다. 하나는 서구적 논리와는 이질적인 동양적 사유의 가능성을 탐구하려는 것이고, 다른 하나는 궁극적인 철학으로서 종교 세계를 보고 있었다는 점이다. 니시다의 철학사상은 이 두 가지 특성에 의해 매우 독창적인 것이 되었다.

니시다 기타로는 지치지 않고 사고를 거듭하며 그 밖의 세상사는 거의 잊고 사는 생활을 보냈으나, 예외적으로 만년에 가까운 쇼와 10년대(1935~1944)에 들어 주위의 정세에 호응하는 것 같은 논문을 몇 편 발표했다. 이 경우 역시 자신의 논리를 응용한 것이기는 했다. 그러나 그때까지처럼 순수하게 학리적 · 추상적으로가 아니라 당시의 문화계 전체에 만연해 있던 일본주의에 협조라도 하듯 쓴 이 논문들은 결과적으로 대표적 지식인의 전쟁 협력 가운데 하나로서 전후에 혹독한 비판을 받았다. 옳고 그름을 떠나 시대 및 사회와 니시다 기타로의 관계를 생각하는 데에 중요한 의미를 갖는 문제라고 할 수 있다. 하지만 그 자신은 전후까지 살아남지 못해 1945년 『선의 연구』 이후 사상 탐구의 집대성이라고 할 논문 「장소적 논리와 종교적 세계관(場所的論理と宗教的世界觀)」을 집필하고 종전 직전인 6월 7일 만년을 보낸 가마쿠라에서 76세로 눈을 감았다.

니시다 기타로의 사상은 『선의 연구』에서 출발하여 몇 개의 중심축을 따라 깊고 체계적으로 전개되어 갔다. 여기서는 『선의 연구』에서 순수경험을 중심으로 구상된 기본 이념과 그후의 전개의 결산이 되는 술어 논리 내지 장의 이론, '모순적 자기동일' 이념, 절대무의 사상, 그리고 이들을 응용한 일본문화론의 3단계를 일본문화의 특성과 관련된 면에 초점을 맞추어 살펴보고자 한다.

『선의 연구』

『선의 연구』는 「제1편 순수경험」, 「제2편 실재」, 「제3편 선」, 「제4편 종교」 등 네 편으로 이루어져 있다. 이 가운데 제2편과 제3편은 1905~1906년에 걸쳐 모교인 제4고등학교에서 행한 강의안이며, 뒤이어 1908년에는 제1편을 1909년에는 제4편을 잡지에 발표했고 1911년 전체를 정리하여 단행본으로 간행했다. 니시다 기타로의 서문에 따르면, 내용적으로 제1편에서는 근본 사상인 순수경험을, 제2편에서는 그에 기초한 세계관을, 제3편에서는 마찬가지로 순수경험의 응용으로서의 윤리사상을, 그리고 총정리에 해당하는 제4편에서는 철학적 탐구의 귀결로 종교의 문제를 논하고 있다. 같은 서문에서 니시다는 이 논의들을 구상한 기본 동기는 순수경험을 유일한 실재로 하여 모든 것을 설명해 보려는 생각이었다고 하며, 또한 전체의 제목을 '선의 연구'로 한 것은 후반부에서 인생의 문제가 철학적 탐구의 중심이며 종결이라고 생각되었기 때문이라고 밝히고 있다.

순수경험

그렇다면 순수경험이란 대체 어떠한 것일까? 모두에서 니시다는 다음과 같이 정의하고 있다.

경험한다는 것은 사실 그대로 안다는 뜻이다. 전적으로 자기의 세공(細工)을 버리고 사실에 따라 아는 것이다. 보통 경험이라는 것도 실제로는 무언가의 사상을 섞은 것이므로 순수라는 것은 털끝만큼도 사려 분별을 가미하지 않은 참으로 경험 그대로의 상태를 말한다. 예컨대 색을 보고 소리를 듣는 순간 이것이 외물[8]이라거나 내가 이것을 느끼고 있다는 생각이 없을 뿐만 아니라 이 색, 이 소리가 무엇인지 판단하기 이전을 말하는 것이다. 그래서 순수경험은 직접 경험과 동일하다.

8) 外物. 자아에 속하지 않고 객관적 세계에 존재하는 것.

자기의 의식 상태를 바로 그 자리에서 경험했을 때, 아직 주도 객도 없이 지식과 대상이 전적으로 합일해 있다. 이것이 가장 순수한 경험이다.

즉 여기서 말하는 순수경험은 이성에 의한 인식이나 판단 등 추상적 조작 일체를 배제한 의식 상태이다. 이러한 의식에 대한 관심은 사실 동시대, 즉 19세기 말부터 20세기 초의 서구에서도 현저히 높아지고 있었다. 그 이전의 칸트(Immanuel Kant)와 헤겔로 대표되는 근대적 철학에서의 인간이 이성적 존재라는 발상이 정체 상태에 빠지자, 그것을 타파하고자 이성 이전의 의식을 모색하려는 움직임이 미국의 윌리엄 제임스(William James, '의식의 흐름'), 독일의 후설(Edmund Husserl, 현상학), 프랑스의 베르그송(Henri Louis Bergson, '순수지속') 등에 의해 활발하게 시도되었다. 니시다는 이러한 현대적·20세기적 인간관 탐구의 시도에 공감하여 『선의 연구』에 자주 인용했으며 독립해서 논하기도 했다. 이 점에서 니시다의 순수경험은 동시대 서구 사조와 나란히 연동한 사상으로 구상되었다고 할 수 있다.

그러나 이 순수경험은 한편으로 선의 경험에 뒷받침됨으로써 지극히 생생한 육체적 경험으로 그려지고, 단지 의식 차원에 그치지 않고 인간 존재 전체, 나아가 세계 전체의 실상에까지 일관하는 원리로 제시되었다. 니시다는 거듭해서 순수한 경험 혹은 인식이라는 것은 지적·추상적인 것이 아니라 분석과 논리를 뛰어넘어 단번에 전체를 파악하는 직관적인 것이며, 관능적이라고 할 수 있을 정도로 오감을 뒤흔드는 것이라는 점을, 예를 들어 "마치 우리가 미묘한 음악에 마음을 빼앗겨 나와 나 이외의 것을 잊고 천지가 그저 청명한 한 악성(樂聲)뿐인 것처럼, 이 순간에 이른바 참된 실재가 눈앞에 나타난다"라고 주장한다.

니시다 기타로

그리고 그곳에서는 주체와 객체의 구분 없이(주객미분主客未分, 주객합일主客合一) 만물은 일인 동시에 다이고 다인 동시에 일이며, 세계는 무한히 다양하면서도 그 다양성의 궁극에서는 일(불이일원)이라고 한다. 이러한 발상은 모두 일본 내지 동양의 전통 사상을 계승한 것으로 오카쿠라 덴신이나 야나기 무네요시의 사상과 공통된 것인데, 니시다는 그것을 선의 경험을 통해 체득한 후 서구의 동 시대사조에 통하거나 서구의 동 시대사조를 포함하는 것으로서 제시하고 있다. 더욱이 그는 존재나 삶은 본질적으로 동적인 것이며 그 안에 대립, 갈등, 모순을 내포하고 있다는 점을 강조한다.

> 살아 있는 것은 모두 무한한 대립을 포함하고 있다. 즉 무한한 변화를 낳을 능력을 가졌다. 정신을 살아 움직이는 것이라고 하는 까닭은 시종일관 무한한 대립을 지니고 있어 멈추는 일이 없기 때문이다. 만약 이것이 한 상태로 고정되어 다른 대립으로 옮겨 가지 못하게 될 때는 죽은 것이다.

이 경우에도 헤겔 변증법의 발상과 병행함과 동시에 그 이상으로

'색즉시공 공즉시색'과 같은 불교적 세계관 혹은 선에서의 공안[9]에서 전형적으로 볼 수 있는 것과 같은 모순 대립이야말로 존재의 본래적 모습이라는 일본적 내지 동양적 사상 전통을 계승한 것이다.

그리고 이러한 사상 전개의 도달점으로서의 순수경험은 궁극적으로 종교적 경지로 바뀐다. 분석, 논리 등의 지적 조작을 배제하고 모순의 한가운데에 전 존재 · 전 세계를 내던져 가는 과정을 더 이상 철학의 범주로는 감당할 수 없으며, 사람의 지식을 넘는 종교 차원에 도달하지 않을 수 없다. 순수경험을 철저히 하여 자신과 세계의 구별이 없고 무한한 모순이 곧 무한한 통일이 되어 모두가 혼연일체가 되었을 때, 그것이야말로 신(神. '궁극의 선' 이라고 해도 좋다)임에 틀림없다고 결론짓는다. 니시다 기타로에게 신은 자신이나 현실 밖에 있는 초월적 존재가 아니라 자기 자신이나 현실이 극에 달한 극한태이다.

> 우주에는 단 하나의 실재만이 존재한다. 그런데 이 유일한 실재는 일찍이 말한 바와 같이, 한편에서는 무한한 대립 충돌인 동시에 한편에서는 무한한 통일이다. 한마디로 말하자면 독립 자전(自全)한 무한한 활동이다. 이 무한한 활동의 근본을 우리는 신이라고 부르는 것이다. 신은 결코 이 실재의 밖에 초월하는 것이 아니라 곧 실재의 근저이다. 주관 · 객관의 구별을 없애고 정신과 자연을 합일한 것이 신이다.

9) 公案. 선종에서 수행자가 깨달음을 얻기 위한 과제로 부여된 문제를 가리키는데, 일반적으로 선문답으로 알려져 있다.

니시다 기타로는 이러한 신의 실상에 대한 구체적인 예로 뵈메(Jacob Böhme)나 에크하르트(Meister Eckhart)의 신비주의 또는 스피노자나 괴테 등을 통해 설명한다. 그런데 그 자신에게 가장 생생한 신 체험이 선에 있다는 것은 쉽게 상상할 수 있을 것이다. 『선의 연구』에서 니시다의 사상은 순수경험에서 시작하여 그 귀결인 신에 이르기까지 일관되게 선 체험에 입각하여 전개되고 있다.

장소적 논리와 술어적 논리

니시다 기타로는 『선의 연구』 이래 제기된 문제를 다양한 형태로 탐구해 갔는데, 그중에서 가장 일본문화적 특성을 띤 사상으로 결실을 본 것이 장소적 논리와 술어적 논리이다. 이것은 1926년 「장소」를 발표할 무렵부터 시작되어 세상을 떠난 1945년 발표하여 마지막 논문이 된 「장소적 논리와 종교적 세계관」에 이르기까지 다룬 주제이며, 이 고찰을 통해 니시다는 아리스토텔레스 이후 서구철학의 기본적 사고 틀을 역전시키는 발상을 일본어의 특성과 관련시키면서 확립했다.

그에 의하면, 아리스토텔레스 이후 서구적 사유는 주체를 기점으로 하여 주체가 모든 것을 통괄한다는 점을 기본으로 전개되어 왔다. 자아와 세계의 관계에서 자아가 그 관계를 주도한다는 자아중심주의 혹은 인간중심주의이다. 그런데 이에 대해 니시다는 주체는 그것이 놓여 있는 장(장소)이 있은 다음 비로소 주체가 되며, 장에 포함되어 일부로 기능하는 존재일 뿐이라고 말한다. 그리고 아리스토텔레스적 사유가 주체를 그 자체로서 추구하는 방향으로 나아가는 것과는 반대로 그 주체를 있게 하는 장의 실상을 추구하는 방향으로 향한다. 장소적 논리의 형성이다.

그런데 이러한 대조를 니시다 기타로는 다시 문장 구조의 차원으로 대치하여, 주어와 술어로 이루어진 구문에서 아리스토텔레스적 사유는 주어를 중심으로 하는 데 반해 그는 술어에 중점을 두려고 한다. 예컨대 '이 책상은 떡갈나무로 되어 있다'라는 진술에서 요점이 되는 것은 '떡갈나무로 되어 있다'는 술어 부분으로, 그것이야말로 이 진술 전체를 통괄하는 참된 주어라고 말한다. 그리고 그 술어의 실상을 근저에 다다를 때까지 추구해 가야 이 세계의 근원적 모습〔相〕이 분명해진다고 주장한다. 장소적 논리와 대비를 이루는 술어적 논리라고 불리는 것인데, 이러한 술어적 논리에서는 일본어에서 주어보다 술어에 비중이 놓이고, 주어는 때때로 술어의 작용·지배를 받으며(예컨대 '저', '나'와 같이 1인칭이 상황에 따라 변동한다), 경우에 따라서는 단순한 형식상의 존재(가주어)이거나 없어도 된다는 특성을 반영하고 있다. 더욱이 이러한 일본어의 특징은 일체의 사물이 결정되고 진행되어 가는 것은 특정한 주체에 의한다기보다 그 장의 상황 전체의 움직임에 따른다는 일본사회, 일본문화의 암묵적 특성을 반영하고 있다.

절대무, 절대 모순적 자기동일

이리하여 니시다는 장이나 술어의 실상을 추구하여 궁극적으로 무에 도달한다. 모든 존재와 활동을 수용하는 무궁한 장이며, 모든 주어를 감싸는 무한한 술어인 무이다. 다만 이 무는 '서구적 의미에서의 무', '유에 대한 무'라는 상대적 무가 아니라 이러한 상대적 유무 전체를 수용하여 무화(無化)한 절대무로서, 이 절대무야말로 세계의 근원임에 분명하다. 순수경험이라는 자아의식의 탐구에서 시작한 니시다 철학은 이 절대무라는 세계의 근원상에 이르러 거의 완성되었다고 할 수 있다. 자아주체, 객체를 비롯한 모든 사상(事象)은 끊임없이 모순 · 대립 · 통일을 되풀이하면서 발생해 간다. 이 무한하고 무궁한 행위의 실상을 니시다는 '모순적 자기동일' 혹은 '절대 모순적 자기동일'이라고 명명하고, 그 총체를 받아들이는 장으로서 '절대무' 혹은 '절대무의 장소'를 제시하여 최종적 세계관으로 삼았다. 유작이 된 「장소적 논리와 종교적 세계관」에서 니시다 기타로는 자기와 세계의 관계에 대한 결론을 다음과 같이 기술하고 있다

> 술어적 장소의 모순적 · 자기동일적 중심으로서 우리는 우리의 자기라는 존재를 생각한다. 반성이란 장소가 자기 속에 자기를 비추는 것에 다름 아니다. 우리의 의식 작용은 모두 이 같은 입장에서 생각할 수 있다.

순수경험의 경우와 마찬가지로 명시되어 있지는 않지만, 여기서도 선을 통한 불교적 자아관 · 세계관이 깊이 반영되어 있음을 간파할 수 있다.

『일본문화의 문제』

쇼와 10년대의 일본사회는 빠르게 군국주의화 · 전체주의화되었으며 문화계도 이에 휩쓸려 갔다. 대표적인 예가 문단에서는 일본낭만파,[10] 논단에서는 교토학파였다. 후자의 교토학파에서는 미키 기요시처럼 저항적 자세를 취해 당국에 검거되어 옥사하기에 이른 경우도 있었지만 니시다 기타로, 와쓰지 데쓰로, 구키 슈조와 같은 경우에는 결국 각각 일본문화관을 원용하는 형태로 시국에 영합했다고 할 수 있다. 이 사실은 전후에 교토학파의 공죄를 따질 때 가장 문제가 되었던 점으로, 니시다는 1938년 발표한 「일본문화의 문제(日本文化の問題)」에 그 자세를 단적으로 드러내 보였다.

이 글에서 그는 황실의 의의와 대동아공영권[11]의 의의 등 두 가지 시국적 주제를 다양한 자신의 철학의 틀을 토대로 논의했다. 황실에 대해서 일본이 때때로 교체되었던 정권 주체와 그 배후에 일관되게 지속해 온 황실이라는 이중 권력(권위) 구조를 유지해 왔음에 주목한다. 그것이 현실의 표층에 드러나는 상대적 · 가변적 · 복수적 개체를 현실의 기층에 잠재하는 절대적 · 불변적 전체, 하나인 전체가 포함한다는 장소적 논리, 술어적 논리에서 근거를 볼 수 있다고 설명하면

10) 야스다 요주로(保田与重郎) 등이 창간한 동명의 동인지를 중심으로 활동한 문학 사조. 서구로부터 차용한 지성을 부정하고 일본 전통으로의 회귀를 주창했다.

11) 태평양전쟁 당시 일본이 내건 표어. 일본을 중심으로 동아시아의 민족들에 의한 공존공영을 수립하자는 내용으로 일본의 아시아 지배를 정당화하려고 한 것이다.

서 양자가 합체하여 모순적 자기동일이 달성된다고 한다. 도쿠가와 막부가 와해되어 천황 친정으로 복귀한 메이지유신은 그야말로 표층의 개체의 대립 · 갈등으로부터 기층의 전체로 회귀하여 다시금 새로워지는 모순적 자기동일의 과정이다. 그리고 기층이 되는 황실은 무를 본질로 한다. 그것은 모든 대립 · 갈등 또는 모든 논리 · 분석을 납득하여 무화하는 모순적 자기동일의 극이며, 이로써 일본문화의 근본 특질을 반영하는 것이다.

한편 대동아공영권에 대해 그때까지 일본은 고립된 섬나라여서 종(種)으로서의 순수성을 관철해 왔는데, 처음으로 외부로 진출하여 타민족 · 타문화와 만나 하나로 합쳐지면서(복합) 종합성 · 세계성을 획득하는 단계이며, 이 또한 모순적 자기동일의 실현이라고 규정한다. 이어서 니시다는 타민족과의 교섭, 복합의 자세로는 "주체로서 다른 주체를 대하는 것이 아니라 세계로서 다른 주체를 포함해야 한다"라고 강조한다. 주체(개)로서 다른 주체(개)에 대한다는 것은 서구 열강에 의한 제국주의 경쟁이나 쟁투같이 자타가 각각 자기주장을 하여 상대를 공격 · 부정하려는 모습이며, 그 결과 제1차 세계대전과 같은 파괴나 파국을 피할 수는 없지만, 세계(전체)로서 다른 주체(개)를 포함한다는 것은 그와는 달리 세계(전체)가 크나큰 무에 철저하여 타를 받아들이는("신심탈락身心脫落, 탈락신심이라고 하듯이 유연한 심적 문화를 발양해야 한다") 것으로, 이로써 부정 · 대립 · 투쟁은 무화되어 모든 것이 조화로운 평화로 귀일하는 것이 곧 일본의 전통 정신에 부합한다는 것이다. 이 역시 주어적 논리에 대한 술어적 논리를 응용한 발상으로서, 황실에 대한 논의와 궤를 같이한다고 할 수 있다.

이리하여 니시다는 우직할 정도로 모순적 자기동일의 논리 · 술어적 논리를 원용하여 시대적 요청에 부응하려 했는데, 그 결과 이렇게 옹호한 절대 천황제와 대동아공영권이 패전으로 무참하게 파탄된 후 사상적 책임을 추궁받았다.

니시다 철학이 남긴 것

전후 니시다 철학은 일관되게 근대 일본이 낳은 가장 독창적인 철학으로 규정되어 논의되어 왔으나, 그에 대한 평가는 시대와 입장에 따라 다양했다.

1947년 최초의 전집이 간행되었을 당시 출간 며칠 전부터 서점을 에워싸고 기다리는 열렬한 독자의 행렬이 큰 화제가 되었다. 이처럼 니시다 기타로를 진리의 스승, 교양과 인생관의 초석으로 신격화하고 그에 심취하는 풍조는 생전부터 일어나 사후에도 일반인에서 지식인층까지 뿌리 깊게 이어졌다. 학계에서는 교토학파의 계통, 니시다 문하를 중심으로 『선의 연구』에서 「장소적 논리와 종교적 세계관」에 이르는 니시다사상을 독자의 철학 체계로 간주하는 평가가 진행되었다. 니시다 이전의 철학은 서구에서 유입된 다양한 논리를 받아 옮기는 데 급급했고, 그에 대응해야 하는 동양 · 일본의 재래사상은 서구적 논리 · 체계의 틀에 담기지 않았다. 그러나 니시다 기타로가 이러한 상황을 극복하여 선을 축으로 하는 동양과 일본의 고유한 세계관을 서구적 논리와 체계에 대응하는 보편적 사상으로 확립하여 칸트, 하이데거(Martin Heidegger) 등 서구 근현대 철학에 비견하는 세계적 수준으로 끌어올렸다는 것이다.

하지만 이러한 긍정적 평가와는 정면으로 대립하는 부정적 평가도 있다. 만년의 시국적 발언을 들어 시대 영합적 논리를 사상적 퇴폐로 간주하는 비판이 나타나는데, 사실 그것은 일시적 혼란이라기보다 니시다사상의 근간에 뿌리박혀 있는 본질이라는 평가이다. 순수경험, 모순적 자기동일 등에서 볼 수 있는 논리 부정, 술어적 논리에서 볼 수 있는 개(個)와 주체의 경시야말로 일본인의 심성에 잔존하여 일본의 참된 근대화를 저해하고 초국가주의를 낳은 요인으로 새삼 철저하게 극복되어야만 하는 것이라는 평가이다. 서구적 · 근대적 틀을 규범으로 하는 진보파 지식인층에게서 이러한 평가가 강하게 보이며, 니시다사상은 반동사상 비판의 좋은 표적이 되기도 했다.

이 같은 대조적 평가를 거쳐 최근에는 현대사상, 포스트모던사상의 입장에서 니시다 기타로를 재평가하는 기운이 활발하게 움트고 있다. 서구적 · 근대적 논리, 개와 주체라는 틀이 한계에 달했다며 그것을 넘어서는 새로운 논리와 틀을 모색하려는 데에 니시다 철학이 안내자로서 재등장한 것이다. 니시다의 다양한 발상은 1960년대 이후 서구에서 일어난 구조주의, 포스트구조주의, 탈구축 등의 새로운 사상적 시도와 병행 · 합치하는 것으로서 주목받고 검토되었다.

다방면에 걸친 이러한 평가의 변천은 니시다사상이 내포한 강한 환기력을 일본문화철학의 하나의 기준으로서 검토할 만한 것이라는 점을 보여 주는 것이다.

와쓰지 데쓰로의 『풍토』

와쓰지 데쓰로는 1889년 효고의 의사 집안에서 태어났다. 니시다 기타로보다는 열 살 이상 연하의 차세대에 해당한다. 1906년 제1고등학교에 입학했고 1909년 도쿄제국대학 철학과에 진학하여 본격적으로 철학을 공부하기 시작했으며, 이와 더불어 문학과 예술에도 왕성한 관심을 갖고 다니자키 준이치로,[12] 오사나이 가오루[13] 등과 교류했다. 당시는 빵의 회[14] 등 청년층을 중심으로 세기말 사조, 예술이 뜨겁게 소용돌이치는 시기였는데 젊은 와쓰지 또한 크게 감화를 받았다. 1912년 쇼펜하우어를 다룬 논문을 쓰고 대학을 졸업했고 1913년에는 『니체 연구』를, 1915년에는 『키에르케고르』를 간행했다. 모두 세기말적 데카당스 · 니힐리즘과 관련된 사상에 몰두한 것이었는데, 이러한 데카당스 · 니힐리즘을 자신의 문제로서 정면으로 마주하면서 극복해 갈 것을 목표로 한 것이 와쓰지의 기본자세였다. 이때

---

12) 谷崎潤一郎, 1886~1965. 소설가. 탐미주의의 새로운 경지를 개척했으며 고전적 일본미에 매료되어 독자적인 작품 세계를 구축했다. 자세한 내용은 169~181쪽.

13) 小山内薫, 1881~1928. 극작가이자 연출가. 1907년 문예지 『신사조』를 창간했으며 메이지 말기에서 쇼와 초기에 걸쳐 연극계 혁신에 헌신한 일본 근대 연극의 개척자로서 '신극의 아버지'로 불린다.

14) パンの會. 메이지 말기의 청년 문학가 · 미술가 그룹. 자연주의에 저항하여 탐미적 경향의 신예술운동을 전개했으며, 기타하라 하쿠슈(北原白秋), 다카무라 고타로(高村光太郎) 등이 여기에 참여했다.

고등학교 시절부터 존경하던 나쓰메 소세키와 알게 되어 그의 인격 도야, 구도적 자세에 빠졌던 것도 큰 사건이다. 이 시기는 그의 사상적 전기로서, 동 세대로 마찬가지로 나쓰메 소세키를 외경하고 그에게 감화를 받은 아쿠타가와 류노스케, 아베 지로[15] 또는 그 주변에 있던 시라카바파의 무샤노코지 사네아쓰, 야나기 무네요시, 아리시마 다케오 등과 함께 그후의 다이쇼 이상주의, 교양주의 사조를 형성해 간다.

1919년에 간행된 『고사 순례(古寺巡禮)』는 야마토의 사찰들을 돌아본 인상기이며, 이 저서는 문필가 와쓰지 데쓰로가 이른바 고사 순회의 선구자로서 세상에 널리 알려지는 계기가 되었다. 동시에 와쓰지는 이를 계기로 일본문화에 대한 관심이 개화되어 그 원점이 되는 상대(上代) 일본인의 문화와 심성을 탐구 · 평가한 『일본고대문화(日本古代文化)』를 다음 해에 발표한 후, 『일본정신사연구(日本精神史研究)』 · 『일본윤리사상사(日本倫理思想史)』 · 『쇄국(鎖國)』 등 업적의 중심이 되는 일련의 일본문화론을 연이어 저술했다.

1925년 니시다 기타로에 의해 교토제국대학에 초빙되었고, 1927~1928년에는 독일에 유학했다. 이 최초의 외국 체험이 『풍토』의 구상을 낳았다. 도쿄제국대학으로 옮긴 1934년 『인간학으로서의 윤리학(人間の學としての倫理學)』을 펴냈다. 이 저서에서 그는 인간을 타

15) 阿部次郎, 1883~1959. 철학자이자 평론가. 개인주의적 이상주의를 추구했으며 저서로는 『윤리학의 근본 문제』, 『인격주의』 등이 있다.

자 · 사회 · 세계와의 관계 속에 존재하는 것으로 간주하는 인간관을 기본으로 하여 인륜을 논했으며, 여기서 발전하여 대표 저서인 『윤리학』 전 3권이 나왔다. 1949년 도쿄대학을 정년퇴직한 이후에도 여전히 왕성한 집필 활동을 계속하다 1960년 71세로 병사했다.

니시다 철학이 칸트, 헤겔 등의 관념론철학을 토대로 하여 순수경험 혹은 모순적 자기동일이라는 역시 관념적 성격이 강한 순수철학을 전개한 데 비해, 와쓰지 데쓰로의 사상은 철학적 인간학이라고 할 수 있는 방향으로 전개되었다. 니체나 키에르케고르에 대한 초기의 관심에서 볼 수 있는 바와 같이, 보다 구체적 · 실존적 삶을 묻는 데에서 시작하여 그러한 삶의 실상이 집적된 결정체인 예술이나 역사와 민족성 따위로 관심이 확대되어 가 철학자로서의 주 영역으로 삼은 윤리학에서도 인간을 개로서 내부에 파고들기보다 외부와의 구체적 관계에서 파악하려고 했다.

이러한 특징은 철학과 아울러 문학과 예술에도 열중하고 인간성 전반에 풍부한 관심을 기울인 와쓰지의 개인적 자질에 의한 것임과 동시에 세대적 · 시대적인 것이었다. 그가 청춘을 보낸 메이지 40년대부터 다이쇼 시기는 세기말 사조에서 다이쇼 이상주의로 사상과 문화가 다양하게 교류하고 융합한 시대였다. 그리고 철학의 영역에서도 20세기 초두에는 후설의 현상학, 하이데거의 실존철학 등 인간의 생에 대해 구체적으로 묻는 스타일이 주류를 이루고 있었다. 와쓰지의 사상은 그러한 상황에 맞게 생성 · 발전해 갔다고도 할 수 있다. 그리고 이러한 인간의 생을 세계와의 관련에서 넓고 종합적으로 파악하려 한 와쓰지 데쓰로의 특징이 가장 단적으로 나타나 있는 것이 『풍토』이다.

다양한 풍토의 발견

『풍토』는 와쓰지 데쓰로의 최초의 외국 경험에서 결실을 본 것이다. 그는 1927년 2월 일본을 출발하여 한 달 남짓한 항해 여행을 거쳐 유럽에 도착했는데, 그사이 행선지들의 풍토 · 문물의 변화에 큰 관심을 보였다. 그리고 마침내 목적지인 유럽 땅을 처음 접했을 때의 인상을 『풍토』에서 다음과 같이 기술하고 있다. 「제2장 세 유형」의 '3. 목장'에서 일본에서는 거의 볼 수 없는 초록빛이 가득한 목초지야말로 유럽 풍토의 기본 특성이라는 점을 지적한 뒤 이렇게 쓰고 있다.

> 나에게 이러한 고찰의 단서를 제공해 준 사람은 교토제국대학 농학부의 오쓰키(大槻) 교수이다. 우리가 몬순 지방에서 사막 지방을 거쳐 지중해에 들어와 옛날의 크레타 남쪽 해상을 지나 이탈리아 남단의 육지를 처음으로 발견한 아침, 먼저 우리를 사로잡은 것은 유럽의 '녹색'이었다. 그것은 독일에서도 이집트에서도 볼 수 없었던 특이한 색조의 녹색이었다. 때는 바야흐로 '시칠리아의 봄'도 끝나 갈 무렵인 3월 말로, 소담스럽게 자란 보리나 목초가 실로 아름다웠다. 그러나 나를 가장 놀라게 한 것은 옛날의 마그나 그레키아[16]에 이은 산 중턱, 회백색

16) 기원전 7세기 이후 이탈리아 남부에 있던 그리스의 식민 도시들.

바위들이 점점이 돌출해 있는 부분에 평지와 같이 녹색 풀이 자라고 있는 것이었다. 양은 바위산 위에서도 바위 사이의 목초를 먹을 수 있다. 이런 산의 느낌은 나에게는 전혀 새로운 것이었다. 이때 오쓰키 교수가 유럽에는 잡초가 없다는 놀라운 사실을 가르쳐 주었다. 그것은 내게는 계시에 가까운 말이었다. 나는 거기서부터 유럽형 풍토의 특성을 파악하기 시작했다.

『고사 순례』에서 볼 수 있듯이, 와쓰지는 서재에 틀어박혀 사색에 골몰할 뿐만 아니라 적극적으로 밖으로 나가 여러 곳을 돌아다니며 그 장소와의 상호 교섭에서 사고를 이끌어 내는 사상가였는데, 그러한 특성이 여기에 단적으로 표현되고 있다. 일본을 떠나 이질적인 풍토를 돌아다닌 경험이 『풍토』의 출발점이 되고 있다. '이러한 산의 느낌'이란 막연한 것이기는 하나, 그만큼 여러 가지 미묘한 감각을 포함한 전인적 경험이라는 것을 나타내며, 그러한 경험을 종합하여 『풍토』의 사상 체계가 생성된 것이다.

또한 그는 윤리학의 구상에 집대성되듯이 '자기'라는 것을 자기를 둘러싼 타자와 환경과의 관계에서 파악하려는 발상을 기본으로 하고 있었는데, 『풍토』에서는 그것이 이중의 의미에서 구체화되고 있다. 즉 인간 내지 인간 문화를, 인간 내지 인간 문화를 둘러싼 자연환경과의 관계에서 파악하려 함과 동시에 일본을, 일본을 둘러싼 세계와의 관계에서 파악하려는 것이다.

이리하여 『풍토』는 와쓰지 데쓰로에게 그 사상의 진면목을 드러내면서 나중에 설명하겠지만 일본문화론의 계보에서도 매우 독특한 영역을 개척한 저작이 되었다. 『풍토』는 1928년 외유에서 귀국한 직후 교토대학에서 시작한 강의 초안을 바탕으로 1929년부터 『사상』이라는 잡지에 각 장을 발표했고, 이것을 묶어서 1935년 단행본으로 출판한 것이다. 내용적으로는 「제1장 풍토의 기초 이론」에서는 고찰의 방법론적 기초를 논하고, 이어 「제2장 세 유형」에서는 풍토의 세 가지 기본 패턴을 개략적으로 설명하고, 「제3장 몬순적 풍토의 특수 형태」에서는 일본의 풍토 특질을 논한다. 「제4장 예술의 풍토적 성격」에서는 서구와 일본의 풍토 차가 예술에 어떻게 반영되고 있는지를 언급하고, 「제5장 풍토학의 역사적 고찰」에서는 헤르더(Johann Gottfried von Herder)나 헤겔 같은 독일 철학에서의 풍토론을 주로 논하며 끝맺고 있다.

와쓰지 데쓰로

풍토적 존재로서의 인간

『풍토』는 우선 와쓰지 데쓰로의 풍토 개념을 제시하는 것으로 시작된다. 그는 본론에 앞선 서언에서 이 풍토 개념이 독일에서 유학생활을 시작한 직후 읽은 하이데거의 『존재와 시간(*Sein und Zeit*)』에 대한 위화감에서 나왔다고 언급하고 있다. 인간을 시간적 존재로 파악하는 하이데거의 구상에 관심을 가졌지만, 동시에 시간과 함께 공간도 인간 존재의 근본 계기로서 편입시킬 필요를 느꼈다는 것이다. 와쓰지에 따르면, 하이데거가 인간을 시간성의 면에서만 파악한 것은 인간을 오로지 개인으로서 보고 있기 때문이다. 개인으로서의 인간은 죽음에 의해 그 생존을 마감하는 일회적이고 유한한 존재이며 시간에 의해 규정되어 있다고 할 수 있다. 그러나 인간은 개인인 동시에 다른 인간과 공동으로 사회를 구성하는 존재이며, 공동적인 관계에서 개인으로서의 일회성 · 유한성은 공동체의 전체성 · 무한성에 편입되어 간다. 그것이야말로 인간 존재의 공간성인데, 구체적으로는 역사성 내지 풍토성으로 나타난다.

이 경우 역사는 인간이 다른 인간과 여러 가지 사회적 관계를 맺으며 만들어 가는 공동체의 생성 발전의 경과이며, 풍토는 역사를 둘러싸고 역사와 상호 작용하는 여러 가지 자연 조건이라고 할 수 있고, 양자는 서로 밀접하게 뒤얽히고 일체화하여 각각 '풍토적 역사' 혹은 '역사적 풍토'라고 부를 수 있다. 인간은 이 풍토적 역사 내지 역사적 풍토 속에 위치하며 겉으로 드러내어져 자기를 형성하고 인식하는 존재이다.

이러한 발상의 근저에 있는 것은 『풍토』와 같은 시기에 구상되어 마침내 와쓰지의 주요 업적이 된 윤리학의 기본 개념이다. 인간을 개(個)로서가 아니라 타인과의 관계에서 파악하려는 '인간(人間. 사람과 사람 사이)의 학문으로서 윤리학'의 개념이다. 이것이 앞에서 인용한 것처럼 여행 중에 만난 다양한 풍토의 인상에서 자극을 받아 『풍토』의 고찰로 나아갔다.

와쓰지 데쓰로에게 처음 일본을 떠나 이질적 풍토에 직면한 인상은 충격적이었다. 도저히 방관자가 되어 객관적인 특징을 지적하고 끝낼 수 있는 일이 아니었다. 예를 들어 풀 한 포기 나지 않는 아라비아의 매우 거친 바위산을 접한 그는 "대단하고 참담한 산이다. 그리고 이 대단함, 참담함은 본래적으로 말하자면 물리적 자연의 성질이 아니라 인간 존재의 몸짓이다. 인간은 자연과의 관계에서 존재하고 자연에서 자기 자신을 본다"라고 하여, 푸르른 산의 풍토에서 사는 '청산적(青山的) 인간'은 거기서 "명백히 타자를 발견한다. 단지 물리적인 바위산을 발견하는 것이 아니라 비(非)청산적 인간을 발견한다. 따라서 비청산적인 사람과 세계의 관계를 발견한다"라고 단언한다. 자연은 사람이고 사람은 자연의 일부이며, 동시에 자연의 실상은 실로 다양하고 그에 따라 사람의 실상도 다양해진다고 실감하고 또 깨닫는다. 그리고 거기서 발전하여 풍토에는 다양한 형태가 있으며, 그것은 곧 그 풍토 속 인간의 형태가 된다는 풍토이론이 나오게 된다.

몬순형 풍토, 일본형 풍토

그렇다면 이러한 풍토형 이론은 구체적으로 어떤 내용일까? 와쓰지는 풍토를 일본에서 인도 부근까지의 동아시아 지역의 몬순형, 아라비아와 아프리카 지역의 사막형, 유럽 지역의 목장형의 세 유형으로 크게 분류한다. 그리고 각각의 특성을 대비하며 설명해 간다. 그리고 그 논법은 첫째로 기후 특성을 근본 요인으로 들어 기후가 작용하여 생기는 식생 및 지질 등의 특질에 이르고, 나아가 그 자연환경 전체가 그곳에 사는 사람들에게 어떠한 심성을 가져다 주며, 그 결과 어떠한 문화적 · 사회적 특성으로 이어지고 있는지를 논한다. 앞에서 인용한 것과 같이, 여기에는 유학을 가는 여정의 도중에 체험한 곳곳의 인상을 고찰의 출발점으로 포함하는 한편 각 문명의 기원까지 거슬러 가는 폭넓은 관점을 더하고 있다.

그 가운데 가장 강조하는 것은 목장형 유럽으로, 특히 유럽문명의 기원으로서 그리스문화가 어떻게 탄생하고, 그것이 로마를 거쳐 기독교 유럽 사회에 어떻게 계승되어 갔는가, 하는 과정을 목장형 기후 풍토와 대응하면서 더듬어 간다. 근대 일본의 지식인 와쓰지 데쓰로에게 유럽문명이란 무엇인가, 하는 문제는 가장 중요한 과제의 하나였으며, 여기서는 이 과제에 풍토론의 틀을 이용하여 몰두하고 있다.

그렇다면 일본을 포함한 몬순형 동아시아는 어떻게 자리매김할 수 있는가. 와쓰지는 그 근본 특성을 여름에 인도양으로부터 불어오는 덥고 습한 계절풍 몬순에서 찾는다. 특히 습기는 견디기 힘들지만, 그곳에 사는 인간은 사막형 풍토의 경우와 같이 기후에 적개심을 품고 있지는 않다. 그 이유의 하나는 몬순이 가져오는 습기가 초목을 우거지게 하여 자연의 혜택을 주기 때문이며, 다른 하나는 몬순이 가져오는 태풍이나 홍수 혹은 가뭄의 위협은 대단히 폭발적이어서 인간의 저항심을 위축시키기 때문이다. 여하튼 그 결과, 사람들은 기후에 반항하기보다는 순종하게 된다. 이러한 수용성과 순종이 몬순형 문화의 특징이다.

그러나 대구분으로서의 몬순형 풍토 속에서 다시 지역에 따라 몇 개의 소구분을 찾아낼 수 있다. 서쪽 끝에 해당하는 인도와 동쪽 끝에 해당하는 일본은 같은 몬순의 지배 하에 있으면서도 표출 방식은 크게 다르다. 일본의 경우 몬순의 작용은 여름에 태평양 쪽에 태풍으로 내리는 큰비와 겨울에 일본해 쪽에 내리는 대설이라도 이중 현상으로 나타나 각각 열대적인 것과 한대적인 것, 작물로서는 벼와 보리라는 이중성을 보이며, 나아가 일본인의 심성의 특징인 이중성, 즉 쉽게 격해지고 쉽게 변하는 동시에 참고 견디는 모순이 나타나는 이중성을 낳는다는 것이다.

이 일본의 풍토, 일본인의 심성에 고유한 이중성을 설명하는 와쓰지의 논리는 충분히 정리되지 못해 조략(粗略)하여 이해하기 어려운 곳이 적지 않다. 그가 주장하려고 한 요점은 일본이 태평양 쪽과 일본해 쪽의 서로 다른 두 풍토 지역으로 성립한 국가적 특색을 띠고 있으며, 그 결과 모순되어 보이는 일본인의 이중성이 생겨났다는 것이다. 그 가운데서도 와쓰지 데쓰로가 역점을 두는 것은 태풍의 작용이다. 이 돌발적인 태풍의 맹위에 대응하여 순간적으로 격하고 맹렬히 싸우지만, 그 뒤에는 돌변하여 깨끗이 포기하고 인종하는 '태풍적 인종성'이라고 불리는 일본인의 독특한 심성이 생겨났다고 결론짓는다.

그는 이와 같은 풍토문화이론의 틀을 기초로 각 풍토 유형에 따른 문화의 양태를 사회 조직, 인간관계, 예술 문화 등의 영역에 걸쳐 논해 간다. 예를 들어 와쓰지는 예술에의 반영이라는 면에서, 서구의 경우 자연 · 풍토는 인간이 관리하기 쉬운 만큼 예술도 정연하고 질서 있는 합리적인 성격이 강하고 예술가가 빈틈없이 통제한다고 헤겔의 예를 들며 설명한다. 이와는 대조적으로 일본에서는 자연 · 풍토가 인간의 통제를 초월한 존재로, 인간이 자연에 의지해 살아가는 관계를 반영하여 예술도 자연을 지적으로 분석하고 해명하려 하는 것이 아니라 인지를 넘은 우연성 · 불규칙성을 조화의 묘로 받아들여 몸을 맡긴다는 점을 마쓰오 바쇼[17] 등을 예로 들어 논하고 있다.

사회 조직, 인간관계의 면에서 일본의 경우 특히 강조되는 것이 차분함이다. 몬순이 가져오는 풍부한 습기가 '차분함'으로서 일본의 생활 구석구석에까지 고루 미쳐 있다는 것이다. 일본인의 인간관계가 연인이든 친구든 그리고 부자 · 형제 등의 가족에서 차분한, 즉 섬세하고 빈틈없이 고루 미치는 깊은 애정에 의해 맺어지고 있는 것이 본질적인 특징이며, 이 차분한 관계에 의해 일심동체로 결합한 인간 집단의 단위, 특히 가족이 일본사회를 움직여 가는 원동력이 된다. 그것은 개인을 단위로 하여 개인 개인이 거리를 두면서 무언가 추상적 이념 아래 모여 사회를 구성하는 서구형 인간관계와는 대조적이며, 일본에서는 이 차분한 가족적 인간관계가 기본이 되고 그것이 확대 · 연장된 형태로 다양한 차원에서의 공동체가 형성되며, 최종적

17) 松尾芭蕉, 1644~1694, 에도 전기의 대표적 하이쿠 작가. 일본 각지를 여행하며 많은 명구와 기행문을 남긴 작가답게 여정을 중시한 중세적 상징미를 서민성 속에 살렸다. 하이쿠의 예술성을 높인 것으로 평가받으며 대표작으로는 『노자라시 기행(野ざらし紀行)』, 『오쿠노 호소미치(奥の細道)』, 『사라시나 기행(更科紀行)』 등이 있다.

으로는 황실을 종가로 하는 가족으로서의 일본 국가에까지 이른다. 그 내부, 곧 안에서는 독립한 개(個)는 존재하지 않고 모든 구성원은 하나의 전체 네트워크에 편입된다. 이러한 일본사회론, 더욱이 후반의 논리는 국가주의 · 전체주의의 논리라고 할 수 있는 것으로, 이 시기에 빠르게 등장하기 시작한 시대사조와 보조를 맞추고 있다. 그러나 와쓰지 데쓰로 자신에게 이것은 풍토의 논리의 전개로서 이론적으로 집대성되어 머잖아 『윤리학』에 이르게 된다.

풍토론적 일본론의 계보

『풍토』는 발표 당시부터 주목을 받아 와쓰지의 일본문화론의 대표작으로 간주되었다. 세계의 풍토 · 환경을 크게 세 유형으로 분류하고, 그 유형 내에서의 여러 민족 풍토의 특이성을 구조적으로 분석하고 있다. 이러한 분석으로부터 민족의 심성 · 행동 양식 · 사회 원리 · 문화 특질 등을 종합적 · 전체적으로 고찰하고 자리매김하는 웅대한 시야에 기초하여, 모든 과정을 자신의 체험 · 관찰 · 고찰을 바탕으로 구성해 간 와쓰지다운 개성적인 수법은, 관찰이 피상적이거나 왜곡과 결함이 있다거나 고찰이 주관적 · 독선적이라는 많은 비판을 불러일으켰지만, 그러한 결함마저 독자적이며 생생하고 선명한 일본의 비전을 제시하고 있다는 것만은 분명하다.

이와 같이 풍토 · 자연환경의 면에서 일본의 특성을 논한 것으로 앞에서 다룬 시가 시게타카의 『일본풍경론』 같은 선구적 저서가 있으나, 시가의 논의에서는 오로지 지형 · 지질 · 기후 · 식생 등 자연

요소의 특성들이 열거되고 있는 데 비해, 와쓰지는 그중에서 기후에 비중을 두고 민족 심성 · 사회 · 문화 등의 고찰로 발전시키는 데에 중점을 두었다. 이러한 발상이 구체적인 생의 모습에서, 인간을 둘러싼 다양한 조건과의 관계에서 인간을 파악하려 한 당시의 생의 철학, 철학적 인간학에서 시사받아 구상된 것이라는 점은 앞에서도 지적했다. 그러나 오늘날의 시점에서 되돌아보면 종전 후 우메사오 다다오의 『문명의 생태사관』(1967) 등을 거쳐 1980년대부터 현저해진 에콜로지적 문명관을 선취한 것으로 자리매김할 수 있을 것이다. 다시 말해 문명을 오로지 인간의 산물과 행위로만 파악하는 근대의 인간중심주의적 문명관을 넘어 문명을 인간과 자연 풍토와의 상관관계 · 공생관계의 표출로 보는 탈근대적 · 탈인간중심주의적 문명관을 향해 열려 있는 발상이며, 그 속에서 일본의 모습을 그려 낸다.

이 점에서 『풍토』는 일부에 당시의 시대사조에 편승한 듯한 국가주의적 · 전체주의적인 주장을 담고 있으며, 세부적 논리가 혼란스럽거나 기술이 부정확하다는 결함을 갖고 있으면서도 전체로서는 니시다 철학의 경우와 마찬가지로 오늘날 재평가되어야 할 의미가 있다고 할 수 있다. 예컨대 근년에 이러한 인문지리학적 · 환경론적 분야에서 활발한 활동을 계속하고 있는 투앙(Yi-Tuan, 『토포필리아—인간과 환경』. 원제는 *Topophilia : A Study of Environmental Perception, Attitudes, and Values*)이나 베르크(Augustin Berque, 『풍토의 일본』. 원제는 *Le Sauvage et L'artifice : Les Japonais Devant La Nature*) 등의 논의에 대응하는 바가 있다.

구키 슈조의 『'이키'의 구조』

구키 슈조는 1888년 도쿄에서 태어났다. 아버지 다카이치(隆一)는 문부성의 고급 관료로 주미특명전권공사, 제실(帝室)박물관 총장 등 요직을 지냈다. 슈조를 임신했을 당시 어머니 하쓰(波津, 初)는 전권공사를 맡고 있던 남편 다카이치와 함께 워싱턴에 있었는데, 해외 생활이 힘들다고 호소하자 이를 안쓰럽게 여긴 다카이치가 때마침 구미의 미술계를 둘러보고 귀국하는 길에 워싱턴에 들른 오카쿠라 덴신에게 부탁하여 아내를 함께 귀국시켰다. 다카이치는 전통미술파의 입장에서 도쿄미술학교 설립 등 다양한 사업을 수행해 온 덴신의 문부성 내 최대의 이해자이자 비호자였으며, 덴신 또한 다카이치의 두터운 신뢰를 받으며 활동하는 등 두 사람은 밀접한 관계에 있었던 것이다.

그러나 미국에서 일본까지 항해 여행을 하는 사이에 슈조의 운명을 결정하는 사태가 벌어졌다. 덴신과 슈조의 어머니 하쓰가 사랑에 빠졌던 것이다. 당시 덴신은 이미 처자가 있는 몸이었고, 하쓰는 슈조를 임신 중인 데다 덴신에게는 상사이자 은인인 사람의 부인이라는 상황에서의 사랑이었다. 이 일은 그후에도 오래도록 영향을 미쳐 오카쿠라 덴신, 슈조, 슈조의 부모, 네 사람의 인생에 크게 작용했다.

구키 슈조가 태어나 그럭저럭 세상물정을 알 때쯤 부모의 사이는 점차 악화되고, 그때부터 어머니 하쓰와 덴신은 밀회를 거듭하게 되어 마침내 두 사람 모두 각자의 집을 나오기에 이르러 세상에도 알려졌다. 1895~1896년경 당시 어린아이였던 슈조는 덴신을 '삼촌'이라고 부르며 따랐고, 덴신도 슈조를 귀여워했다고 한다. 그러나 슈조의 어머니 하쓰와의 관계가 마침내 스캔들이 되어 덴신은 도쿄미술학교를 떠나 낙향하여 일본미술원을 세웠으며, 하쓰는 슈조의 아버지 다카이치의 명으로 아이와도 떨어져 먼 곳으로 가 이혼하고 결국에는 정신 이상을 일으켜서 병원에서 오랜 유폐 생활을 보낸 끝에 1931년 고독하게 눈을 감았다.

구키 슈조와 오카쿠라 덴신은 이렇게 숙명적이라고 할 관계에 있었고, 슈조는 덴신의 영향을 깊이 받았다. 유년기에는 덴신을 진짜 아버지가 아닐까 하고 의심한 적조차 있다고 하는데, 커서도 때에 따라 덴신과 엇갈리며 덴신을 의식할 기회가 있었다. 특히 유럽 유학 중에는 『동양의 이상』과 『차의 책』을 숙독하며 감격했다고 한다. 뒤에서 설명하겠지만, 그 흔적은 『'이키'의 구조(「いき」の構造)』에 굴절된 형태로 깊이 나타나고 있다. 『'이키'의 구조』는 어떤 의미에서는 정신적 아버지인 오카쿠라 덴신에게 보내는 답신이며, 또한 '아버지'와의 사랑으로 관계가 깨진 어머니에게 보내는 송가이자 진혼가이기도 하다.

도쿄제국대학에서 철학을 배운(와쓰지 데쓰로와 동급생이다) 구키 슈조는 1921년 유럽 유학의 길에 올라 독일에 머물다 1924년부터는 파리로 옮겼다. 한때 독일로 돌아간 적이 있지만 1928년까지 파리 생활을 즐겼다. 그사이 전공인 철학에서는 하이데거, 후설, 베르그송 등 최첨단의 사상에 관심을 갖고(당시 아직 젊고 무명이던 사르트르 Jean Paul Sartre를 가정교사로 고용했다고도 한다), 와쓰지와 마찬가지로 생의 구체적인 여러 상(相)의 분석을 진행하여 일본적 · 동양적 문화의 특질을 해명하려고 했다. 『'이키'의 구조』의 원형이 된 논문도 이 시기에 썼다. 한편 사생활에서는 부인을 대동하고도 고급 창부로 보이는 여성들과 공공연하게 즐기던 그는 『파리 소곡』, 『파리 심경』에 실린 단카나 시에서 이렇게 노래하고 있다.

> 하룻밤 자고 여자의 살갗에 닿아 파리의 가을 장미의 향기를 맡네.

이러한 방탕에 대해 구키 슈조는 돈 주앙의 피 몇 방울이 몸속에 흐르는 것을 부끄러워하지 않는다는 식으로 대담했고 주저하지 않았다. 세상의 도덕에 구속되는 일 없이 관능의 쾌락을 추구하는 이 자세는 세기말 데카당스의 흐름을 따르는 것이자 생의 철학의 실험이라고 할 수 있는데, 무엇보다 구키의 몸속에 흐르는 피 자체가 초래한 결과로서, 머잖아 이키(粹)의 미학에 이론을 집대성하게 된다.

덧붙여 말하자면, 『파리 소곡』에는 "회색 추상의 세계에 살기에는 너무도 짙은 번뇌의 색", "범주로 파악하기 어려운 내 몸을 나라고 한탄하며 지내는 여러 해", "현실의 향기 때문에 직관의 철학을 옳다고 하는 것은 누구던가", "『악의 꽃』과 『실천이성 비판』이 냉소하네, 어깨를 나란히 하고" 등의 노래가 잇따라 실려 철학에 대한 흔들리는 마음이 표현되고 있다

1929년 귀국한 구키 슈조는 얼마 후 교토제국대학에 초빙되어 이듬해인 1930년에는 『'이키'의 구조』, 1935년에는 『우연성의 문제(偶然性の問題)』 등의 저작을 발표했다. 이 시기 그의 학문적 관심은 『우연성의 문제』에 집약되듯이 인간의 생의 변하기 쉬운 본질과 여러 상의 해명에 기울었고, 순철학적 고찰과 병행하여 일본문화론 · 시론 · 예술론 등 다면적 전개를 보였다. 그리고 생활 면에서는 여전히 화류계에 빈번히 드나드는 등 그야말로 풍류인다운 면모를 발휘하던 그는 1941년 부인과 이혼한 후 함께 생활하던 기온(祇園)의 게이샤〔藝妓〕의 간병을 받으며 53세의 나이로 병사했다.

『'이키'의 구조』의 성립과 위치

구키 슈조는 근대 일본의 철학자 중에서는 이단아였다. 방탕한 생활도 그렇지만 본업인 철학의 스타일 자체가 일반적 아카데미즘의 범주를 넘은 독자적인바, 그 정점이 되는 것이 『'이키'의 구조』이다. 이키(보통 한자로는 粋로 표기하나, 그는 간사이關西 풍의 粋스이와 구별하고 이키의 어원인 意気이키의 의미를 담기 위해 굳이 いき라고 히라가나로 쓴 것으로 보인다)와 같은 조닌(町人), 곧 서민의 삶의 문화를 정면에서 다루고 분석했다. 그것도 관념적인 분석과 병행하여 하이쿠, 속요(俗謠), 통속소설 등의 예를 충분히 들며 논해 가는 스타일이다. 그 스타일에 힘입어 그는 생의 철학 자체, 다시 말해 생활로부터 유리된 추상적 관념의 조작이 아니라 생활 실감을 그대로 다루어 정수(精髓)를 추출해 낸 것 같은 철학을 실현한 유례없는 영역을 확립했다.

구키 슈조

『'이키'의 구조』가 구상 · 집필된 것은 파리 체재 중의 일이었는데, 그 동기는 이 저작의 성격에 크게 작용하고 있다. 구키 슈조는 유럽 유학에 즈음하여 우선 독일로 가서 신칸트학파의 리케르트(Heinrich Rickert)에게 정통 독일 철학을 배웠으나, 그 관념론적 스타일에 익숙해지지 못해 곧 프랑스로 옮겨 가 거기서 구체적인 생의 양상을 유연한 발상으로 해독해 가는 베르그송 철학에 친숙해지고 공감하여 자신의 스타일로 받아들였다. 또한 학문적 방법론뿐만 아니라 프랑스인, 특히 파리인의 삶의 미학에 깊은 감화를 받았다. 구키는 관능성을 긍정하고 누리며, 이를 세련된 스타일로 연마하여 하나의 문화로 만들어 가는 모습에 그야말로 자신의 본래의 자질, 나아가서는 자신의 피가 연유하는바의 '이키'라는 전통 일본미학과 잘 맞는다는 사실을 발견했다. 『'이키'의 구조』는 이 만남의 경험에서 태어났다. 그런 의미에서 이 저서는 본질적으로 비교문화의 관점에 선 것이며, 그것은 이키 특성의 분석에서 프랑스어를 상당히 자주 인용하면서 대비하고 있는 데에서 잘 나타난다.

한편 결코 표면에 드러나지는 않지만, 『'이키'의 구조』를 쓰고 있던 마음속에는 어머니 하쓰와 덴신에 대한 깊은 생각이 흐르고 있었던 것으로 보인다. 원래 교토의 화류계에 몸담고 있던 하쓰를 구키 다카이치가 처음 보고 아내로 삼은 것으로 알려져 있는데, 정숙한 태도 속에 어딘가 화려함이 느껴지는 미인이었다고 한다. 슈조는 어머니의 그런 피가 자신에게 흐르고 있다는 사실을 자각하고, 그 의미를 확인함으로써 의지할 곳 없이 타향에 사는 자신의 존재 증거로 삼았으며, 또한 그 피 때문에 비참한 지경에 빠진 어머니의 모습을 고귀한 문화로 복권하여 찬미하고 진혼하려고 한 것이다.

이에 반해 오카쿠라 덴신에 대한 생각은 어떠했을까? 앞에서 지적한 바와 같이, 구키 슈조는 파리에 머물고 있을 때 『동양의 이상』과 『차의 책』을 숙독했으며, 『'이키'의 구조』에는 이 독서 체험이 역설적인 형태로 반영되어 있다. 덴신의 일본문화관은 무로마치 시대의 선을 근저로 하는 정신문화를 최고의 달성으로 평가하는 반면, 그에 이은 에도문화에 대해서는 형식에 얽매어 정신성을 잃었고, 특히 우키요에 등의 조닌문화는 감각성 · 오락성에 빠져 있다는 부정적 평가를 내리고 있다. 그런데 구키 슈조가 『'이키'의 구조』에서 일본문화의 이키로서 명확히 하려고 한 것은 이 에도 조닌문화의 미의식이었다.

이렇게 대조되는 원인(遠因)의 하나는 두 사람의 미학적 배경의 차이에 있을 것이다. 오카쿠라 덴신은 원래 은사 페놀로사를 통해 헤겔의 미학, 아무리 봐도 19세기 독일관념론의 견본 같은 정신성 중시의 미학에서 출발한 데 대해, 한 세대 아래인 구키 슈조는 그러한 전세기의 발상을 답답하고 경직된 것이라 하여 물리치고 생기 있고 구체적인 생의 감각을 중시하는 신세기의 미학, 독일보다는 프랑스의 미학을 취한 것이다.

그렇지만 한층 깊숙한 곳에는 어머니 하쓰를 버리고, 하쓰가 체현하고 있던 에도의 조닌문화적인 것을 부정한 '아버지' 덴신에 대한 의지(意地)—의지는 뒤에서 언급하는 바와 같이 이키의 불가결한 요소이다—가 작용한 것은 아닐까. 압도적으로 '아버지'의 감화를 받으면서 마지막에는 '어머니'의 편이 되어 어머니의 옹호, 현창(顯彰)에 헌신하는 '아들'의 드라마가 엿보인다.

이리하여 『'이키'의 구조』는 파리에서의 자유분방한 사생활, 어머니와 덴신을 둘러싼 갈등 등 자르면 피가 분출할 것 같은 구키의 인생을 담보로 하여 쓴 작품인데, 그 기술은 어디까지나 엄밀하게 개념 분석을 거듭하며 진행되어 전체적으로 훌륭하게 하나의 문화 양식의 구조를 부각시키고 있다.

이키의 다양한 상

『'이키'의 구조』는 문고판으로 100페이지가 조금 안 되는 분량이나 그 구성은 서설에 이어 '이키'의 내포적 구조, 외연적 구조, 자연적 표현, 예술적 표현으로 항목을 나누어 논한 다음 마지막으로 결론을 맺는 정연한 형태를 취하고 있다.

이 가운데 먼저 「1. 서설」에서는 '이키'라는 것이 어떠한 민족적 특수성을 띤 문화 이념인가 하는 점을 외국어, 특히 프랑스어 용어와 대비하며 검토한다. chic(멋있다 · 고상하다), coquet(교태를 짓다), raffiné(세련되다) 등의 말과 대조하여 이 단어들 모두 이키와 중복되는 한편 몇 가지 요소는 벗어나고 있음을 지적하며, 결국 서구 미학의 범주에서는 벗어난 일본 민족의 독자적 이념이라는 점을 강조한다.

「2. 이키의 내포적 구조」에서는 독자적 이념인 이키의 내용을 분석하는데, 거기서 구키 슈조는 이성에 대한 교태 · 고집 · 체념의 세 가지 요소를 든다. 본디 이키는 이성과의 관계, 그것도 결혼과 같이 고정된 것이 아니라 이성을 매혹시켜 자기 것으로 만들려고 하고, 더욱이 그것이 이루어질지 어떨지 알 수 없는 긴장감을 내포한 관계에서 시작되는 것이다. 그러한 긴장된 이성 관계의 세 측면으로서 위의 세 요소가 생겨난다고 한다.

교태는 상대를 매혹시키려는 기교인데, 그것은 능숙한 솜씨를 다해 한없이 상대를 유인하기는 하지만 상대를 굴복시켜 완전히 자기 사람으로 만들어 버려서는 안 된다. 그렇게 되면 긴장된 불확실성이 한꺼번에 상실되어 삭막한 공허함에 빠지고 말기 때문이다. 구키 슈조는 '아킬레우스와 거북이'의 예를 들어 설명하는데, 상대로 하여금 한없이 쫓아다니게 하면서도 결코 붙잡히는 일 없는 유희성이야말로 교태의 요체이다.

고집은 서로 상대방을 매혹시키고 자기 사람으로 만들기 위해 겨루는 관계에서 결코 상대방에게 굴복하지 않으려는 마음가짐이다. 이것이 생활 태도 전반에 퍼져 가난하더라도 다른 사람의 도움을 받지 않고, 목숨을 버리더라도 도리를 세우는 것과 같은 기개에까지 확대되어 갔다고 한다. 구키 슈조는 그 배경에 "무사는 굶고도 먹은 체한다"와 같은 무사의 긍지, 곧 이상주의가 있음을 간파한다.

그리고 체념은 아무리 상대에게 매혹되더라도 여차하면 미련이나 집착을 깨끗이 끊고 담담하게 스스로를 지키는 마음가짐이며, 그것은 원래 불교적 체념관 · 무상관에서 온 것이라고 한다.

이 세 요소는 서로 밀접하게 관련되어, 이를테면 '세련되고(체념) 줏대 있는(고집) 요염함(교태)'으로 정의할 수 있는 바와 같은 '이키'의 남녀 관계를 구성하고 있다. 요컨대 그것은 타인과의 관계에 속박되지 않는다는 의미에서 자유와 가능성을 지상 가치로 삼는 이념이다.

이상이 구키 슈조가 내건 이키의 본질이다. 요컨대 그것은 순애, 대가가 필요 없는 사랑, 영원한 사랑 같은 근대 낭만주의적 사랑의 이상과는 전면적으로 배치되는 것으로, 화류계의 기녀와 손님, 서구라면 돈 주앙이나 카르멘 같은 남녀 관계를 흥정하고 다투며 놀이로 간주하는 미학의 이론화이다. 이러한 미학을 그는 세기말 데카당스를 거친 파리의 사교계에서 실제로 경험함과 동시에 세련됨의 선구를 에도 화류문화 속에서 찾아내고 있으며, 아울러 이론적 근거로서 한편으로는 자유와 가능성 혹은 실존이라는 20세기적 철학 이념을, 다른 한편으로는 무사도적 긍지 혹은 불교적 체념과 같은 전통 일본 정신을 원용하고 있다.

「2. 이키의 내포적 구조」가 이키 자체의 분석인 데 비해, 그에 이은 「3. 이키의 외연적 구조」는 이키 주변의 몇 가지 단어를 들어 그것들과의 대비로 이키의 특징과 위치를 명확히 하려고 한다. 주로 논하

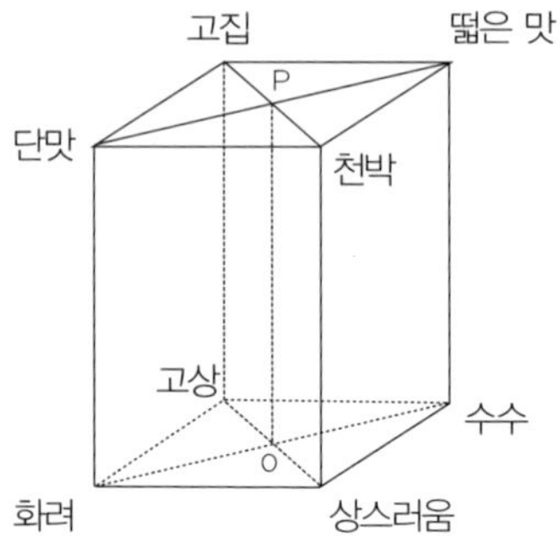

고 있는 것은 고상/상스러움, 화려/수수, 단맛/떫은 맛, 그리고 이키의 반대 개념인 천박이다. 이 가운데 고상/상스러움의 대비를 들어 말하자면, 이키와 고상은 고아(高雅), 세련, 품위 있는 취미 같은 특성에서는 공통된다. 고상이 단지 그러한 특성에 그치는 것에 반해 이키는 거기에 이성에 대한 교태가 더해진다는 점에서 다르며, 교태가 지나치면 오히려 상스러움에 가까워진다. 화려/수수, 단맛/떫은 맛의 대비도 마찬가지이다. 한마디로 말해 이키는 쌍을 이루는 이 개념들의 경계에 있으며, 이성에 대한 교태라는 본성에 의해 각 개념에 비평적으로 작용하는 것으로 자리매김되고 있다.

구키 슈조는 이러한 대비를 정치한 분석 방법을 이용해 유명한 육면체 도형으로 정리하고, 더욱이 이것에 고담〔寂〕, 우아함〔雅〕, 맛〔味〕, 멋짐〔乙〕, 단좌(端坐), 요염, 또 chic, raffiné 등도 자리매김할 수 있다고 한다.

「4. 이키의 자연적 표현」, 「5. 이키의 예술적 표현」은 지금까지 검토해 온 이키라는 의식의 실상이 눈에 보이는(혹은 귀에 들리는) 것으로서 외부에 나타나는 예를 들고 있다.

자연적 표현으로는 신체의 모습과 몸짓을 요소마다 자세하게 분석해 간다. 전신의 몸매는 가늘고 낭창낭창한 허리, 이것을 가볍게 무너트린 자세, 거기에 얇은 옷을 입히거나 목욕을 막 마치고 나온 모습으로 만든다. 그리고 얼굴은 갸름하고 눈과 입과 볼에 미묘한 이완과 긴장으로 악센트를 넣고 화장은 엷게 한다. 눈의 표정에서 중요한 것은 곁눈으로, 균형을 깨뜨리는 듯한 눈의 움직임으로 이성에 대한 교태를 표현한다. 그러나 단순한 추파와는 달리 눈동자는 '가벼운 체념과 당당한 긴장을 무언 속에 강력하게 말해야 하는 것' 같은 상태이다. 머리 모양으로는 간소한 이초마게[18]나 흐트러진 쓰부시시마다[19]를 하고, 기모노의 옷맵시는 목덜미를 아주 조금만 보이는 누키에몬[20]에 왼쪽 옷자락의 끝을 잡고 그 사이로 다리가 살짝 보이게 하며 버선인 다비(足袋)를 신지 않은 맨발이 좋고, 손가락은 가볍게 뒤로 젖히거나 구부린다.

구키 슈조는 이러한 특징을 우키요에, 닌조본[21] 속 에도의 유녀나

---

18) 銀杏髷. 에도 시대에 유행한 은행잎 모양으로 틀어 올린 여성의 헤어스타일.

19) 潰し島田. 처녀들이나 결혼식 때 하는 헤어스타일인 시마다마게를 찌부러뜨린 것처럼 낮게 틀어 올린 헤어스타일.

20) 抜き衣紋. 일본 여성이 기모노를 입는 법의 하나로 앞깃을 뒤로 젖혀서 목덜미가 드러나게 입는다.

21) 人情本. 에도 후기에서 메이지 초기에 유행한, 퇴폐적 연애 등을 소재로 삼아 서민의 애정 생활을 묘사한 풍속소설.

게이샤를 예로 들어 설명해 간다. 그리고 이러한 '이키'의 신체 모습을 일본의 독자적인 특색으로 만들기 위해 지나치게 육체를 노출하거나 강조하는 서양의 스타일과 때때로 대비하며 이키와는 거리가 먼 천박함이라고 경시한다.

예술적 표현에서는 문양, 건축, 음악의 세 영역에 걸쳐 이키의 미학이 어떻게 나타나고 있는지 구체적으로 검토한다. 그 기초가 되는 것은 나와 이성의 사이에 가깝지도 멀지도 않은 긴장 관계를 지속하고자 하는 의식을 반영한 이원성의 원리이며, 이 이원성을 가장 단적으로 구현하고 있는 예로 줄무늬를 들고 있다. '영원히 움직이면서 영원히 만나지 못하는 평행선은 이원성의 가장 순수한 시각적 객관화'인 평행선을 거듭한 문양이기 때문인데, 실제로 유녀나 풍류인이 가장 좋아하는 문양이 줄무늬라고 하며 그 양태에 대해 상세하게 분석한다.

그 밖의 문양에 대해서는 줄무늬에서 벗어나 복잡해질수록 이키에서 멀어져 가, 예컨대 곡선 문양이나 도안 등이 될수록 이키의 핵심인 깔끔한 이원성은 결여된다. 이에 덧붙여 색에 대해서는 쥐색, 갈색, 청색의 세 계통을 '이키'의 색으로 꼽았다. 이 색들은 모두가 화려한 원색에 질려 색의 무화(無化)라고 할 수 있는 검은색에 가깝게 퇴색해 가려는 경계적인 색으로, "온색(溫色)의 흥분을 끝까지 맛본 영혼이 보색의 잔상으로 냉색(冷色) 속에 고요를 펴 올린다라고 한다."

더욱이 건축에 대해서는 다실 곧 스키야를 짓기 위한 재료의 배합에 관한 연구가, 음악에 대해서는 나가우타[22] · 기요모토[23] · 우타자와[24] 등 미묘하게 균형이 깨진 음계와 리듬이 각각 이원성과 균형의 파괴라는 원리에 따라 '이키'의 미로 분석된다.

마지막 장인 「6. 결론」에서는 앞의 논의를 정리하여 이키라는 것은 본래 분석하고 정의하려고 해도 다 할 수 없는 감각 체험이며, 개념화는 이른바 틀을 정하는 것일 뿐이지만, 한계를 인정한 후 다시 가능한 데까지 언어로 표현하는 것이 학문의 책무라고 주장한다. 이어서 이키의 민족적 특수성에 대해 언급한다. 보들레르가 말하는 댄디즘처럼 많은 부분에서 이키와 중복되는 발상이 서양에도 있었다 하더라도 최종적으로는 어딘가 다른 점이 있고, 결국 이키는 역시 일본 민족의 독자적인 존재의 뿌리와 관련된 미의식이라고 다시 한 번 강조하면서 논고를 맺고 있다.

『'이키'의 구조』의 독자성

『'이키'의 구조』는 여러 의미에서 역설적 구조로 되어 있는 작품이다. 이키라는 극히 감성적인 것을 파악하기 위해 개념적 · 구조적 분석을 하고 있다는 점, 균형의 미묘한 뒤틀림과 깨기야말로 이키의 요체라고 강조하면서 정연하고 체계적인 이론 구성을 도모하고 있다는

---

22) 長唄. 에도 시대에 유행한 샤미센 · 피리를 반주로 하던 긴 속요.
23) 淸元. 에도 후기 조루리에서 나온 샤미센 음악의 일종.
24) 歌澤. 에도 후기에 유행한 짤막한 속곡의 하나.

점, 파리(서양)의 감성과 풍속으로부터 큰 영향을 받아 구상하고 집필되었으나 완고하게 그것을 배제 · 부정하고 이키의 특수한 일본 민족성을 강조하고 있다는 점 등인데, 바로 거기에서 구키 슈조의 분열된 정신 상황을 엿볼 수 있다.

그는 생활 태도도 그렇고, 『파리 심경』과 『파리 소곡』에 실린 단카나 시 또는 『'이키'의 구조』에서 빈번하게 인용하고 있는 에도의 통속소설 등도 그렇고 본래의 자질로서는 나가이 가후[25]와 매우 닮은 유형의 문인 혹은 풍류인이었다고 할 수 있다. 그러한 자질을 갖고 있으면서 철학자, 이론가라는 이중성을 고스란히 주제와 방법으로 삼은 것이 『'이키'의 구조』이다. 「6. 결론」에서 구키 슈조 스스로 인정하고 있듯이, 본질적으로 논리나 개념으로는 파악하기 힘든 감성 체험을 논리화 · 개념화하려고 했던 집념은 결국 이중적인 자기 자신의 확인에 대한 정열이었다.

그렇지만 이 이중성은 단순히 개인적 문제가 아니라 이 시대의 철학 자체의 문제이기도 했다. 앞에서 지적한 바와 같이 생의 철학, 현상학, 실존철학, 철학적 인간학 등 20세기 초 이래의 철학은 감성적인 것, 구체적인 것을 논리화 · 개념화하려는 다양한 시도를 했는데, 『'이키'의 구조』는 그 훌륭한 성과 중 하나였다.

이렇게 『'이키'의 구조』는 동시대 서구 철학의 문제의식과 방법론

---

25) 永井荷風, 1879~1959. 소설가이자 수필가. 미국과 프랑스를 여행하고 돌아와 문명을 비판하는 한편 탐미주의의 중심인물이 되었다. 대표작으로는 「꿈의 여자」, 「지옥의 꽃」 등이 있다.

을 받아들여 구상된 것이며, 주제인 이키 자체도 보편적 미의식일 수 있는 것으로 구조화되었다. 또한 이론을 뒷받침하는 실제 경험에서 파리 여성과의 만남이 크게 작용하고 있었음은 어렵지 않게 상상할 수 있다. 그럼에도 불구하고 억지스러울 정도로 구키 슈조는 이키를 서구적 감성에는 없는 일본 민족 특유의 것으로 감싸려고 했다. 그것은 타향에서 자신의 출신을 확인하려는 필사의 시도였을까? 선배인 가후가 그러했던 것처럼, 서구에 매혹될수록 그에 상응하는 것을 자국의 문화 전통 속에서 찾아내 자기를 동화하고 독자성을 주장하려고 한 것일지도 모른다.

여하튼 그가 이키를 논리화·개념화하려고 시도하여 그에 성공했다는 사실은 이키가 특수한 민족적 범주를 넘어 보편적인 것일 수 있다는 점을 입증한 것이라고 볼 수 있다. 오늘날 『'이키'의 구조』가 재평가되는 것은 그러한 보편적 가능성의 측면에 주목하여, 예를 들어 균형의 미묘한 뒤틀림과 깨기라는 원리가 근대적 균형 통일 원리를 뒤집는 바로크적 혹은 포스트모던적 원리를 시사하는 것으로 이해되는 평가에 의해서이다. 혹은 이키의 내포적, 즉 의식 내 구조와 외연적, 즉 외부 신체적 표현의 미묘한 상관관계를 중시하는 구키 슈조의 분석을 오늘날의 심신론적(心身論的) 분석의 선구로 평가하는 것과 같은 예이다.

덧붙여 말하자면 구키 슈조는 같은 수법을 이용하여 「풍류에 관한 일고찰(風流に關する一考察)」(1937), 「정서의 계보도(情緖の系譜圖」)(1938) 두 논문을 발표했다. 그는 이 논문들로 한층 더 일본문화론을 체계화하려고 한 것이다.

하지만 체계화의 원점이 된 것은 하야시 후미코,[26] 나루세 무쿄쿠[27]와 셋이서 고우타[28] 레코드를 들었을 때의 일을 회상한 에세이 「고우타의 레코드(小唄のレコード)」에 쓴 다음의 유명한 술회였다.

> 나는 하우타[29]나 고우타를 들으면 전인격을 뿌리로부터 뒤흔드는 것 같은 박력을 느낄 때가 많다.

> 하우타나 고우타를 듣고 있노라면, 내가 갖고 있는 것 가운데 가치 있는 것으로 여겨 왔던 모든 것을 잃어버려도 조금도 아깝지 않은 기분이 된다. 단지 정감의 세계에서만 살고 싶어진다.
>
> '어차피 이 세상은 흐르는 물인가, 하늘에 떠가는 구름인가….'

---

26) 林芙美子, 1903~1951. 작가. 여러 직업을 전전했던 경험을 그린 자전적 소설 「방랑기」로 등단했으며 일관되게 서민 생활을 그렸다.

27) 成瀨無極, 1885~?. 독일문학가.

28) 小唄. 샤미센 음악의 하나. 하우타에서 변화했으며 에도 말기에 발생했다.

29) 端唄. 샤미센에 맞추어 부르는 짧은 속요.

제4장
문인들의 미학

일본의 근대문학은 다른 문화와 마찬가지로 서구 근대의 발상에서 크게 영향받아 그것을 한 축으로 발전해 간 한편, 이와 공존하고 융합하는 형태로 다양한 전통적 요소도 잔존시켜 왔다. 졸라(Emile Zola)에 의해 제창된 프랑스 자연주의 문학 이념이 수용되어 일본의 근대소설 확립에 큰 영향을 미치고 정착해 가는 과정에서 사소설에서 심경소설로 변모해 가, 본래의 프랑스 자연주의와는 크게 다르고 오히려 『마쿠라노소시』[1]나 『쓰레즈레구사』[2] 등 수필문학의 계보를 이어 간 것을 그 전형적인 예로 볼 수 있다.

---

1) 枕草子. 세이쇼나곤(清少納言)의 작품으로 헤이안 중기 수필. 작가 자신이 궁에서 천황 비를 모셨던 경험과 개인적 감상을 내용으로 인생과 자연, 사물을 예리한 감각으로 그리고 있다.

2) 徒然草. 1330년경 성립된 가마쿠라 시대의 수필. 두 권, 전 244단으로 구성

이러한 토착적이고 전통적인 요소는 작가 자신도 명확하게 의식하지 못하는 감성의 수준에서 나타나는 경우가 많고 이론화된 경우는 적지만, 그중에는 창작과 병행하여 그 토대가 되는 일본의 전통적 세계관과 미의식을 순화한 형태로 논한 작가도 있다. 작가들에 의한 전통 일본문화론은, 앞에서 다룬 철학자들의 논의가 분석적이고 논리적인 것과는 당연히 달라 수필적이거나 산문시적인 독자적 스타일이다. 여기에는 그야말로 사물 전반을 소탈하게 살펴보고 논하는 동양적 문인의 전통이 살아 있다고 할 수 있다.

이러한 문인 일본론의 선구로는 메이지기의 고다 로한[3]과 다이쇼시기의 나가이 가후 등을 들 수 있는데, 여기서는 쇼와 시기 제2차 세계대전 전과 후를 각각 대표하는 문인 일본론으로 다니자키 준이치로와 가와바타 야스나리를 보기로 한다. 두 사람 모두 일본의 근대문학을 대표하는 작가인 동시에 출발 시에는 서구 근대소설의 영향을 받았으나, 마침내 그것을 소화하여 독자적 작풍을 만들어 갔다. 이들은 그 과정에서 자신들의 감성의 근저를 이루는 일본적인 것을 자각하여 창작에 편입하고 문화론으로서도 고찰해 나갔다. 창작과의 관련도 고려하면서 이들의 일본문화론을 음미해 보고자 한다.

되어 있고 무상관에 기초한 인생관을 볼 수 있으며 『마쿠라노소시』와 함께 일본 수필문학의 쌍벽이라고 일컬어진다.

3) 幸田露伴, 1867~1947. 소설가 · 수필가 · 고증가. 1889년 발표한 「풍류불(風流佛)」로 명성을 쌓고 「오층탑」, 「운명」 등의 작품으로 문단에서 지위를

다니자키 준이치로의 『음예 예찬』

다니자키 준이치로는 1886년 도쿄 서민 지역의 상인의 집안에서 태어났다. 가업이 기울어 고학으로 제1고등학교를 거쳐 도쿄제국대학 국문학과에 진학했다. 이때부터 당시 빠르게 퍼지고 있던 반자연주의 문학운동, 세기말 데카당스 사조의 감화를 받아 창작 활동을 시작하여 1910년 단편 「문신(刺靑)」을 발표했다. 극한적으로 관능 퇴폐적인 내용과 현란한 문체로 일약 신세대의 총아가 되었다.

다이쇼 시기에 들어와 더욱더 이러한 작풍을 발전시켜 도착성(倒錯性), 괴이성, 에로틱, 그로테스크를 강조한 실험적 작품을 연이어 발표했다. 이때 다니자키는 미국 영화 등 해외의 새로운 풍속과 문화에 관심을 가져, 이를테면 당시 으뜸가는 모던 보이로 이름을 날렸다.

하지만 1923년에 일어난 간토대지진을 계기로 크게 변모하기 시작한다. 지진 후의 혼란을 피해 간사이로 이주한 그는 거기서 면면히 계승되어 온 가미가타[4] 전통문화를 접하고 지금껏 익숙했던 에도 서민문화 혹은 서구 모던문화와는 이질적인 전통문화의 심오함에 눈을 떴다. 1924~1925년에 걸쳐 쓴 중기의 대표작 「치인의 사랑(癡人の

확립해 오자키 고요(尾崎紅葉)와 함께 고로(紅露) 시대라는 한 시대를 형성했다. 의고전주의의 대표 작가로 고전 연구에도 몰두했다.

4) 上方. 메이지유신 이전에는 교토에 황거가 있었으므로 교토 및 그 주변을 일컫던 말로서, 가미(上)는 황거가 있는 방향을 의미한다.

愛)」은 도쿄를 무대로 모던 걸의 마성에 농락당하는 모던 보이를 그린 것으로 그때까지의 다니자키 준이치로를 총결산하는 작품이다. 그후 1928~1929년에 걸쳐 발표된 「여뀌 먹는 벌레(蓼喰ふ蟲)」에서는 모던 취미에서 전통 취미로의 전환이 주제가 된다. 「여뀌 먹는 벌레」는 오로지 근대적인 생활 스타일을 신봉해 오던 중년의 부르주아 주인공이 아내와의 이혼 문제로 장인과 담판짓는 가운데 서서히 장인의 취미에 감화되어 분라쿠[5] 등 전통 예능의 묘미와 그 배경을 이루는 근대 이전의 생활 문화의 음예,[6] 나아가 그러한 옛날의 모습을 그대로 오늘에 보여 주는 듯한 예스러운 장인의 첩에 매혹되어 가는 과정을 간사이를 무대로 그린 작품이다. 다니자키는 이 작품으로 예술, 생활, 여성 등 모든 것에 걸친 미학의 전환, 주의(主義) 내지 사고의 전환을 고백한다.

그후 다니자키 준이치로는 이 새로운 미학에 의해 「요시노 칡(吉野葛)」(1931), 「갈대 베기〔蘆刈〕」(1932), 「춘금초(春琴抄)」(1933) 같은 고전취미적 소설을 연이어 발표함과 함께 이론 선언으로서 『음예 예찬(陰翳禮讚)』(1933)을 발표한다. 그리고 쇼와 10년대(1935~1944)에 들어서 『겐지모노가타리』의 현대어 번역에 매달렸고, 이어 대작 『세설(細雪)』을 전쟁 중 1943년부터 종전 후인 1948년에 걸쳐 발표했다.

---

5) 文樂. 일본 전통 예능인 인형극, 인형 조루리의 한 파. 특히 오사카에서 발전한 인형 조루리를 가리킨다.

6) 陰翳. 그늘 같은 것이지만, 그늘 자체는 아니다. '그늘이 만들어 낸 어둠' 정도의 의미를 지닌다.

더욱이 『소장 시게모토의 어머니(少將滋幹の母)』(1949~1950)로 고전 취향의 세계에 깊이를 더해 갔다. 그러나 만년에 그는 다시금 작풍을 대폭 전환했다. 일흔이 넘은 1956년에는 「열쇠〔鍵〕」를, 1961~1962년에 걸쳐서는 「미친 노인의 일기〔瘋癲老人日記〕」를 발표하여 현대에서의 노인의 도착적 성생활, 성 심리의 문제를 적나라하게 그려 사회적 논의를 불러일으켰다. 그리고 그후에도 왕성한 집필 활동을 계속하다 1965년 79세로 죽음을 맞았다.

생활의 실감, 수필적 논의

『음예 예찬』은 2,000자 내외의 단장(斷章) 16편으로 되어 있어 문고본 50페이지에도 미치지 않을 정도로 적은 양의 에세이이며, 특별한 구성 없이 그저 생각나는 대로 편안하게 좌담을 벌려 가는 듯한 느낌의 책이다. 여기에서 다니자키 준이치로는 평소 주변에서 경험하고 있는 일본인의 생활의 특징을 다양한 각도에서 논하며 궁극적으로 그 요체가 음예에 있다고 초점을 좁혀 가는데, 이야기는 근래에 집을 지었을 때의 고생담으로 시작된다.

전통 일본 가옥의 운치를 살리려고 생각하는 한편 실용적인 면도 고려하여 외래의 근대적 설비들을 받아들이지 않을 수 없었다. 그러나 이 두 가지는 좀처럼 조화되지 않는데, 그중 특히 어려웠던 것은 화장실이라고 한다. 다니자키 준이치로는 『음예 예찬』과 같은 시기에 「뒷간의 이것저것(厠のいろいろ)」이라는 에세이를 썼다. 이 역시 가벼운 이야기가 있는가 하면 화장실에 대해 그야말로 자신의 온갖

지식을 기울이고 있으며 『음예 예찬』에서는 그 요점이 소개되고 있다. 간사이에 있는 사원의 고풍스런 화장실에서 볼일을 보면 실로 정신이 편안해진다. 그러한 화장실은 조용한 정원수들의 뒤편에 마련되어 어둑하고 쪼그려 앉아 있노라면 주변의 신록, 부슬부슬 내리는 빗소리, 벌레 소리, 새 소리 등에서 정말로 풍아(風雅)를 맛볼 수 있다. 본래는 깨끗지 못하던 곳이 풍류와 시적인 장소로 변해 버린 것에 일본인 특유의 궁리가 있다. 서양의 화장실이 지저분한 것을 처리하는 단지 실용적 용도만 고려하고 있는 것과는 큰 차이가 있다. 그런데 전통적 풍아의 궁리가 이상적이기는 하나, 일반 가정의 화장실이 되면 실제로는 위생상 서양식 타일을 붙이고 수세식이라는 무미건조한 것이 되어 버린다. 거기에 어떻게든 전통 일본식의 아치(雅致)를 가미하고 싶지만 아무리 해도 잘되지 않는다.

여기서 다니자키는 문명과 과학의 조화라는 문제로 옮겨 가 애당초 이러한 노고가 생기는 까닭은 서양문명에서 생겨나 서양문명의 질에 합치하도록 발달해 온 과학 기술의 산물을 서양과는 이질적인 일본문명(동양문명)에 가져왔기 때문이며, 만약 일본문명(동양문명) 자체에서 과학 기술이 생겨났다면 당연히 그것은 서양과는 잘 맞지 않는 것이 되고 위화감은 생기지 않았을 것이라고 설명한다.

집을 짓는 고생담, 더군다나 화장실의 스타일이라는 지극히 주변적인 것에서 시작한 이야기는 완전히 바뀌어 장대한 비교문명론으로 비약하는 이 논법은 논리로서는 매우 거칠지만, 작가 본인은 전혀 신경 쓰지 않고 아주 자연스럽고 당연하게 유유히 써 내려가 결국 그에게 유혹되듯이 읽는 사람도 어느새 납득하게 된다. 생활의 실감에 입각하여(『마쿠라노소시』적) 실감이 재촉하는 대로 고찰을 발전시켜 가는(『쓰레즈레구사』적) 수필풍 논의라고 할 수 있으며, 『음예 예찬』은 시종 이러한 논법으로 전개되어 간다.

어둠의 미학

한편 이상과 같은 서론을 거쳐 본론에 들어가 일본문화(동양문화)의 기본 특징인 음예에 대해 언급한다. 먼저 가까운 예로서 서양에서는 종이든 식기든 보석이든 불순물 없이 반짝이며 빛나는 것을 좋은 것으로 여기는 데 반해, 일본에서는 일종의 탁한 맛을 띠고 은은하게 어두운 그늘이 있는 것을 좋아하여 오랫동안 비바람이나 손때 때문에 칙칙해진 감촉에서 풍치를 느끼고 마음이 편안해진다고 지적한다.

이어서 약간 각도를 바꾸어 어둠의 효과에 대해 논하고 있다. 교토의 어떤 요릿집에서는 최근까지 전등을 사용하지 않고 촛대를 사용하고 있었는데, 그 희미한 불빛 덕분에 칠기 쟁반이나 그릇의 감촉이 깊은 두께를 띤 것처럼 느껴지고, 칠기의 새까만 표면 위에 입혀진 마키에[7]의 금도 어둠에 흔들리는 등불을 반사하여 어쩐지 신비한 기운을 발해 "밤 자체에 마키에를 한 듯한 무늬를 짜내며" 그러한 어둠 속에서 국그릇을 집으면 마치 "갓 태어난 아기의 포동포동한 육체를 지탱한 것 같은" 뜨뜻미지근한 온기가 느껴진다. 우두커니 어둠 속에

7) 蒔繪. 금가루나 은가루로 칠기 표면에 무늬를 놓은 일본 특유의 미술 공예.

잠긴 채 건더기를 입에 넣으려 할 때 "일종의 신비이며, 선(禪) 특유의 멋이라고도 할 수 있는" 맛을 느끼고, 나아가 먼 곳에서 들리는 벌레 소리처럼 그릇이 내는 희미한 소리를 듣고 솔바람을 듣는 것 같은 삼매경, 명상의 경지에 가까워지는 것처럼, 모든 것이 촛대의 어렴풋한 불빛에 돋보이는 어둠의 효과에 의한 것이라고 한다.

이 부분의 기술은 인용한 표현에서도 알 수 있겠지만, 소설가 다니자키는 감수성 풍부한 묘사력을 마음껏 발휘하여 촛대의 등이 아련하게 밝히는 방에 웅크리고 앉아 국그릇을 맛보는, 오감을 총동원한 전신의 감각을 생생히 경험하는 듯한 박진감 넘치는 장면을 만들어 낸다. 문인문화론의 진가라고 해도 과언이 아니다.

이 어둠의 주제는 뒤에서 다시 본격적으로 다루어지는데, 우선 화제는 일본 가옥 본래의 모습으로 옮겨 가 첫 번째 특징으로 차양이 깊다는 점을 들고 있다. 다니자키 준이치로는, 차양은 원래 비바람을 막는 실용적인 목적에서 비롯된 것이지만 이윽고 실용성보다 미적 효과가 중시되어 일본인의 미의식에 크게 관련되어 왔다고 설명한다. 깊은 차양에 차단되어 햇빛은 쨍쨍한 직사광선에서 둔한 간접 광선으로 바뀌고, 장지문에 여과되어 한층 약하고 차분하게 가라앉은 빛이 되어 간소한 실내의 수수한 모래벽을 비추면 바로 그곳에 지극히 담담하고 미묘한 농담(濃淡) 곧 음예가 생긴다. 특히 도코노마[8]에 이

8) 床の間. 일본 건축에서 객실인 다다미방의 정면에 바닥을 한 층 높여 만들어 놓은 곳으로, 벽에는 족자를 걸고 바닥에는 도자기나 꽃병으로 장식한다.

르러 음예는 극에 달해 움푹 들어간 곳에 고이듯이 나타나는 몽롱한 어둠이야말로 동양의 신비 자체이다. 그리고 방 전체를 채우는 몽롱한 '꿈같은 밝음' 속에서 현실과 비현실의 경계가 불투명해지고 시간의 경과마저 불분명해진다. 일본인은 이것을 유현(幽玄)이라 하며 소중히 여겨 왔다.

그리고 다시 어둠의 주제로 되돌아간다. 이전의 일본인은 금맹장지나 금병풍처럼 금을 실내 장식으로 많이 이용했다. 그것은 광선이 부족한 어둠 속에서 금이 얼마 안 되는 빛을 반사하여 환상적인 효과가 생긴다는 것을 계산한 결과이다. 환한 빛 아래에서는 단지 요란하게만 보이는 것이 어둠 속에서 비로소 진가를 발휘하는 것이다. 즉 금색의 매력은 혼자서가 아니라 어둠과의 대비, 조화에 의해 생겨난다. 이러한 조합에 의한 미는 노(能)에서의 의상과 신체에 대해서도 말할 수 있다. 다니자키 준이치로는 노를 보러 갈 때마다 살짝살짝 보이는 배우의 손과 얼굴이 이상하리만치 아름다운 데에 감탄했는데, 그것은 손과 얼굴이 공들인 의상의 색과 조화를 이루고 아름답게 빛나 무대 전체를 감싸는 어둠 속에서 떠오르게 하는 연출의 지극히 당연한 결과이다. 사실 이 아름다움은 노가 태어난 전국 시대부터 모모야마 시대[9] 무사의 생활에서 일상적으로 볼 수 있는 것이었으며, 말할 나위 없이 그 요체는 어둠이다.

---

9) 桃山時代. 중세에서 근세로 넘어가는 과도기에 해당하며 도요토미 히데요시가 정권을 쥐고 있던 약 20년간을 이른다.

다니자키 준이치로

노가 무사의 남성미를 최고로 돋보이게 하는 것이라면, 다니자키는 가장 순수한 여성미는 분라쿠에서 찾았다. 분라쿠의 여자 인형은 얼굴과 손끝밖에 없고 동체와 다리는 기모노로 감싼 공동(空洞)에 지나지 않지만, 그것이 예전의 일본 여성의 실상 그 자체였다. 공공연히 풍만한 육체의 아름다움을 자랑하는 근대 여성과는 반대로, 어둑한 실내에 조용히 틀어박힌 듯이 살았던 일본 여성에게 육체는 존재하지 않는 것이나 마찬가지였고, 다만 어둠 속에 희읍스름하게 드러나는 얼굴과 손만 있으면 충분했다. 더욱이 그 하얀색은 서양 백인종의 하얀색과는 다르다. 서양 백인종의 하얀색은 그 자체가 순백인데 비해 일본인의 하얀색은 어딘지 칙칙하다고나 할까, 그늘을 띠고 있어서 그것이 어둠과의 배합으로 비로소 신비한 하얀색으로서 눈에 띈다.

두 가지 여성상

이러한 일본여성론에는 『음예 예찬』보다 앞서 발표한 두 편의 소설에 등장하는 여성상의 반영이 보인다. 간사이로 옮겨 오기 이전, 전기 다니자키 준이치로의 모던 걸 취향의 집대성이라 할 수 있는 「치인의 사랑」의 나오미와 간사이 이주 후 고전 취향에 눈떠 가는 과정을 그린 「여뀌 먹는 벌레」의 오큐이다. 미국의 여배우와 비교할 만큼 누구에게도 뒤지지 않게 풍만한 육체와 빛나는 하얀 피부를 갖고 있는 나오미는 여름 햇살 아래서 대담한 수영복 차림으로 자신의 몸을 과시한다. 자유분방하고 자의식이 강한 성격에 하이칼라 취향[10)] 등과 합해져 그야말로 이름에서도 알 수 있는 바와 같이 모던 걸의 전형으로 조형되어 주인공 조지는 매혹되어 간다. 그렇지만 이야기 후반 이 일본적 모던 걸은 뜻하지 않은 마각을 드러낸다. 한 점 흠도 없는 순백의 피부라고 생각하고 있었으나 사실은 분을 바르고 있었던 것이며, 그 속에는 황인종의 피부가 감춰져 있었다는 사실이 드러나고 만다. 그리하여 모던 걸 환상의 한계가 노정된 후 「여뀌 먹는 벌레」의 오큐가 등장한다. 주인공 가나메의 장인에게 첩으로 헌신하는 오큐는 요즘 세상의 여성이라고는 여겨지지 않을 정도로 조심스러운 여자이다. 고전 취향의 노인이 원하는 대로 분라쿠 인형 같은 차림을 하고 마치 세상을 버린 사람처럼 수심 가득한 생활을 감수한다. 가나메는 그러한 오큐를 처음 얼마 동안은 옛 유물을 보는 듯한 기분으로 바라보았다. 그러한 가운데 노인의 감화로 고전 취향의 맛을 알아 감에 따라 이 말없는 인형 같은 여자야말로 진정한 일본의 여자라며 매혹된다. 특히 그 희읍스름한 얼굴이 어둠 속에 희미하게 드러날 때 그것은 현실을 뛰어넘은 '영원의 여인'이라고 할 만한 것으로 변한다.

다니자키 준이치로에게 여성이란 평생의 중심 주제로서 다양한 유

---

10) 서양풍을 뽐내는 것.

형의 여성을 그려 냈지만, 그 가운데서도 나오미와 오큐만큼 대조적인 여성상은 없다. 고전 취향에 대한 개안이 그에게 얼마나 크게 작용했는지 알 수 있는데, 이렇게 해서 도달한 고전 취향적 여성상은 『음예 예찬』에서는 여성상 자체라기보다 결국 음예의 한 형태로서 자리매김된다. 빛과 어둠이 얽혀 펼쳐지는 환영의 하나로서 여성이 나타나는 것이다. 이른바 망령과도 같은 존재로서 한때 일본에서는 그에 따른 능숙한 연출법이 있었다. 가네[11]로 치아를 새까맣게 물들이고, 눈썹을 깎고, 그리고 다니자키가 가장 감탄하는 방법인 빛에 따라 초록색이나 자주색으로 빛나는 입술연지를 바름으로써 남은 얼굴과 손만이 어둠 속에 어렴풋이 희뿌옇게 드러난다. 여기에 이를 때 여자는 어둠, 그것도 단순한 어둠이 아니라 온몸 여기저기에 자개를 아로새겨 아련하게 빛을 발하는 미립자가 충만한 것처럼 꿈같은 눈부심으로 가득 찬 어둠의 화신이다. 옛사람이 도깨비라고 부른 것은 이런 존재였을 것이다.

이렇게 해서 '음예 예찬'이 극에 이를 무렵, 마지막으로 '어둠 예찬'을 하고 나서, 현대 일본에서는 전기 조명을 마구 사용하여 옛 어둠의 문화를 잃어버렸는데 그렇게 된 바에는 적어도 문학에서 음예의 세계를 회복해 보고 싶다고 선언하며 에세이를 맺고 있다.

---

11) 鐵漿. 이를 까맣게 물들이는 데 쓰는 액체. 쇳조각을 초나 찻물, 식초 따위에 담가 만든 이 액체를 붓에 묻힌 다음 오배자 가루를 찍어 이에 바른다. 고대부터 상류층 부인들이 행해 온 풍습이나, 헤이안 후기에는 무가의 남성들도 까맣게 칠했으며 에도 시대에는 기혼 부인이라는 표시가 되었다.

이 맺음말의 선언을 다시금 소설 작품과 비교해 보면, 1933년 12월 『음예 예찬』과 동시에 간행된 「춘금초」가 떠오른다. 미모의 스승 슌킨(춘금)을 섬기는 사스케는 슌킨이 끓는 물을 뒤집어써 미모가 망가진 것을 알고는 스스로 자기 눈을 찔러 슌킨과 같이 맹인이 된다. 즉 직접적 · 물질적 빛을 차단한 어둠의 세계에 들어간 것이다. 그런데 거기서 사스케는 "스승님의 동그랗고 미묘하게 흰 얼굴이 희미한 밝기가 미치는 범위 안에서 내영불(來迎佛)처럼 떠오른" 것을 발견한다. 이야말로 궁극의 음예의 세계가 아닌가! 현실의 일본사회에 환멸을 느낀 다니자키는 자신의 선언대로 문학의 세계 곧 상상력의 세계에서 음예의 이상을 훌륭하게 실현한 것이다. 그것은 전후에 발표한 『소장 시게모토의 어머니』에서의 모자 몽환의 세계에까지 이어진다.

음예의 보편성과 민족성

『음예 예찬』 전반에서 다니자키는 일본의 음예문화의 독자성을 돋보이게 하고자 때때로 서양문화를 무엇이든 백일하에 드러내고 마는 문화라고 강조한다. 그런데 맺음말에 이르러 현대 일본이 이러한 음예문화를 잃어버렸다는 점을 탄식하는 부분에서는 유럽에서 돌아온 친구의 이야기를 인용하며 파리 같은 곳은 도쿄보다 훨씬 어두워 램프를 켜고 있는 집이 있는데, 일본은 미국을 모방하여 마구 전기 조명을 낭비하는 나라가 되어 버렸다는 관찰을 하고 있다.

후자의 관찰에 비추어 보면, 전자에서 그가 서양이라고 했던 것은 미국이다. 다이쇼 시기에 전적으로 미국의 풍속문화를 받아들이는 데에 돈을 쏟아 붓고 있었던 모던 보이 다니자키에게 서양은 곧 미국이며, 이 대략적인 도식을 『음예 예찬』에도 가져와 일본의 음예문화를 더욱 돋보이게 하는 역할을 하고 있다. 그런데 사실 같은 서양이라도 유럽은 미국과는 매우 이질적이며 음예의 문화와 통하는 부분을 갖고 있다. 파리의 한가운데서 굳이 전등이 아닌 램프를 켜는 것은 어슴푸레한 빛을 좋아하기 때문인데, 실내 조명으로 간접 조명을 이용하는 것도 마찬가지이다. 혹은 겹겹이 어둠을 칠한 것 같은 화폭 여기저기에 황금의 반짝임이 떠오르는 렘브란트의 그림은 그야말로 『음예 예찬』에서 어둠 속의 마키에나 노의 의상의 효과로 언급되고 있는 것과 마찬가지이지 않은가!

왜냐하면 음예의 문화는 일본(동양)의 전유물이 아니라 보편적이기 때문이다.

게다가 여전히 일본적 음예의 특성이 있다면 다니자키 준이치로가 몸통이 없는 분라쿠 인형을 예로 설명하고 있는 바와 같이, 음예나 어둠의 본체를 찾아가면 거기에는 아무것도 없는 공허가 있다는 것이다. 그것이 유럽의 음예나 어둠이 렘브란트의 그림처럼 깊은 곳에 무엇인가 실체를 간직하고 있는 듯이 느껴지는 것과의 차이이며, 더욱 깊이 파고들어 가면 세계의 중심으로서의 불교적 무 혹은 노장적 허와 기독교적 신이나 실재의 차이와 통할지도 모른다. 『차의 책』에서 오카쿠라 덴신이 설파한 공, 허, 상대성 등의 이념과도 당연히 상응할 것이다.

한편 일본적이라고 해도 음예의 문화는 역시 간사이의 고전 취향적 문화로서의 성격이 강해 다니자키가 태어나고 자랐으며 초기의 「문신」에서 드러난 에도의 서민풍 '이키'의 문화와는 대조적이다. 그것은 구키 슈조의 『'이키'의 구조』와 대비해 보면 일목요연할 것이다. 예를 들어 우키요에의 미인화에서 흐트러진 머리카락 하나하나까지 말끔하게 가는 붓으로 그려 가듯이 이키는 선명함의 미의식인데 반해, 음예는 그 대극에 있는, 즉 이키가 가장 싫어한다고 할 수 있는 모호함과 희미함의 미학이다. 더욱이 이키가 결벽하다고 할 정도로 자타를 준별하고 타와 융합되기를 완고하게 거부하며 스스로를 일관되게 하려는 윤리성을 뜻하고 있는 데 반해, 음예는 그러한 윤리성 · 자의식을 쉽게 수용하여 무화하고 나와 타자 · 인간과 자연 · 현실과 비현실이 구별되지 않는 무윤리 · 무의식의 세계로 끌고 간다.

이렇게 해서 같은 전통 일본문화이면서도 이키와 음예는 극단적인 대조를 보인다. 이 대조의 의미는 무엇일까? 다니자키가 이키에서 음예로 전환한 의미는 무엇일까? 서양과 일본(동양)의 음예의 관계만큼이나 큰 문제라고 할 수 있다.

그러나 다니자키 자신은 어디까지나 스스로 체감할 수 있는 구체성을 고집하여 추상적 논의에는 들어가지 않고 오직 일본인의 생활 주변에 가득한, 그리고 지금은 급속히 상실해 가고 있는 음예나 어둠의 감촉 · 냄새 · 맛을 언어로써 생생하게 전달하는 것을 으뜸으로 여겼다. 촛대 하나에 비춰진 어슴푸레한 요릿집의 객실에서 칠기에 담긴 국물을 마실 때의 촉감, 청각, 미각을 총동원한 경험의 묘사가 그 본보기이다. 그야말로 문인 일본문화론의 진수라고 할 수 있을 것이다.

가와바타 야스나리의 「아름다운 일본의 나」

가와바타 야스나리는 1899년 오사카에서 태어났다. 어려서 일찍 부모와 누나가 세상을 떠나 조부모 밑에서 컸는데, 조부모마저 사망하여 가족의 인연이 불우한 소년 시절을 보냈다. 이것은 초기의 대표작 「이즈의 무희(伊豆の踊子)」의 주제가 되는 고아 근성, 중기의 대표작 「금수(禽獸)」의 주인공의 인간 기피 등에서 볼 수 있는 것처럼 작품에 깊은 그림자를 드리우게 되었다.

중학교 졸업 후 도쿄로 나와 제1고등학교를 거쳐 도쿄대학에 진학했다. 대학 재학 당시부터 소설을 쓰기 시작하여 1924년 요코미쓰 리이치[12] 등과 잡지 『문예 시대(文藝時代)』를 창간하여 신감각파 문학[13]을 일으켰다. 제1차 세계대전 후 유럽에서 유행했던 모더니즘 문학의 영향을 받아 감각성을 축으로 한 혁신적 · 현대적 문학 표현의 개발을 목표로 한 이 운동에 가와바타는 적극적으로 관계했고 「손바닥 소설(掌の小說)」, 「수정 환상(水晶幻想)」 등을 발표했다. 하지만 신감

---

12) 橫光利一, 1898~1947. 소설가. 가와바타 야스나리 등과 『문예 시대』를 창간하고 신감각파의 중심인물이 되었다. 또한 신심리주의를 일으켜 쇼와 초기에 활발하게 활동했으며 「기계」, 「여수」 등의 작품이 있다.

13) 다이쇼 말기부터 쇼와 초기에 활동했던 문학의 한 유파. 『문예 시대』를 중심으로 활동한 요코미쓰 리이치, 가와바타 야스나리 등 작가 그룹을 가리킨다. 이들은 외부의 현실을 주관적으로 파악하고 재구성한 새로운 현실을 감각적으로 창조하려고 했다.

각의 이론에는 만물일여(萬物一如) 같은 불교적 세계관이 수용되어, 서양 전위와 동양(일본) 전통이 미묘하게 교차 · 공존하는 듯한 독자적 문학관이 이미 나타나고 있었다.

1935년 가와바타 야스나리는 「설국(雪國)」으로 정리되는 장편을 잡지에 발표하기 시작했다. 이것은 최종적인 완성이 종전 후로 넘겨지는 등 곡절을 거친 작품인데, 이 작품으로 명료하게 동양(일본) 정신의 전통을 기반으로 한 문학 세계를 확립한다. 그리고 이 자각은 전쟁 중에 한층 더 깊어져 패전을 거쳐 "나는 일본 고래(古來)의 슬픔 속으로 되돌아갈 뿐"(「애수」)이라는 결정적 의지로 발전한다. 이러한 의지를 구현하듯이 이 시기에 그는 『겐지모노가타리』의 이야기 세계를 기초로 한 「산 소리(山の音)」, 「천 마리 학(千羽鶴)」과 같은 고전적 걸작을 계속해서 쓰는 한편 신감각파 시대의 작풍을 심화시킨 「잠자는 미녀(眠れる美女)」, 「외팔이(片腕)」와 같은 전위적 · 실험적 작품도 발표하여 세상을 놀라게 했다.

1968년 가와바타 야스나리는 일본인으로서 최초로 노벨문학상을 수상했다. 서구로부터 받아들인 근대적 심리소설의 틀에 동양(일본)의 전통적 정신성을 담아 훌륭한 성과를 실현한 점이 높이 평가된 것이며, 그에 부응하여 행한 수상 기념 강연이 「아름다운 일본의 나(美しい日本の私)」이다. 그러나 노벨상 수상 후에는 여러 가지로 신변이 어수선해지고 가까이 지내던 미시마 유키오의 할복 자살, 도쿄도 도지사 선거 응원 등의 일이 겹쳐진 끝에 1972년 유서조차 남기지 않은 채 자살하여 70여 년의 인생을 마감했다.

서구에 대한 미적 도전

지금까지 다루어 온 메이지 이후의 일본문화론은 대부분이 많든 적든 서구문화를 의식하여 그에 저항하는 자세를 취하거나 내포하고 있었다고 할 수 있는데, 「아름다운 일본의 나」에서는 특히 강하게 그러한 의식이 전면에 나타나고 있다. 일본인 최초의 노벨문학상 수상 기념 강연이라는 의욕이 당연히 작용했을 것이다. 일반 외국인을 대상으로 통역을 동반한 연설, 그것도 의례적인 분위기에서의 강연이라는 제한된 틀 속에서 가와바타 야스나리는 가능한 한 널리 일본의 문학과 예술을 소개하여, 그 근저를 이루는 일본인의 사상과 심성의 특성을 설명하려고 했다. 여기에는 일본이 서구와는 근본적으로 이질적이라는 점, 서구로부터 고립해 있다고 할 정도로 특이성을 띠고 있다는 점, 그러한 사실을 자신은 일본인의 숙명으로 받아들이고 있다는 점 등을 일관되게 강조하는 자세가 비장하기까지 한 리듬으로 표현되고 있다. 이로부터 26년 후, 일본인으로서 두 번째 노벨문학상 수상자가 된 오에 겐자부로는 같은 장소에서 이러한 가와바타의 자세를 비꼬고 비판하며 같은 나라의 선배보다는 서구인 선배 몇 사람에게 공감하고 연대한다고 말했으나, 가와바타 자신에게는 단지 일본인 최초의 노벨문학상 수상이라는 이유 이상으로 그렇게까지 강하게 피아(彼我)의 격차—우열이 아니다—를 강조하지 않을 수 없는 절박한 심정이 있었을 것이다.

앞에서 소개한 바와 같이 가와바타 야스나리는 제2차 세계대전의 전쟁과 패전 경험을 통해 일본인은 아무리 근대화하려 해도 결국 근대화 이전의 『겐지모노가타리』에 집약되는 '아와레'[14]의 세계에 깊이 뿌리박고 있다고 말한다. 따라서 만약 이 아와레의 세계가 역사의 필연에 의해 근대적 세계로 대체되어야 한다면 일본인 혹은 자신은 이 소멸해 가는 세계를 따라 순절할 수밖에 없다고 각오하고, 또 그러한 각오를 항상 염두에 두며 전후를 살아왔다고 하면서 이러한 심정을 패전 후 20여 년이 지난 시점에서 서구를 향해 공공연하게 고백하고 있는 것이다.

그것은 가와바타 야스나리 한 개인의 생애에서 정점이 될 정도로 운명적인 순간이었을 뿐만 아니라 일본문화 전체에도 역사적 사건이었다. 반세기도 더 전 개국하고 얼마 되지 않아 니토베 이나조와 오카쿠라 텐신이 『무사도』나 『차의 책』을 통해 서구에 일본문화의 독자성을 설명했을 때 이 저서들이 영어로 집필되어 영국과 미국에서 출판되었던 점이 보여 주듯이, 일본이 자진해서 서구에게 이해를 촉구하고 독자적이기는 해도 보편성을 지닌 일본문화를 제시하려 한 것이며, 사실 서구에서도 그렇게 받아들였다. 그후 일본에서 일본어로 발표된 다양한 글들은 결과적으로 서구에 소개되는 경우가 있다 해도, 기본적으로는 일본인을 향해 일본 내부에서 이해할 것을 요구한 것이었다. 그에 비해 가와바타 야스나리의 이 강연은, 서구 측에서 그의 작품의 일본적 독자성을 인정한 상황에서 요청한 데에 부응하여 일본어로 일본문화의 보편성보다는 특이성을 말하고 있다. 이

14) あわれ. 일상을 벗어났을 때 마음에 감동을 주는 정취 혹은 비애.

가와바타 야스나리

를테면 일본은 서구를 향해 처음으로 서구와는 이질적인 독립된 문화 세계로서 스스로를 주장하고, 대치하고, 그것을 서구는 인정하고 있는 것이다.

이러한 일이 이 시점에서 발생한 배경에는 전후 경제 발전에 의한 일본의 대국화, 다양한 문화의 고유성을 인정하는 문화상대주의의 확산 등의 사정이 있었지만 아무튼 그것은 하나의 분기점이었다. 이 무렵부터 일본사회는 다양한 차원에서 자국 문화 시스템의 독자성을 자각 · 자존하고, 서구사회와는 이질적인 구조를 지닌 사회라는 점을 적극적으로 긍정하게 되었다. 그리고 이러한 경향을 일종의 쇄국화라고 경계하는 입장에서는 앞에 예로 든 오에 겐자부로와 같은 비판이 나왔으며, 다른 한편으로는 내셔널리즘의 입장에서 더욱 그것을 밀고 나가려는 움직임도 나올 것이다. 가와바타 자신은 본래 그러한 사회적 · 정치적 움직임과는 다른 차원의 인간이었지만, 노벨문학상 수상과 수상 기념 강연은 그러한 움직임에까지 파장이 미치는 역사적인 사건이었다.

자연과의 합일

「아름다운 일본의 나」는 먼저 도겐,[15] 묘에,[16] 료칸[17] 등 세 승려의

15) 道元, 1200~1253. 가마쿠라 시대의 선승으로 조동종(曹洞宗)을 열었다.

와카를 소개하는 것으로 시작한다. 이 강연에서는 이 세 사람 외에 잇큐,[18] 사이교[19] 등 모두 다섯 명의 승려의 노래를 인용 · 해석하면서 이들의 삶의 방식과 사상에 대해 언급하고 있다. 일본의 문학과 예술에서 승려 곧 불교가 차지하는 위치는 큰데, 가와바타는 새삼 그 점을 중시하는 자세를 취하고 있다. 이 강연은 제목이 말해 주는 바와 같이 미의식을 중심으로 한 일본인의 문학과 예술, 인생관과 세계관을 말하는 내용으로 되어 있는데 여기서는 일관되게 종교 의식과의 관계가 시야에 들어 있다.

도겐, 묘에, 료칸 세 승려의 노래는 각각 다음과 같은 것이다.

봄은 꽃 여름은 두견새 가을은 달 겨울은 눈 맑고 시원하네

구름에서 나와 나를 따라오는 겨울의 달, 바람은 몸에 사무치고 눈은 차갑네

기념이 될 만한 것은 아무것도 남기지 않는, 봄은 화산(花山)의 두견새 가을은 단풍잎

16) 明惠, 1173~1232. 가마쿠라 초기의 승려로 화엄종을 중흥시켰다.

17) 良寬, 1758~1831. 에도 후기의 선승이자 가인.

18) 一休, 1394~1481. 무로마치 중기의 임제종의 승려로 자유분방한 기행으로 유명하다.

19) 西行, 1118~1190. 헤이안 말기 · 가마쿠라 초기의 승려이자 가인.

이 가운데 도겐의 노래에는 '본래의 면목(本來ノ面目)' 이라는 제목이, 묘에의 노래에는 어떤 겨울밤 산속의 암자에서 좌선을 하고 있을 때 암자를 드나들 때마다 달이 따라온 것을 노래한 것이라는 고토바가키[20]가, 료칸의 노래에는 '세상을 버리는 노래' 라는 주해가 각각 붙어 있다. 이어서 가와바타 야스나리는 이 세 노래에 공통하는 것이 자연과의 일체화 · 합일이며, 그것이야말로 일본인의 미의식의 근본인 동시에 도겐이 붙인 제목이 보여 주는 것처럼 종교의 근본이라고 지적한다. 더욱이 료칸의 노래가 세상을 버리는 노래라는 점에서 '말기(末期)의 눈' 이라는 것으로 이야기를 전환해 간다. 이것은 아쿠타가와 류노스케가 자살에 즈음해서 남긴 유서에 있던 말이다. 죽으려는 순간 자연이 한없이 아름답게 비쳐진다는 것으로, 여기에 료칸의 세상을 버리는 노래와 통하는 일본인의 죽음에 대한 사고가 단적으로 드러나 있다고 그는 말한다. 즉 일본인에게는 삶과 마찬가지로 죽음 또한 자연과의 합일, 자연으로의 회귀로서 서양인의 죽음에 대한 사고와는 다르다는 점을 말한 것이다.

거기서 이번에는 잇큐가 두 차례 자살을 시도했었다는 이야기로 전환하여, 자유분방한 삶의 방식과는 정반대로 구도를 거듭한 이 선승의 글 가운데 "불계(佛界)에 들기는 쉬워도 마계(魔界)에 들기는 어렵다" 라는 말을 인용하고 있다. 이 말은 가와바타 만년의 예술관을

20) 詞書き. 와카에서 그 노래를 지은 동기나 주제 · 날짜 · 장소 · 배경 등을 적은 머리말.

응축한 표현으로 유작인 「민들레(たんぽぽ)」에서도 때때로 볼 수 있는데 마계, 즉 세상 일반의 선악, 행불행의 기준, 경계를 넘은 인간 실존의 극한적 세계야말로 예술 혹은 종교가 목표로 하는 것이라며, 가와바타 야스나리는 잇큐의 생사의 한계에서의 가열한 삶과 비교하면서 설명했다. "부처를 만나면 부처를 죽이고 조상을 만나면 조상을 죽여라"라는 선어에서 알 수 있듯이, 이 가열함은 그야말로 선 본래의 정신이며 예술이 지향해야 하는 운명이기도 하다고 말하고 있다.

이어서 화제는 무로 옮겨 간다. 선이 목표로 하는 깨달음은 나를 무로 만드는 것이지만, 무는 서양의 허무와는 다르며 오히려 반대이다. 삼라만상이 자유자재로 무한하게 다니는 우주이며 예술이 목표로 하는 경지라고 하면서 잇큐의 다음 노래를 인용하고 있다.

마음이란 어떤 것도 말할 수 없는 묵화에 그린 소나무 바람 소리

잇큐의 이 노래에 설명되어 있는 바와 같이 일본(동양) 예술의 요체는 예술이라는 마음의 그릇에 자연을 사실 그대로가 아니라 상징적으로 이끌어 담는 데 있다는 점을 그는 그림, 꽃꽂이, 정원 가꾸기, 분재, 다도 등 다양한 영역에 걸쳐 예를 들고 있다. 이를테면 꽃꽂이에서는 개조의 한 사람인 이케노보 센오[21]의 저서 『센오구전(專応口

---

21) 池坊専応, 1482~1543. 전국 시대의 승려이자 꽃꽂이 전문가. 꽃꽂이를 조형 예술의 경지로 끌어올렸고 이론적으로 체계화한 저서가 『센오구전(專応口傳)』이다.

傳)』에 쓰여 있는 "단지 약간의 물과 나무만으로 강산수정[22]의 정취를 표현하고, 잠깐 동안에 천변만화(千變萬化)의 가흥(佳興)을 자아낸다. 가히 선가(仙家)의 묘술이라고 할 만하다"라는 부분을 소개하면서, 거기에 일본의 미에 대한 마음의 자각이 있다고 한다.

강연의 결말에서는 마침내 본격적으로 문학 이야기를 한다. 헤이안 왕조문학의 개화를 알리는 『고킨슈』[23]·『이세모노가타리』에서 『마쿠라노소시』, 특히 『겐지모노가타리』에 이르러 고대 일본문학은 절정기를 맞이하고 그후 일본문화에 결정적인 작용을 미쳤는데, 머잖아 왕조가 멸하고 중세 무가사회로 전환함으로써 『신고킨슈』로 대표되는 것처럼 섬세하고 비애가 가득하며 상징성이 높은 감성이 생겨났다. 가와바타 야스나리는 그것이 자기 자신의 감성에 가깝게 느껴진다고 하면서, 대표적인 예로 사이교를 들고 묘에가 전하는 사이교의 가론(歌論)을 소개한다. 넘쳐 나는 시혼에 의해 중세 최고의 가인으로 일컬어지는 이 은둔승은, 모든 삼라만상이 흥취에 차 있으나 사실은 허망하며(색즉시공), 그러나 허망함이 삼라만상으로서 빛나는(공즉시색) 찰나에 함축되어 있음을 노래했다. 그것은 곧 부처님의 말씀, 부처님의 현현이라고 말한다. 가와바타 야스나리는 마지막으로 사이교의 가론, 즉 세계관의 핵심이 되는 허·허공 혹은 공이야말

---

22) 江山數程. 상당한 규모에 이르는 큰 강과 산.

23) 古今集. 일본 최초의 칙선 와카집으로 정식 명칭은 '고킨와카슈(古今和歌集)'. 905년 다이고천황(醍醐天皇)의 명으로 1,100여 수를 담아 917년경 성립되었으며, 가풍은 우미하고 섬세하고 이지적이다.

로 서양의 무와는 다른 일본(동양)의 무의 본질이며, 자신의 소설이 목표로 하는 것도 도겐의 사계절에 관한 노래가 말하려는 것도 같다고 강조하면서 강연을 마친다.

'나'와 '일본'

가와바타 야스나리가 일본문화의 특질로 설명하려고 한 꽤 긴 강연의 요점을 정리하면, 다음 두 가지로 집약할 수 있다. 하나는 자연과의 일체화이며, 다른 하나는 서양의 무와는 이질적인 일본(동양)의 무이다. 이 두 가지 모두 특별히 내세울 만한 독창적 견해는 아니었다. 지금까지 다루어 온 일본문화론 가운데서는 오카쿠라 텐신의 『차의 책』의 논의와 많은 부분 중복된다고 할 수 있다. 이 선인들의 견해에 입각하여 개인으로서보다는 일본의 대변자로서 그는 말했다. 그러한 그의 자세와 각오를 단적으로 보여 주는 것이 바로 '아름다운 일본의 나'라는 표제이다.

남아 있는 가와바타의 초고를 보면, 이 표제는 처음에 '일본의 미와 나—그 서문'으로 되어 있었으나 그 위에 줄을 그어 지우고 지금의 '아름다운 일본의 나—그 서설'로 고쳐져 있다. 이렇게 수정된 것은 강연 직전이라고 하는데, 이로써 '나'와 '일본'의 관계는 달라졌다. 즉 '와'에서 '의'로 고침으로써 처음에는 '나'와 '일본'이 나란히 있던 것이 '나'는 '일본'의 일부로 포함된 것이다. 일본문화에서 사람이란 일본이라는 전체에 동화하고 합일해 있는 '나'로서, 이 장소에서 있다는 점을 가와바타는 각별히 강조하려고 했다. 이 경우의 일본은 '아름다운'이라는 형용사가 붙어 있으며 강연 내용으로 볼 때 일본의 자연에 중점이 놓여 있다고 할 수 있다. 덧붙여 말하자면, 강연 당일 통역을 맡은 일본문학 연구가이자 「설국」의 번역자이기도 한 사이덴스티커(Edward G. Seidensticker)의 영어 번역은 원래의 제목에 가까운 'JAPAN THE BEAUTIFUL AND MYSELF'로 되어 있다. 이에 대해서는 가와바타와 사이덴스티커 사이에 의견교환이 있었던 것 같은데, 결국 사이덴스티커는 적어도 영어 표현으로는 '나'와 '일본'을 병렬시키는 쪽을 택한 셈이다.

'나'라는 것을 주체로서 독립시키는 것이 아니라 '나'를 둘러싼 세계 속에 융합시키고 나아가 무화시켜 버린다. 이것이 바로 가와바타 야스나리가 일본의 전통에서 끄집어낸 근본 사상이며, 이것을 문장가로서 전략적으로 고안해 낸 다양한 일본어 운용에 실천해 왔다. 주어를 빼거나 주어가 구문을 위장화 · 형해화하고 — 니시다 기타로가 술어 논리로 든 전형적인 일본어와 일본인의 발상의 실상이다 — 빈번하게 행을 바꾸며 생략과 암시를 중시하는 표현인데, '아름다운 일본의 나'라는 표현은 그야말로 이러한 일본사상과 일본어의 운용을 집약한 것이라고 해도 좋을 것이다. 노벨문학상 수상 기념 강연이라는 국제적 인지(認知)의 장, 피로의 장에서 이러한 가와바타 문학의 본질이 강조된 것은 매우 상징적 사건이었다(사이덴스티커의 영어 번역에서는 이러한 강조는 전해지지 않았지만 말이다).

그렇다면 이러한 가와바타의 일본사상과 일본어 운용을 어떻게 받아들여야 할 것인가?

앞에서 인용한 강연에서 오에 겐자부로는 가와바타 야스나리의 이러한 본질을 전체적으로 '애매(vague)'하다고 평가(오에는 영어로 강연했고 뒤에 일본어로 번역 · 발표되었다)하며 비판했다. 비판의 내용은 개인으로서의 자기책임을 흐려 일본이라는 신비한 전체 속에 틀어박힌 도피의 태도라는 것으로, 이러한 비판은 뒤에서 다룰 마루야마 마사오(丸山眞男)의 일본 비판과 대부분 중복되는 전후민주주의, 개인주의의 표준적 판단이라고 할 수 있다.

이러한 비판에 가와바타 야스나리는 어떻게 답할 수 있었을까? 순수한 문인인 그는 오에나 마루야마처럼 논리를 앞세운 이데올로기적 반론은 하지 않았을지언정, 이러한 비판이 있을 수 있을 것이라는 점을 충분히 헤아려 그에 대한 답을 문인다운 스타일로 준비해 두고 있었다. 잇큐의 이야기에서 도달한 마계의 각오이다. 오에 겐자부로나 마루야마 마사오의 판단은 이른바 "불계에 들기는 쉬워도 마계에 들기는 어렵다"에서의 불계 차원의 판단, 즉 옳고 그름 · 선악 · 윤리를 분별할 줄 아는 상식 차원의 판단이지만, 가와바타는 그러한 불계를 뛰어넘은 마계, 즉 옳고 그름 · 선악 · 윤리의 분별이 무화된 상식 밖의 차원에서 사물을 바라본다. 불계의 차원에서 보면 데카당스라고 일컬어질 수밖에 없다는 점을 충분히 알면서, 마계에서야말로 그러한 데카당스와 반대로 인간 실존의 극한으로서 미의 극한이 나타난다는 점을 가와바타는 추구해야 했던 것이다. 이미 개인 혹은 자기 따위에 얽매이지 않고 자신을 희생할 각오로 마계에 들어갈 때 자타를 분별할 수 없는, 자타 이전의 무한한 세계가 열린다. 그것이 가와바타에게 궁극의 일본이라는 것이다.

이렇게 보면 그는 단지 일본인으로서 서구에 도전하고 있을 뿐만 아니라 예술가—가와바타에게 예술가란 데카당스와 반대로 마계에 들어가는 사람이다—로서 상식 세계에 도전하고 있다는 점을 알 수 있다. 노벨상 수상식이라는 상식 세계의 장에서 수상자로서의 상식적인 역할을 하는 것처럼 교묘하게 가장하면서 실제로는 그러한 상식에서 멀리 벗어난 고독한 고백을 했던 것이다.

그렇지만 이와 같은 역설적인 사정까지 포함해서 이 강연은 앞에서 소개한 바와 같이 일본이 자문화의 독자성을 서구를 향해 처음으로 정면에서 언급한 역사적 사건이었다. 그로부터 사반세기가 지나오에 겐자부로가 같은 장소에서 가와바타 야스나리의 일본관을 비판하며 그와는 상반되는 이념을 표명하여 가와바타의 일본은 상대화되어 갔다. 그러나 그럼에도 불구하고 오늘날, 나아가 미래에도 일본은 여전히 하나의 규범으로서 계속 생명력을 유지해 갈 것이다.

제5장

전통 일본에의 반역과 새로운 일본상의 발견

앞 장에서 다룬 다니자키 준이치로와 가와바타 야스나리를 비롯하여 전통 일본문화를 옹호 · 계승하고자 하는 사조가 가장 높았던 시기는 제2차 세계대전 전, 특히 1935년을 전후하여 구미 열강과의 대결을 위해 거국일치로 준비해 가는 기운이 가속화되기 시작한 때였다. 문학계에서는 야스다 요주로[1]를 중심으로 하는 일본낭만파에서 가장 전형적으로 나타나며, 사상계에서도 니시다 기타로 · 와쓰지 데쓰로 · 구키 슈조 등이 모두 이 시기에는 각자의 논리로 황국사상이나 국체사상[2]에 동조해 갔다.

---

1) 保田与重郎, 1910~1981. 문학 평론가. 『일본낭만파』를 창간했으며 반근대주의의 입장에서 민족의 미의식을 주장했다.

2) 개인주의, 자유주의 등을 배격하고 오로지 국체의 존엄, 곧 천황에 대한 절대적 충성과 신봉을 강조하는 사상.

그렇지만 문학과 사상까지 동원한 총력전은 결과적으로 완패로 끝나고 말았다. 이때부터 일본사회는 일대 전환하여 전후 부흥에 몰두한다. 이 전환은 천황을 주권자로 하는 구헌법 체제로부터 국민의 주권을 내세운 신헌법 체제 국가 원리에의 전환을 정점으로 사회의 다양한 영역에 미쳤으며, 당연히 문학 · 사상과 깊은 관련이 있었다. 문학에서는 패전으로 인해 그때까지의 가치관이 전부 붕괴하여 혼돈과 진공 상태가 된 세태를 그려 낸 무뢰파(無頼派)와 제1차 전후파 등에서 시작되었고, 사상에서는 구헌법 체제를 부정하고 신헌법 체제에 따른 민주주의사상이 등장했다.

이러한 상황을 배경으로 일본문화론에서는 그때까지의 전통 일본문화를 철저하게 비판하고, 그것을 뛰어넘어 새로운 일본문화의 참 모습을 찾으려는 다양한 움직임이 선명해진다. 제2차 세계대전이 끝난 직후부터 부흥기 · 1960년대 고도 성장기 · 1970년대 이후의 각 시기를 통해 여러 형태로 나타나는데, 먼저 발단이 된 무뢰파 일본문화론과 그 정신을 계승하면서 새로운 일본문화의 틀을 제시한 조몬문화론을 다루고자 한다.

사카구치 안고의 『일본문화 사관』과 「타락론」

다자이 오사무[3]와 함께 무뢰파의 대표 작가라고 할 수 있는 사카구치 안고(坂口安吾. 본명은 헤이고炳五이다)는 작품과 생활을 통해 문자 그대로 '무뢰'—모든 기성 권위와 가치와 우상을 노골적으로 비판 · 부정 · 파괴하고, 그 결과로서의 혼돈에 몸을 맡긴다—를 구현하는 듯한 이례적인 문학자였다.

1906년 니가타(新潟)의 유서 있는 집안에서 태어난 사카구치 안고는 가정에서도 학교에서도 정을 붙이지 못한 채 유년기를 보낸 후 도쿄로 올라와 불교와 프랑스문학을 집중적으로 공부한 끝에 마침내 소설 창작으로 전환했다. 파르스(프랑스풍 풍자 희극)를 지향한 「바람 박사〔風博士〕」(1931)로 특이한 재능을 인정받아 작가 생활을 시작했고 장편 「눈보라 이야기〔吹雪物語〕」(1938)를 발표했다. 그러나 전쟁 전과 전쟁 중에는 시대 상황의 제약으로 인해 충분히 진가를 발휘하지 못했다.

마침내 전쟁이 끝나고 이를 경계로 그때까지 얼어붙어 있던 언론과 출판 활동이 빠르게 되살아나자, 사카구치는 마치 선도자처럼 일거에 문단과 언론계 전면에 등장했다. 1946년 평론 「타락론(墮落論)」

3) 太宰治, 1909~1948. 소설가. 전시에는 일본낭만파에 속했으며, 전후에 「사양(斜陽)」을 발표하여 청년층을 사로잡아 인기 작가가 되었으나 1948년 자살했다. 대표작으로는 「만년(晩年)」, 「인간실격」 등이 있다.

에서 도덕의식의 혁명을 설파하고 소설 「백치(白痴)」에서 구체적인 모습을 묘사해 세상에 큰 충격을 던져 다자이 오사무, 오다 사쿠노스케[4] 등과 함께 무뢰파로서 전후문학의 기수로 촉망받았다. 그리고 순식간에 당대의 유행 작가가 되어 현대소설과 더불어 「활짝 핀 벚꽃나무 아래에서(櫻の森の滿開の下)」와 같은 민화적 소설, 「노부나가(信長)」와 같은 역사소설, 「불연속 살인 사건(不連續殺人事件)」과 같은 추리소설, 「안고 신일본지리(安吾新日本地理)」와 같은 르포르타주문학 등 여러 장르에 걸쳐 집필했다. 그러나 이러한 다망한 집필의 스트레스로 인해 사카구치는 각성제와 수면제 중독에 빠져 생활이 흐트러져 갔고, 더욱이 세금 문제로 국세청과, 부정 경륜 문제로 자전거진흥회와 싸우는 등 생활은 파란의 연속이었다. 그런 가운데 원래 건강했던 그는 쇠약해져 1955년 향년 48세에 뇌출혈로 급서했다.

사카구치 안고의 모든 평론은 특유의 거리낌 없고 분방한 어조로 가차 없이 사물을 재단해 가는 스타일이 매력을 발산하여 독자들을 매료했다. 특히 그의 평론은 시대적 세태에 즉시 대처하여 —「타락론」이 대표적인 예이다—반향을 불러일으켰는데, 사실은 거기에 언급되어 있는 사카구치의 사상은 시대에 맞추어 만들어진 것이 아니라 이미 그전부터 그의 사상으로 육성되어 주장하고 있었던 것이다. 「타락론」에 직결하는 내용으로는 전시 중이던 1942년 발표된 「청춘

4) 織田作之助, 1913~1947. 소설가. 1938년 「비」를 발표하여 등단했으며 다자이 오사무, 사카구치 안고, 이시카와 준(石川淳) 등과 무뢰파로 불렸다. 오사카에서 태어나 오사카 서민의 생활을 그린 작가로 알려져 있다.

론(靑春論)」이 있으며, 이 인생론들을 문화론으로 전환한 글로는 『일본문화 사관(日本文化私觀)』이 같은 해에 발표되었다. 즉 그는 전시 중부터 일관되게 무뢰파적 사상을 주장하고 있었는데, 전후가 되어 사회가 따라오게 된 것이다.

이처럼 사카구치는 「청춘론」과 『일본문화 사관』에서 시대에 앞서 가는 예언자로서 마침내 다가올 전후 세계를 정확하게 응시하고, 그러한 관점에서 그때까지 자신의 주변을 둘러싸고 억압해 온 전통 일본을 철저하게 비평하고 부정했다. 그리고 이윽고 실제로 전쟁이 종료되자 「타락론」에서 그것을 현실과 대조하여 확인했다.

이상과 같은 전제 위에서 시간 순으로는 반대가 되지만 우선 「타락론」을 중심으로 사카구치의 '전후적' 무뢰사상의 본질을 검토하고, 이어서 그것이 응용되어 어떠한 전통문화 비판으로 전환하는지를 『일본문화 사관』 속에서 살펴보고자 한다.

「타락론」

「타락론」은 400자 원고지 20매 정도의 짧은 에세이인데, 사카구치 안고는 서두에서 다음과 같이 패전 후의 세태에 대해 논평하고 있다.

> 반년 사이에 세태는 변했다. 천황의 방패라며 떠난 우리는, 천황을 위해서라면 죽음도 돌아보지 않을 것이다. 젊은이들은 꽃으로 졌지만, 같은 젊은이들은 살아남아 암상인이 된다. 언젠가 목숨도 두려워하지 않는 천황의 방패가 되기로 자네와 약속했건만. 갸륵한 심정으로 남편

을 보낸 아내들도 반년 사이에 부군의 위패에 공손히 절하는 것도 사무적이 될 뿐일 테고, 마침내 새로운 모습을 가슴에 담는 것도 먼 날의 일이 아니다. 인간이 변한 것이 아니다. 인간은 원래 그러한 것이며, 변한 것은 세태의 겉모습뿐이다.

이것이 「타락론」에서 말하는 타락의 의미이다. 이어서 사카구치 안고는 전쟁 중에 일본인이 얼마나 이것저것 번거로운 도덕규범을 강요받아 왔는지를 지적하는데, 그러한 강제적 도덕규범이 패전과 함께 와해되어 인간성이 해방되고 본성이 나타나게 되었다. 그것을 과거의 도덕규범에 얽매인 상식으로 보면 타락이 되지만, 사실은 인간의 본연으로 돌아가는 것이다. 본래 전쟁의 유무와는 관계없이 당연한 섭리로 돌아왔을 뿐이라고 그는 말한다.

무사도든 천황제든 그때까지 일본인을 속박해 온 사회 시스템은 모두 위정자가 인민을 편리하게 통제하기 위해 고안해 낸 허구에 지나지 않는다. 인민 자신도 이와 같이 위에서 주는 대로 받는 시스템에 자신을 매몰시킨 채 그것을 긍정해 왔다. 그럼으로써 나름대로 자신의 인생에 완결된 의미, 곧 미—예를 들어 두 남편을 섬기는 일 없이 정절을 지키는 과부 같은—를 부여받는다는 환상을 품었기 때문이다. 사카구치 안고는 전쟁 중에 위대한 파괴라는 관념에 사로잡혀 있었다고 회상했다. 불문곡직하고 모든 것이 스러져 갈 운명 아래에 인간은 자신을 어떻게 할 것인지 아득바득 고뇌할 필요 없이 그저 주어진 운명에 순순히 따르면 그만이라고 생각하면, 세계는 압도적인 아름다움으로 빛나고 그 아름다움에 빠져 넋을 잃고 바라보았다는 것이다. 그러한 미는 확실히 사람을 매료시킨다. 그러나 그것은 역시 환영이다. 전쟁이 끝나고 일상생활이 회복되었을 때, 이러한 환영은 구름이 흩어지고 안개가 사라지듯 말끔히 없어져 아름다움이고

사카구치 안고

도덕이고 알 바 없이 암상인이라도 해서 살아가게 된다. 그것이 타락이라는 것이다. 사카구치 안고는 사실 타락이야말로 인간다운 본연의 모습이며, 지금은 일본인도 일본도 말 그대로 철저하게 타락해 갈 필요가 있다고 하면서 끝맺는다.

여기서 사카구치가 말하는 타락은 머잖아 일세를 풍미하는 사르트르와 카뮈(Albert Camus) 등이 주장한 실존주의의 실존과 중복되는 것이라고 할 수 있는데, 이 소론(小論)은 누구보다 빨리 전쟁 직후의 혼돈스러운 세태 · 암상인 · 전쟁 미망인 같은 주변에서 볼 수 있는 삶을 언급했고 타락이라는 도전적인 말을 끄집어내어 반어적으로 적용해 보이며 훌륭하게 시대의 요점을 파악하여 사람들을 사로잡았다. 다자이 오사무와 마찬가지로 저널리스틱한 재능을 유감없이 발휘한 그야말로 무뢰파의 진면목을 보여 주고 있다.

하지만 사카구치 자신이 거듭해서 강조하듯이, 이것은 패전 후라는 특수한 한 시기에 국한된 현상이 아니라 인간 본래의 실상("전쟁에 졌기 때문에 타락하는 것이 아니다. 인간이기 때문에 타락하는 것이며,

살고 있기 때문에 타락할 뿐이다")이며, 사카구치 본연의 근본 사상으로서 전쟁 중에 발표된 「청춘론」에서는 서커스하는 사람과 미야모토 무사시[5]를 빌려 언급하고 있다. 둘 다 오직 살아남는 것만을 목표로 체면 불고하고 분투하는 점이 청춘인데, 이 청춘이 바로 「타락론」의 타락이다.

『일본문화 사관』

이리하여 사카구치 안고의 타락은 청춘에도 연애에도 그리고 문학에도 응용되는데, 그것을 일본사회론과 일본문화론에 응용한 것이 『일본문화 사관』이다.

사카구치는 브루노 타우트[6]의 일본관을 예로 들며 이 논의를 시작한다. 타우트는 제2차 세계대전 전 독일에서 일본으로 건너와 가쓰라리큐[7]로 대표되는 일본 전통 건축의 간소함과 우아미를 절찬한 건축가로서 일본인에게 큰 영향을 미쳤는데, 그는 타우트를 대상으로

5) 宮本武蔵, 1584(?)~1645. 에도 시대의 병법가이자 서화가. 전국을 떠돌며 검술을 익혔으며 수묵화에도 뛰어났다. 교토에서의 요시오카(吉岡) 가문과의 싸움 등이 영화, 소설, 드라마 등의 소재가 되어 유명해졌다. 또한 그의 저서 『오륜서(五輪書)』는 현대에도 널리 읽히는 인생 철학서이다.

6) Bruno Taut, 1880~1938. 독일의 건축가. 평소에 일본에 관해 관심이 많던 그는 나치스를 피해 스위스로 이주한 후 일본인터내셔널건축회의 초빙을 계기로 1933년 일본에 망명했다. 일본에서는 대나무, 화지, 칠기 등 일본의 소재를 살린 모던한 공예 작품을 발표했다.

7) 桂離宮. 교토시 니시쿄구(西京區)에 있는 별궁.

삼아 자신의 가치를 선명히 했다. 타우트의 대표적 저서인 『일본문화사관』의 제목을 그대로 자신의 글의 제목으로 차용한 점에 사카구치의 타우트에 대한, 정확히 말하자면 타우트에게 인정받아 기쁨에 빠져 있는 전통 숭배자에 대한 강렬한 도발 및 도전의 자세가 뚜렷이 드러나 있다. 라프카디오 헌[8]의 경우도 그렇지만 일본인에게는 외국인 특히 서양인이 일본에 대해 긍정적인 평가를 하면, 이것을 최상의 권위로 받들어 모시며 금과옥조처럼 과시하는 버릇이 있다. 이러한 빌려 온 권위주의라고 할 만한 심성을 뿌리째 뒤집는 것을 목표로 사카구치 안고는 그 권위의 원천인 타우트를 표적으로 삼은 것이다.

타우트는 가쓰라리큐 등 일본의 전통 고전 양식을 찬미하는 한편 현대 일본의 도시문화에 대해서는 천박한 근대화의 악영향으로 속악(俗惡)하기 그지없다고 비판·부정했으나, 사카구치는 이것을 고스란히 뒤집어 가쓰라리큐 따위는 없어도 전혀 상관없고 속악한 도시문화야말로 자신이 필요로 하고 사랑하는 것이라고 잘라 말한다. 타우트가 존중하고 외경한 전통이란 사실 생각만큼 필연적인 것이 아니다. 우연히 과거에 그러했을 뿐, 그것이 유일한 참모습은 아니다. 그렇다면 다른 선택지도 생겨나 그쪽이 좋으면 전통 따위에 얽매이

8) Lafcadio Hearn, 1850~1904. 작가이자 일본 연구가·교육자. 1890년 기자로서 요코하마에 도착하여 1896년 일본에 귀화하여 고이즈미 야쿠모(小泉八雲)라는 이름으로 바꾸었다. 일본을 사랑한 사람으로 평가받고 있으나, 그의 일본관의 근저에는 서양인은 결코 일본과 일본인을 이해할 수 없다는 견해가 있었다.

지 않고 얼마든지 새로운 방향으로 전환해 가면 그만이다. 기모노가 양복으로 대체된 것이 좋은 예이다. 천년이 넘는 세월 동안 기모노를 입어 왔다고 해서 기모노만이 일본인에게 맞는 옷이라고는 할 수 없다. 양복이 소개되고 편리하면, 양복으로 족하다. 목조 건축이 철근이나 콘크리트 건축으로 대체되는 것 또한 마찬가지로 편리하고 실용적, 다시 말해 현재의 일상생활에 필요한 것이 최고이다. 그 결과 전통에서 벗어나 아무리 속악하고 꼴사납더라도 어디까지나 일본인은 일본인이다. 조금도 자기를 상실할 염려는 없다.

생활 속의 미

사카구치는 1937~1938년 1년 정도 교토에서 산 적이 있다. 그는 이때의 일을 회상하며 유서 깊은 신사와 사찰들보다 속악한 가설 연극 극장이나 서민의 금전에 대한 원망이 담긴 발원석(發願石)에서 인간의 간절한 마음이 느껴져 감동했다고 한다. 그에 비하면 이름난 료안지(龍安寺)의 석정(石庭)[9]이 한적하고 고담한 정취를 풍긴다거나 이것저것 관념을 억지로 갖다 붙여 논하는 것은 참으로 미덥지 않다. 그런 관념 따위는 불면 날아갈 것 같은 것으로, 아무리 자연의 심원

9) 료안지는 1450년 호소가와 가쓰모토(細川勝元)가 교토에 창건한 임제종의 사찰로, 무로마치 말기의 작품인 석정은 부지에 백사를 뿌리고 크고 작은 돌 15개로 만든 물이 없는 가레산스이식(枯山水式) 정원이다. 이 정원은 '호랑이 새끼가 건너는 정원'이라고도 하며, 어느 방향에서 정원을 바라보든 돌은 14개밖에 보이지 않는다.

(深遠)함을 표현하려고 한 것이라고 주장하든 현실의 산이나 바다에 필적할 만한 것은 없다. 따라서 그 점을 알고 있는 마쓰오 바쇼는 그런 정원에서 뛰어나와 자연 속으로 들어간 것이다. 절을 버린 료칸도 마찬가지이다. 그들의 입장에서 보면, 정원이든 절이든 다실이든 없는 것보다 나은 어중간한 것에 불과하다. 그래도 인간으로서 무언가 형태가 있는 것으로 표현하지 않을 수 없다면 차라리 철저히 하는 편이 좋다. 도요토미 히데요시가 좋은 예이다. 성이든 담장이든 일단 만들게 되면 어중간한 예술성이나 정신성에 구애되지 않고 물질적 호사를 있는 대로 쏟아 붓는 그의 자세에서 있는 그대로의 인간성이 여실히 드러나며, 그 점에서 어떤 가설 연극 극장이나 발원석과도 같다. 그것은 속악하기는 하지만 그 속악함 속에 인간이 생생하게 숨쉬고 있는 것이며, "없는 것보다 나은" 것이 아니라 없어서는 안 되는 것이자 정당한 것이다.

사카구치 안고는 이 글을 맺으면서 자신의 인상에 남는 세 가지 건조물에 대해 말한다. 하나는 교토에서 돌아온 직후 도리데(取手)에서 살고 있을 당시 도쿄를 오가는 차 안에서 본 고스게(小菅) 형무소 건물이고, 다른 하나는 학생 시절 자주 지키지(築地)에서 쓰쿠다시마(佃島)로 건너갈 때 보았던 드라이아이스 공장이며, 마지막 하나는 여행지에서 발견한 항만에 떠 있던 군함이다. 이것들에게 공통하는 것은 모두가 실용성 이외에 미적인 고려라고는 손톱만큼도 없다는 점이다. 그는 바로 이 점에서 미를 느꼈다고 한다. 그것은 그가 지향하는 문장에도 운동선수의 동작에도 혹은 전투기의 비상에도 같은 말을 할 수 있으며, 사카구치 안고는 미를 위한 미처럼 공허한 것이 아니라 무언가 실제 필요에 의해 필연적으로 생겨난 실질적인 미를 중시했다. 이러한 미의 기준에 따르면, 호류지[10]나 뵤도인[11] 따위는 없어도 상관없다. 불타면 불타는 것으로 그만이고, 정거장을 만드는 데 필요하다면 허물어 버리면 그만이다. 하지만 일상생활이 어엿하게 흘러가는 한 문화도 전통도 뒤따라간다. 그곳에서 저절로 참된 미가 생겨난다. 이것이 사카구치 미학의 결론이다.

『일본문화 사관』이 설명하는 바를 요약하면, 인간이 현재 힘껏 살고 있는 것에만 의미가 있으며, 미는 살아가는 데에 필요한 최소한의 수단과 궁리 속에만 존재하고 미와 전통이나 양식 등은 무의미하며, 미도 아니고 불필요한 것이라고 한다.

이러한 사상이 「타락론」에 직결된다는 점은 이미 지적했다. 이런 전통부정론이든 그 근저를 이루는 타락사상이든 언뜻 데카당스한 것으로 보이지만, 사실은 본질적으로 반(反)데카당스한 것이었다. 데카당(데카당스)이란 원래 세기말 문화에서 볼 수 있는 바와 같이 문화가 난숙한 나머지 퇴폐하여 병적이 되고 이상성(異常性)을 극단화해 가는 병적 징후이다. 사카구치 안고의 주장은 타우트가 찬미한 전통문화의 참모습이야말로 데카당이며 그것을 배제하고 인간이 본래의 생명력에 따라 살아가는 원점으로 되돌아감으로써 건강을 회복하라는

---

10) 法隆寺. 나라현에 있는 사찰. 서원(西院)에 있는 금당과 오중탑은 현존하는 세계 최고(最古)의 목조 건축물로 유명하다.

11) 平等院. 11세기에 지어진 교토부 우지(宇治)에 있는 사찰.

것이다. 사카구치는 '건강'이라는 말을 자주 사용한다. 예를 들어 앞서의 『일본문화 사관』의 맺음말에는 다음과 같은 구절이 있다.

> 보아라, 하늘에는 비행기가 날고, 바다에는 강철선이 달리고, 전차가 굉음을 울리며 고가를 달려간다. 우리의 생활이 건강한 한 서양풍의 값싼 건물을 모방하여 득의양양해도 우리의 문화는 건강하다. 우리의 전통도 건강하다.

'무뢰'란

이와 같이 사카구치의 사상 자체는 의외로 단순하고 소박한 것이었으나, 효과는 폭발적이었다. 사카구치의 『일본문화 사관』은 직접 표적으로 삼았던 타우트뿐만 아니라 지금까지 앞에서 다루어 온 다양한 논의를 포함해서 일본문화론다운 논의 일체를 떨쳐 버렸다고 할 수 있다. '일본문화 전통 가운데 무엇을 취하고 무엇을 버릴 것인가? 무엇이 일본적이고 무엇이 그렇지 않은가?' 하는 논의 일체, 일본적이라는 발상 자체를 무의미한 무용지물로 거부한다.

이러한 폭발적 발상은 도대체 어디에서 나오는 것일까?

사카구치 안고 개인의 이력에서 보면 청년 시절 불교 등 종교, 철학에 열렬히 빠졌던 일이 현세적인 문화를 결국은 상대적인 것이라고 보는 관점을 시사해 주었다는 점에서 하나의 밑바탕이 되었는지도 모른다. 또한 프랑스문학을 배워 세상의 질서와 가치 체계를 뒤집어 힌껏 비웃는 파르스를 알게 되어 크게 감동받았던 사실 또한 작용했을 것이다.

더욱이 일본 역사상에서 보면 사카구치가 체현한 '무뢰'는, 왕조 귀족사회가 쇠퇴하고 그후 중세 무사사회가 혼란해져 전국 시대로 이행해 가는 전환기에 나타나 체제 질서의 범주를 벗어나 법과 규칙을 무시하고 아무것에도 의존하지 않으며 혼자 힘으로 길을 개척해 가는 노부시[12]와 같은 삶의 방식에서 유래한 것이다. 사카구치는 그러한 무뢰 정신의 계보를 규범에 얽매이지 않고 오직 적에게 이기기 위한 실천적 연구에 힘쓰며 살아간 미야모토 무사시에게서 발견하고 있으며, 그것을 현대에 재생시키는 것을 목표로 했다고 할 수 있다.

그것은 이른바 일종의 충격 요법이다. 문화는 다양한 질서나 약속에 의해 성립하는데, 그러한 질서나 약속이 발달해 감에 따라 마침내 형해화하고 경직화해 간다. 사카구치 안고는 전통을 이러한 병적인 사태로 간주하여 그것을 뒤흔들어 활성화시켜 건강한 상태로 되돌리기 위해 문화 이전의 혼돈스러운 생의 에너지, 야생 혹은 야만의 다이너미즘을 터뜨리려고 했다. 이 폭탄은 시의적절하게 작렬하여 최대한의 효과를 발휘했다. 전쟁 전부터 전쟁 중에 걸쳐 급속히 경직화하여 한계에 달해 있던 전통주의를 패전이라는 타이밍을 얻어 일거에 부수어 일본을 전통의 압박으로부터 해방시키는 기폭제로서 충분히, 아니 그 이상의 역할을 했다.

12) 野武士. 가마쿠라 · 무로마치 시대에 산야에 숨어 살면서 패잔병들의 무기를 빼앗아 무장한 무사 · 토민의 집단이나 또는 산적의 무리.

이 기폭제에 힘입어 전후 일본문화론의 밑바탕이 형성되었다. 전후 일본론의 전개를 보면, 오에 겐자부로의 노벨상 수상 기념 강연에서 보는 바와 같이 일본적이라는 틀을 걷어치우고 일본과 외국의 구별 없이 인간을 생각하는 보편주의적 발상, 종래에는 역사 이전 그리고 문화 이전으로 간주되어 온 조몬문화의 발견, 체제 질서에서 벗어난 주변부문화의 재평가 등 현저한 몇 가지 경향이 엿보이는데, 사카구치 안고의 『일본문화 사관』이 그러한 발상이 생겨나는 토양의 정지 작업을 했다고 할 수 있다.

사카구치 안고는 전후문학의 총아처럼 눈부신 활동을 전개하다 갑자기 세상을 뜬 후 오래도록 이러한 고정된 이미지에 빠져 전후라는 한 시기의 이례적인 작가로 간주되어 왔으나, 그가 내포하고 있던 사상의 보편적 가능성을 재검토 · 재평가하고자 하는 움직임이 근년에 다시금 강하게 일고 있다. 그러한 움직임 속에 소설 작품과 더불어 「타락론」, 『일본문화 사관』 같은 평론이 일본문화론에 던진 비평성의 의미는 더욱더 탐구되어 갈 것이다.

오카모토 다로의 『조몬 토기―민족의 생명력』

오카모토 다로(岡本太郎)는 피카소처럼 파괴적 에너지가 넘치는 작풍과 언론에 의해 전후 일본미술계에 풍운을 일으킨 이단아이며, 오사카만국박람회의 '태양의 탑', "예술은 폭발이다"라는 만년의 캐치프레이즈 등으로 광대 같은 친숙한 존재로 일반 세상에까지 널리 알려져 있었다. 공동체 질서를 어지럽혀 문화의 활성화를 가져오는 트릭스타라고 할 수 있다.

1911년 도쿄에서 만화가 오카모토 잇페이[13]와 소설가 오카모토 가노코[14] 슬하에 태어난 오카모토는 화가에 뜻을 두고 도쿄미술학교에 진학했으며, 그후 부모의 유럽 여행에 동행하여 1930년 유럽으로 건너갔다가 파리에 남아 미술 공부를 계속했다. 당시 최첨단 유파였던 쉬르레알리슴(초현실주의)운동에 참여하여 적극적으로 활동하는 한편 철학, 사회학, 민족학에 관심을 갖고 공부했다. 1940년 귀국하여 1942년부터는 병역에 복무하며 전시를 보냈다. 제2차 세계대전 종전 후 창작 활동을 재개하여 야회(夜の會) 등 당시의 전위예술가 그룹과

---

13) 岡本一平, 1886~1948. 만화가. 도쿄아사히신문사에 입사하여 만화를 담당하고 예리한 묘사와 경구로 정치와 사회를 풍자했으며, 현대 만화의 창시자로 불린다.

14) 岡本かの子, 1889~1939. 소설가. 오카모토 잇페이의 부인으로 탐미적 작풍을 지닌 작품을 남겼다.

교류하며 전후의 새로운 예술 운동의 제일선에서 활동했다.

한편 이와 병행해서 오카모토는 독자적 미의식, 가치관에 기초하여 과거의 일본문화, 일본미술을 재인식하고자 했다. 그리하여 각지를 탐방하면서 종래의 상식적 문화관과 미술관에서는 이단시되거나 무시되어 묻혀 있던 오키나와, 아이누, 조몬 등의 문화에 주목하고 재평가했다. 이러한 활동은 프랑스에서 참여했던 쉬르레알리슴운동이나 그 밖의 현대예술운동에서 종래의 서구적 미의식과 세계관을 극복하기 위해 아프리카 원주민의 미술, 주술, 제사 의례, 신화 등을 연구하고 수용한 미셸 레리스,[15] 피카소(Pablo Picasso) 등의 발상을 응용한 것이라고 할 수 있다. 이러한 활동의 결과 제시된 조몬 · 아이누문화관은 미술계에 그치지 않고 일반인에게 큰 반향을 불러일으켜 전후 일본문화론 전개에 강한 자극을 주었다.

오카모토 다로는 파괴적 에너지와 트릭스타성이라는 점에서 사카구치 안고와 비슷한 자질의 소유자였으며, 일본문화관 역시 과거의 상식적 문화관, 미의식의 부정 · 역전이라는 점에서 사카구치 안고의 『일본문화 사관』과 공통되는 면이 있다. 하지만 오카모토의 경우에는 그 위에 쉬르레알리슴과 인류학 등 폭넓은 지식에 기초하여 새로운 문화 영역의 발견을 가져왔다는 것이 눈부신 점이다.

오카모토의 활동은 앉기를 거부하는 의자를 제작하는 등 언제나

---

15) Michel Leiris, 1901~1990. 프랑스의 작가이자 민족학자. 1920년대 쉬르레알리슴운동에 참여했고 그후 민족지 연구에 몰두했다.

도발적이었고, 텔레비전에서 일부러 과장되고 우스꽝스럽게 행동하는 등 적극적으로 세속으로 나아가려는 자세가 두드러졌다. 그것들 또한 자신의 트릭스타적 역할을 충분히 의식하여 연출한 것으로서, 그 자체가 살아 있는 예술이었다고 할 수 있다. 사카구치가 전후의 전통 파괴적 운동의 선도자였다면, 오카모토는 그 전개 가능성을 전후 시기 내내 최대한으로 추구하다 1996년 84세로 세상을 떠났다.

조몬의 발견

『조몬 토기—민족의 생명력(繩文土器—民族の生命力)』은 1952년 미술 잡지 『미즈에(みずゑ)』에 게재되었고, 뒤에 전통론 · 광림론(光琳論) · 작정론(作庭論) 등과 함께 단행본 『일본의 전통(日本の傳統)』(1956)에 수록되었다. 오카모토의 일본문화 재평가는 오키나와 · 아이누 · 이즈모(出雲) · 도호쿠 등 야마토 중앙 문화권의 변경 혹은 영역 밖에 위치하는 이단문화—야나기타 구니오, 오리쿠치 시노부 등의 민속학이 연구대상으로 삼은 범위와 정확하게 겹친다—를 축으로 널리 전개되었는데, 그중에서 오카모토가 가장 힘을 기울인 것이 조몬문화[16]이다. 종래의 상식적인 일본문화사 구분에서는 기껏해야 야요이문화[17]부터가 문화다운 문화이고, 그 이전의 조몬 시기는 문화

16) 조몬 토기를 표식으로 하는 시대로, 대략 기원전 1만 년 전후에서 기원전 4세기까지이다. 세계사적으로는 신석기 시대에 해당한다.

17) 조몬 시대 이후, 고분(古墳) 시대 이전으로 대략 기원전 5세기에서 3세기경까지이다.

이전의 고고학적 연구의 대상으로 취급되어 야나기타와 오리쿠치도 정면에서 다룬 적이 없었다. 그런데 오카모토 다로는 굳이 이 문화 이전의 영역에 그후의 문화에서 서서히 잃어 간 원초적이고 본래적인 문화의 가능성을 발견해 내려고 한 것이다.

그러한 의도 하에 조몬문화론은 조몬문화가 야요이 이후의 문화와는 결정적으로 이질적이라는 점, 야요이 이후의 상식적 문화 개념과 미의식에서는 이해될 수 없다는 점을 강조하는 것에서 시작한다.

그는 조몬 토기를 보았을 때의 인상을 다음과 같이 말했다.

> 실제로 불가사의하게 아름다운 외관이다. 몹시 거친 불협화음이 신음소리를 내는 듯한 형태, 문양. 그 어마어마함에 압도된다.
>
> 심하게 덮이고, 겹치고, 밀어 올라가고, 내려가고, 선회하는 융선문(隆線紋. 점토를 끈처럼 만들어 토기 바깥쪽에 붙여 문양을 그린 것). 이것도일까, 이것도일까, 하고 집요하게 다가서는 긴장감. 게다가 순수하게 투명한 신경의 날카로움.
>
> 특히 난숙한 이 문화 중기의 어마어마하게 아름다운 외관에는 숨이 멎는 것 같다. 평소 예술의 본질은 초자연적 격렬함이라며 밉살스럽게 주장해 온 나조차 무의식 중에 외치고 싶어질 정도이다.

이러한 조몬 토기의 특징은 야요이 이후 일본문화의 정적이고 섬세한 미관과는 완전히 대조적이다. 오카모토 다로는 그 배경에 생활 조건의 기본적 차이가 있었을 것이라고 하며, 야요이 이후에는 벼농

오카모토 다로

사를 중심으로 한 생활이었으나 조몬 시대에는 수렵 생활을 했고 그것이 조몬인의 심성에 커다란 영향을 미쳤다고 주장한다. 벼농사가 거의 예정된 리듬에 따라 부지런히 영위되는 안정된 작업인 것과는 대조적으로, 수렵은 예측할 수 없는 상황들에 직면하여 극복해 가야 하는 불안정하기 짝이 없는 작업이다. 그에 따라 조몬인의 심성은 격렬하게 동요하고 불안과 황홀이 복잡하게 뒤섞인다. 그것이 토기의 외관에 반영되어 그토록 격렬하게 이리저리 돌아다니는 융선문이 되는 것이다. 토기의 형태 전체에서 볼 수 있는 불규칙성, 불균형성 역시 마찬가지이다. 야요이 이후의 정적인 미학에서 보면 그로테스크하고 부조화스럽다고밖에 달리 말할 수 없으나, 거기에 어떤 말도 필요 없는 강인함과 독자적 아름다움이 나타난다.

오카모토는 조몬 토기의 조형에는 헨리 무어(Henry Moore), 알베르토 자코메티(Alberto Giacometti), 알렉산더 콜더(Alexander Calder) 같은 현대 조각가에 필적하는 공간성의 표현이 보인다는 사실에 더욱 주목해야 한다고 설명한다. 종래의 조각에서는 작품 외부에 펼쳐지는 단순한 배경적 장소에 불과하던 공간을 적극적으로 작품 속에 수용한 현대 조각과 똑같은 공간 처리, 공간 의식이 역력히 느껴진다는 주장이다. 그리고 그 이유로 수렵이라는 것이 예민한 공간 감각을 요구했다는 점을 든다. 이러한 공간 감각은 마침내 농경사회가 되자

지면이라는 평면에 속박됨으로써 쇠퇴하여 잊혀지고 말았으나, 그것이 현대에 다시 되살아났다. 고층 건물이 늘어서고 비행기나 로켓이 하늘을 날게 되어 현대인의 생활에 공간성이 깊숙이 들어왔기 때문이다. 오카모토 다로는 그 반영이 현대 조각의 입체 공간성이며, 그것에 맞추어 과거 조몬 시대의 입체 공간성이 현대인의 감각에 호소하게 된 것이라고 하면서 현대에서의 조몬문화 복권의 필연성을 주장했다.

주술적 심성

이어서 그는 수렵 생활이 조몬인의 심성에 미친 보다 깊은 작용으로 주술성을 든다. 수렵이라는 우연성이 지배하고, 또 살아 움직이는 동물을 상대로 하는 생업에서는 주술에 의존하는 심성이 필연적으로 발달한다. 우연을 좌우하는 신적 존재나 동물의 영혼에 작동해야 하기 때문이다.

이러한 주술적 심성을 근대인은 대체로 무의미한 미신으로 멸시해왔지만, 조몬인의 심성 내부에 파고들어 보면 거기에는 근대적 사고와는 별개의 사고가 작용하고 있음을 이해하게 될 것이라고 하면서 오카모토 다로는 프랑스의 사회학자이자 인류학자인 레비브륄(Lucien Lévy-Bruhl)의 loi de participation(분유分有의 법칙 혹은 융즉融卽의 법칙)이라고 불리는 학설을 소개한다. 사람이나 동물이나 돌이나 나무가 그 자체임과 동시에 다른 것이기도 하다는 이 사고에 의하면 동물을 쏘아 죽이기 위해서는 그 동물과 동일한 돌이나 토우(土

偶)에 주술을 걸면 된다는 것이다.

그리고 조몬인의 수렵에서 인간과 수확물인 동물의 관계는 근대인이 생각하는 인간과 동물의 관계와 전혀 다르다는 점을 강조한다. 근대인에게 동물은 인간이 일방적으로 지배하고 처리할 수 있는 존재이지만, 조몬인이 수렵을 하는 경우에는 수확물인 동물은 인간과 대등하여 서로 싸우는 존재이며 쓰러트려야만 하는 적임과 동시에 자신들을 쓰러트릴지도 모르는 두려운 존재, 그리고 생명의 양식을 제공해 주는 은혜로운 존재로서 신성시되는 것이다. 아이누의 곰 축제에 그러한 심성은 뚜렷하게 나타나고 있다. 거기서는 곰을 신으로 간주하여 그것을 외경하기 때문에 죽여서 그 고기를 먹음으로써 곰의 영혼을 위로한다는 복잡한 심성이 종교 의례로 승화되어 표현되고 있다. 근대인이 이해하기 어려운 이러한 심성이야말로 사실은 인간과 세계의 원초적 · 본래적 관계의 실상을 보여 주며, 그것은 조몬 토기의 격렬한 외관과도 통한다. 그리고 사실 현대인과 아무 관계가 없을 수 없다. 조몬인의 주술적 심성이 그대로 통용하는 것은 아니지만 수소폭탄이나 경제공황 등 예기치 못한 불안한 상황에 처해 있는 현대인에게 조몬 토기에 나타나 있는 격렬한 갈등의 드라마는 절실하게 호소력을 지닐것이다.

근대사회에서 예술은 점차 현실로부터 분리되어 '예술을 위한 예술'같이 좁고 폐쇄된 세계로 내몰려 왔는데, 조몬 토기는 삶 자체가 예술이 된 예술 본연의 모습을 보여 준다. 오카모토 다로는, 현대인은 바로 그곳으로 되돌아가야 한다면서 끝맺는다.

오카모토 다로의 위치

미술가로서의 오카모토의 활동은 문학에서의 사카구치 안고의 활동에 해당하는 것으로 미술계에서의 무뢰파라고 할 수 있는데, 전통 일본문화에 대한 평가도 거의 궤를 같이하고 있다. 인습과 형해화한 전통적 미의식 및 가치관을 전부 부정하고 세속적인 일상생활의 희로애락을 있는 그대로 직접적으로 표현할 것과 항상 바로 지금의 상황에서 출발하여 거기로 되돌아가야 한다는 점을 강조한다. 여기에는 패전으로 그때까지의 가치 기준들이 전복 · 붕괴되고 어지러워진 시대 상황이 배경에 있음을 역력히 볼 수 있다. 사상사적으로 보면, 이 시기에 프랑스에서 유입되어 빠르게 퍼진 사르트르로 대표되는 실존주의사상이 짙게 반영되어 있다. 오카모토가 조몬수렵문화의 본질로 강조하는 현실의 불안정성, 예측 불가능성이란 실존주의에서 보면 카뮈의 유명한 부조리성 바로 그것이다. 이성으로는 이해하기 어려운 부조리한 현실에 직면하여 거기에 자신을 걸 수밖에 없고 행동할 수밖에 없는 인간 실존의 운명을 조몬수렵문화는 생생이 체현하고 있는 것이다. 실존주의 역시 전후의 혼돈 · 불안 · 불확정적인 현실에서 태어나 침투해 간 사상운동인데, 오카모토는 그러한 시대의식을 동시대인으로서 공유하면서 그 원형을 조몬문화에서 찾은 것이다. 조몬 시기와 현대의 세계 상황, 조몬인과 현대인의 심성에 공통하는 부분이 있다는 점을 강조하는 것은 그 때문이다.

더욱이 오카모토 다로의 조몬문화 평가를 직접적으로 뒷받침해 준 것은 제2차 세계대전 전 프랑스에서 참여했던 쉬르레알리슴운동 내지 전위미술운동 및 그것과 연동하는 인류학적 관심이었다. 조몬 토기의 그로테스크하기까지 한 괴이한 외관에 매료되어 '초자연적'이라고 부르며 칭찬하고 있다. 그것은 피카소 등이 아프리카 원주민이 가면에 조각한 기이한 얼굴에서 그때까지의 서구미술의 틀을 파괴하고 뛰어넘는 양태를 발견한 것과 마찬가지이다. 또한 이러한 괴이한 표현을 만들어 낸 심성을 찾고자 레리스 등이 아프리카 원주민의 주술문화를 연구한 것과 똑같은 관심에서 그는 조몬 토기를 만들어 낸 조몬인의 심성에 가까이 가려는 것이다.

이와 같이 오카모토의 조몬문화 평가는 서구에서 그때까지의 서구적 문화의 틀을 뛰어넘기 위해 태어난 실존주의 혹은 쉬르레알리슴 운동과 병행하는 시도였는데, 이렇게 제시된 조몬문화의 비전은 전후 일본문화론의 전개에 크고 새로운 영역을 열게 된다.

앞에서 언급한 바와 같이 오카모토 다로가 관심을 기울인 오키나와, 아이누, 도호쿠, 조몬 등의 문화에 대해서는 야나기타 구니오와 오리쿠치 시노부 같은 민속학자에 의해 본격적인 조사 · 연구가 시작되었다. 이 경우의 조사 · 연구는 기본적으로 후대 일본문화 형성의 원점을 찾는 형태, 예컨대 신을 제사지내는 의식이나 예능의 기원을 찾는 등의 틀로 이루어졌다. 그리고 오카모토의 경우에는 야요이 이후의 문화와는 확실히 분리되어 이질적이며 독자적으로 자립한 문화로서 조몬을 다루었다. 그럼으로써 기본적으로 야요이 이후로 한정되어 왔던 일본문화 종래의 틀을 한 단계 확장시킨 새로운 일본문화의 틀이 제시되었다.

물론 이 단계에서의 오카모토의 스케치는 아직 매우 초보적이고 막연한 것에 지나지 않았으나, 그럼에도 불구하고 이 스케치는 그후의 조몬문화론 전개의 대략적인 방향을 예언적으로 보여 주는 것이었다.

전후에 다방면에서 조몬문화 발굴 작업이 진행된 결과, 과거에는 문화 이전의 공백으로 간주되어 왔던 이 세계가 사실은 매우 심오하고 내용이 풍부하여 현재에 이르기까지 일본문화의 토대가 되고 있다는 점, 일본 변경에서 동북아시아 · 시베리아 · 북아메리카에까지 펼쳐지는 폭넓은 문화권을 형성하고 있었다는 점, 야요이 이후 농경공동체에서 천황제 국가로 진행해 간 사회 형태와는 다른 부족사회를 영위하며 이질적인 문화와 심성을 발달시켜 간 점 등이 알려지게 되었다. 그리고 이 문화의 의미를 중시함으로써 오로지 야요이 이후로 한정되어 있었던 종래의 일본문화 개념을 확대 · 반전시키려는 경향이 나타났다. 대략 1970년대 이후 야나기타와 오리쿠치의 재평가와 더불어 이러한 경향이 현저해졌다. 지금껏 때때로 지적한 바와 같이 그 배경으로는 이 시기부터 정체된 근대문명을 뛰어넘기 위해 근대 이전의 문화를 재평가하는 움직임이 본격화하여 조몬문화가 그 방향의 최종 목표로서 부상한 것을 들 수 있다.

특히 야나기타 민속학과 오리쿠치 민속학이 기본적으로 일본이라는 틀 내부에서 전개되는 데 비해, 조몬문화 평가의 경우에는 일본에서 밖으로의 전개가 관점에 포함된다는 것이 중요하다. 조몬을 일본문화의 기저에 놓음으로써 일본을 특수하고 폐쇄적인 존재로서가 아니라 주변부에서 고대 세계 전체로 확장된 보편적 문명으로 보는 시야가 생긴다. 학문방법론적으로는 레비스트로스(Claude Lévi-Strauss)로 대표되는 문화인류학의 시점이 이러한 조몬문화 평가를 뒷받침한다. 레비스트로스는 1962년에 발표한 야생의 사고(La pensée sauvage)에서 그때까지 전후 사상계를 지배하고 있던 사르트르의 철학을 인간중심주의 · 서구중심주의에 치우친 근대적 사상의 최종 형태라고 비판하고, 그에 비해 토테미즘을 축으로 하는 이른바 미개 민족의 발상을 인간과 자연의 관계를 공생적인 것으로 보는 '야생의 사고'라고 하여 옹호하는 입장을 내세웠다. 그럼으로써 그때까지의 근대적 세계관에서 탈근대적(포스트모던) 세계관으로의 전환이라는 현대사상의 큰 조류가 시작되었다고 할 수 있는데, 그 열쇠가 되는 야생의 사고란 그야말로 조몬적 심성에 대응하는 바로 그것이다. 자연을 일방적으로 인간의 형편에 맞추어 조작하고 개조하며, 인위적 시스템 속에 짜 넣어 이용하는 과학 기술 같은 발상(목축문화 · 농경문화 이후 시작된 이러한 발상을 레비스트로스는 '재배화된 사고'라고 부른다. 일본에서는 야요이 이후의 문화에 해당한다)에 대해 자연과 인간 모두를 포함하는 전체적인 섭리 안에 놓고, 서로 대등하게 외경하며 주고받게 하는 발상이다. 종래의 인간중심주의적 세계관에서는 문명 이전의 '미개', '야만', '미신' 등으로 멸시받던 이러한 발상에서 인간중심주의의 정체(예를 들어 과학 기술 개발이 가져온 핵무기, 환경 파괴 등)를 극복하고 문명을 재생시킬 가능성을 발견할 수 있다고 하여 재평가 · 복권되기 시작했다. 그리하여 마침내 1970년대부터의 에콜로지

운동 등이 전개되는데, 일본에서도 이러한 세계적 사조와 더불어 우메하라 다케시[18] 등에 의한 조몬문화 재평가가 본격적으로 진행된다.

오카모토의 조몬문화론은 그러한 움직임에 앞서 혼자 힘으로 길을 열어 갔다고 할 수 있다. 미술가로서의 직감에서 출발하여 전쟁 전 프랑스에서 참여한 쉬르레알리슴 등 전위미술운동과 그와 함께 변화한 인류학을 수작업으로 조합하여 완성한 이 문화론은, 사카구치 안고가 마련한 전후의 토대 위에 처음으로 구축된 전후 일본문화론이었다. 이 문화론은 대략적이기는 했지만, 제2차 세계대전 전까지의 일본문화론의 틀을 뛰어넘은 관점을 제시하여 그후의 일본문화론 전개에 선명한 방향성을 제시했다. 미술가로서와 마찬가지로 문화사가로서도 오카모토 다로는 걸출한 트릭스타로서의 족적을 남겼다

18) 梅原猛, 1925~. 철학자. 일본 불교를 중심에 두고 일본인의 정신성을 연구하며 서양철학, 서양문명에 대해서는 부정적인 자세를 취한다.

제6장
서구 근대사회 모델 대 전통 일본 심성

전후 일본문화론의 큰 특색은 사회학, 심리학, 생리학 등 제2차 세계대전 전까지는 보이지 않던 방법론이 다양하게 구사된 점이다. 이것은 그때까지의 논의가 주로 미학 · 문학 · 철학 등 인문학 영역에서 이루어져 걸핏하면 주관적 감각이나 정서성에 의존한 자기완결적 경향을 띠는 부분이 있었다고 비판했고, 일본문화의 양태를 보다 넓은 시야에서 객관적으로 재검토하여 방향성을 제시하려는 기운에 의한 것이라고 할 수 있으며, 거기서 여러 가지 성과가 나왔다. 이 장에서는 그 가운데 전후 민주주의의 입장에서 전쟁 전까지의 일본사회 시스템의 양태를 밝히고 비판하면서 새삼 서구 근대 시민사회형 시스템의 구축을 제안한 진보파 일본문화론과 서구와는 이질적인 일본사회 고유의 시스템의 양태를 재검토 · 재평가하고자 했던 일본문화론 중 대표적인 것을 소개하며 대비하고자 한다.

마루야마 마사오의 『일본의 사상』

마루야마 마사오(丸山真男)는 전후 일본의 이른바 진보적 문화인으로 불리는 지식인의 대표적 존재였다. 메이지 시대부터 제2차 세계대전 전과 전쟁 중까지의 일본이 표면상 근대화를 서두르면서도 실제로는 여전히 전근대적 · 봉건적 체질이 있었으며, 이 괴리로 인해 태평양전쟁의 개전과 패배 그리고 대일본제국의 붕괴에 이르렀다는 자각 · 반성 하에 주권자로서 국민이 주체가 되어 참된 근대사회의 전후 일본을 구축해 가고자 하는 민주주의 이념을 주장하며 계몽 활동을 벌인 지식인 집단을 이끈 인물로 주목받고 영향력을 발휘했다.

마루야마는 1914년 오사카에서 태어나 도쿄제국대학에서 정치학, 특히 일본의 정치사상사를 전공했다. 졸업 후에도 대학에 남아 연구와 교육을 하며 일관되게 학문적 연구자로서 생활했는데, 그의 연구는 단지 학자로서 객관적으로 분석하는 데에서 그치지 않고 분석을 통해 밝혀진 사회 사상(事象)을 자신의 가치관에 따라 의미를 부여하려고 한 데에 특색이 있다. 그의 연구는 자연스럽게 현실의 일본사회에 대한 비평이 되었다. 초기의 대표 논문 「초국가주의의 논리와 심리(超國家主義の論理と心理)」(1946)에서 거국일치 전쟁 체제에 이른 군부와 정부의 발상 및 행동 원리를 해명하고, 그 비논리성과 무책임함을 지적하며 비판한 것은 전형적인 예이다.

전후에 언론 통제가 해제되어 사회적 발언이 자유로워지고 앞에서 지적한 바와 같은 진보파적 사조가 활발해짐에 따라, 마루야마 마사오의 발언의 사회 비평성과 영향력은 빠르게 확대되었다. 그는 단지 일본사회에 잔존하는 구체제적 요소를 지적하고 비판하는 것에서 나아가 새로운 민주주의사회 건설에 대한 지침을 제시하며 실천을 촉구하는 예언자적 역할을 했다.

1961년 간행된 『일본의 사상(日本の思想)』은 전후 마루야마의 언론 활동을 대표하는 저서라고 할 수 있다. 『일본 정치사상사 연구(日本政治思想史硏究)』, 『현대 정치의 사상과 행동(現代政治の思想と行動)』 같은 본격적 학문 업적에 비하면 질과 양 모두 가벼운 일반 계몽서이지만, 바로 그 때문에 일부 전문 연구자뿐 아니라 광범위한 일반 독자에게도 그의 일본관의 요점이 명쾌히 전달되어 큰 영향을 미쳤다. 미일안전보장조약 개정 문제 등이 일어났던 1960년을 전후한 때는 진보파 사조가 최고조에 달한 시기로서, 『일본의 사상』은 그에 대한 가장 훌륭한 안내서로 읽혀지고 논의되었다. 그리고 그 저서에서 마루야마 마사오가 설명하고 있는 일본인의 사상 및 행동 체질의 특성은 그후 일본론의 기본 전제로 널리 퍼졌다.

마침내 1960년대 말에서 1970년대에 걸쳐 대학 분쟁, 좌익 진영의 분열 · 해체, 자본주의 세계 대 공산주의 세계 간 동서 대결 구조의 변용 등의 사태를 맞이하여 그의 영향력은 서서히 상대화되어 갔으나 여전히 진보파의 상징적 인물로서 존재했다.

마루야마 마사오는 만년에 건강상의 사정으로 저널리즘과 논단의 제일선에서 물러났고 1996년 82세로 세상을 떠났다.

분석과 실천

『일본의 사상』은 이미 발표한 두 편의 논문과 두 편의 강연 기록을 모아서 구성한 것이다. 그 가운데 「I. 일본의 사상」은 일본사상사의 비연속성, 전쟁 전 천황제의 몰(沒)주체적 특질, 이론 신앙과 실감 신앙 등 세 가지 주제를 묶어 일본사상의 체질을 논하고 있으며 이 책의 중심축을 이루고 있다. 「II. 근대 일본의 사상과 문학」은 앞의 이론 신앙과 실감 신앙이라는 문제를 전쟁 전 일본사상과 문학, 특히 다이쇼 말 마르크스주의 수용 이후 문학계에 있었던 사상과 문학 내지 정치와 문학의 논쟁을 예로 들어 설명하고 있다. 후반의 두 강연 기록 「III. 사상의 실상에 대해」와 「IV. '이다'와 '하다'」는 각각 내용상으로는, I장에서 총괄적으로 논한 일본인의 사상 · 행동 유형 가운데 특히 현대 일본사회에 현저한 것을 들어 문제점을 지적하고 극복하기 위한 지침을 제시하고 있다. 전반의 두 논문에서 마루야마는 학자로서의 분석적 접근법을 구사하여 지금까지의 일본사상의 실상을 비평적으로 부각시키고 있는 데 반해, 후반의 두 강연에서는 이러한 분석을 바탕으로 경세가(警世家)로서 현 상황으로부터 장래에 대한 실천과 행동을 촉진하고 있다.

사상의 자기폐쇄성과 잡거성

「I. 일본의 사상」은 '머리말'에서 유럽의 전체적 사상사에 해당하는 것이 일본에는 왜 부족한가 하는 문제를 제기하는 것으로 시작된다. 유학사라든가 불교사 같은 별개의 사상사는 있어도 그것들을 묶

마루야마 마사오

어 전체를 조망하는 사상사가 없다는 뜻이다. 마루야마 마사오는 그 원인을 개개의 사상이 각각 자기완결 내지 자기폐쇄적 경향을 지키고 있어서 어수선하게 동거하고 있는 것에 불과하여, 서로 관련을 맺으며 전체를 형성하지 않은 데에서 기인한다고 지적한다. 유럽의 경우처럼 사상끼리 서로 대결하고 교류하는 축적 속에서 사상사의 전통이 형성되고, 그 전통에 비추어 개별 사상의 역사적 위치가 확인되는 일 따위는 없다.

그 결과 여러 사상의 단편들이 논리적 · 역사적 관련과는 상관없이 형편에 따라 제멋대로 수용되고 버려지는 사태가 벌어졌다. 눈에 띄는 그런 경우가 메이지 개국 이후의 사상 상황에서 유교 · 불교 · 신도 등 구래의 사상에 잇달아 서구에서 수입되어 온 새로운 사상들이 뒤섞여 무질서하게 접합되고 혼란을 일으킨 일이다. 변증법과 불교의 일여철학(一如哲學)이 접합되어 동서 사상의 종합이 주창되고, 마르크스주의에서 일본사상으로의 전향의 근거로 여겨졌던 것 같은 일들이다. 그리고 표면상의 근대화를 뒤집듯이 전통으로의 회귀가 돌발적으로 나타난다. 또한 마르크스주의같이 단호한 논리성을 주장하는 사상에 대해서는 일찍이 모토오리 노리나가가 유교의 논리성을 거부한 것과 같이 격렬한 반발이 일어나 무사상의 사상이 주장되기도 했다.

마루야마 마사오는 이러한 상황을 개관하여 일본의 근대가 유럽적인 근대와 동떨어진 독특한 것임을 확인한 뒤, 그것을 집약하는 최대의 현상으로서 국체의 분석에 착수했다.

국체

국체란 구헌법 체제 하에서 국가 원리의 핵심이 된 천황 주권의 총체라고 할 수 있는데, 마루야마는 제2차 세계대전 전 일본사회를 절대적으로 지배한 이 원리의 구조가 사실은 매우 모호하기 때문에 절대 권위를 휘두를 수 있었다고 설명한다. 천황 주권이라고는 하나 이 주권이 구체적으로 어떻게 발동되는지 의사 결정 과정을 파고들어 검토해 보면, 천황의 의지를 둘러싸고 있는 중신들이 추량하고 조언하여 구체화해 가는 '보필'이라는 구조를 취하고 있어 천황 개인에게 책임이 미치지 않도록 되어 있다. 물론 천황을 둘러싸고 있는 그 누구의 책임도 아니게 되어 있다. 집단 책임이라고 할 수 있는 구조인데, 마루야마는 오히려 그것은 "언제든 거대한 **무책임**으로 전락할 가능성을 내포하고 있다"(강조는 마루야마 마사오)라고 지적한다. 책임 소재가 모호한 채 권위가 팽창하고, 그 권위에 인민은 무조건 무한히 복종해야 한다. 여기서 공공연하게 말하고 있지는 않지만, 그는 이러한 체제의 결과로 전쟁 전 쇼와 시기 군부의 폭주, 태평양전쟁 개전과 패배 등의 사태가 일어났다고 생각했을 것이다.

구헌법 체제가 서구의 입헌군주제를 모범으로 삼아 만들어졌음에도 불구하고 실제 운용에서는 서구적 발상과는 다른 일본문화 특유의 발상에 의해 작동하고 있었다는 사실이 확연하게 드러나고 있다. 서구 입헌군주제는 그때까지의 서구사회의 역사 전통에 입각하여 명확한 책임 의식을 갖고 합리적으로 구성된 제도이나, 일본의 경우에는 책임 관계의 명확화를 피해 사회 전체가 막연하게 혹은 어수선하게 일체화되어 궁극적으로는 가족 공동체처럼 기능하는 것을 목표로 한 제도였다.

마루야마 마사오는 근대적 제도와 전통적 내실이 서로 싸워 균형이 무너질 것 같으면서도 겨우 연결되고 진행되어 온 것이 그때까지의 근대 일본사회라고 보았다.

실감 신앙과 이론 신앙

이러한 제도와 내실의 불일치 또는 대립은 명분(다테마에)과 본심(혼네)의 형태로 사회의 여러 면에서 볼 수 있는 것이지만, 학문 · 예술의 세계에서는 이것이 사회과학, 특히 마르크스주의에 있어서의 이론 신앙과 문학에서의 실감 신앙의 충돌이라는 두드러진 형태로 나타난다.

일본의 근대문학, 그중에서도 주류를 이루어 온 자연주의로부터 사소설에 이르기까지의 근대문학은 리얼리즘의 기치 하에 실제 생활에서의 사실과 감각이 절대적으로 중시되었다. 개개의 구체적 사실과 그에 수반하여 생긴 감각을 가능한 한 있는 그대로 재현하여 전달하는 것이 지상 명제가 되었다. 이러한 경향은 서구에서 수입된 리얼리즘의 이념을 간판으로 하고 있는 한편 논리, 추상, 관념을 이유 없이 싫어하여 그저 감성에 따라 매사를 받아들이는 모토오리 노리나가식 심성에 의한 것이라고 할 수 있다. 그 결과, 문학은 근대화에 의해 서구에서 들어온 모든 제도적 · 이론적인 것에 격렬하게 반발했다. 마루야마 마사오는 이것을 "모든 정치나 사회의 이데올로기에서 '불결한 추상'을 탐지해 내 오직 자아의 실감에 틀어박히는 사고 양식"이라고 규정하고 '실감 신앙'이라는 이름을 붙였으며, 근대 일본 지식인의 발상의 기본형 가운데 하나라고 했다.

이러한 실감 신앙이 단단한 이데올로기에 실제로 부딪히면 어떠한 반응이 생길까? 최대의 예가 마르크스주의의 수용이다. 마르크스주의의 수용은 근대 일본인이 처음으로 전체적 · 종합적 이데올로기와 본격적으로 정면에서 마주하게 된 획기적인 사건이며, 여러 영향을 문학가나 지식인에게 미쳤다. 그러나 마루야마는 그중에서 실감 신앙에 대립하는 이론 신앙의 발생이라는 문제에 주목하고 그것을 다룬다. 다양한 제도나 기술을 수용할 때 그것들을 만들어 온 사물에 대한 사고방식에까지 거슬러 올라가 이해하고 수용하는 것이 아니라 완성된 결과만 통째로 삼키듯이 수용한 것과 마찬가지로, 마르크스주의를 수용할 때도 그 방대한 체계나 명제를 불가침의 금과옥조처럼 무비판적으로 숭배하고 신봉하여 현실과의 정합성은 아무 상관없이 무턱대고 공식을 남용하는 태도였다. 이론 신앙은 근대 일본 지식인에게, 특히 사회과학 분야에서 흔히 보이는 현상으로 그 대극에 있는 실감 신앙과 격렬하게 서로 으르렁거리고 상대방을 멸시하며 외면하는 듯한 대립을 계속했다. 마르크스주의와 거기서 파생한 프롤

레타리아문학이 출현한 이래, 문단 혹은 논단 전체를 끌어들이며 전개된 정치와 문학 논쟁이 그 전형적인 예이다(이에 대해서는 「II. 근대 일본의 사상과 문학」에서 구체적으로 논하고 있다).

실감 신앙과 이론 신앙이라는 두 가지 특징적 사고 양식을 놓고 바라보면서, 마루야마는 거기에 일본 근대화의 피상적 실태가 정반대의 형태로 나타나 있다고 보고, 그것을 일본인이 자각하여 실감 신앙과 이론 신앙 양측이 서로를 외면하지 말고 대화와 교류를 통해 공통의 장으로 나아가야만 한다고 설명한다.

잡거에서 잡종에로

마루야마 마사오는 이상과 같은 몇 가지 문제를 고찰한 다음, 결론적으로 일본의 근대화가 서구문화라는 새로운 이질 문화를 수용할 때 그것과 본질적으로 대결 및 대화를 하면서 혁신해 가는 방향으로 나아가지 않고, 종래의 잡거적 동거라는 형태로 처리했으므로 점차 무질서와 혼란이 심해지고 패전으로 극복되기는커녕 도리어 국체라는 틀이 제거되고 한층 심화되어 극한에 이르렀다고 설명했다. 이러한 상황에 대해 그는 당시 화제가 되고 있던 가토 슈이치[1)]의 「잡종문화론(雜種文化論)」을 예로 들면서 경고했다. 가토는 일본문화가 본래 서로 다른 종류의 문화를 교배한 잡종성을 기본으로 하고 있다고 주

1) 加藤周一, 1919~. 작가이자 평론가. 의대를 졸업했으나 문학 평론, 소설, 문명 비평 분야에서 활발하게 활동했다. 저서로는 『잡종문화 — 일본의 작은 희망』, 『독서술』, 『일본문학사 서설』 등이 있다.

장하면서 적극적인 의미를 발견할 것을 제창했는데, 마루야마 역시 기본 취지에는 찬성하면서도 강한 유보 조건을 하나 붙이고 있다. 그 조건은 서로 다른 종류의 문화가 동거하고 있다고 하더라도 그것들이 진정으로 교류하고 교배되어 잡종이라는 새로운 문화를 만들어내는 데에 이르지 못하고, 각각 고립 또는 스스로 갇히면서 잡거하고 있을 뿐인 상황에서는 불필요한 혼미가 계속될 뿐이라는 것이다. 잡거 상태를 참된 잡종의 창조로 끌어올리는 것이 중요한 열쇠이며, 그러기 위해서는 일본인 한 사람 한 사람이 명확한 자기인식과 주체성을 갖고 임해야 하고 그렇게 함으로써 비로소 참된 '혁명'이 달성된다고 단언하며 일본론을 끝맺고 있다.

『일본의 사상』 후반의 두 강연 기록은 모두 「I. 일본의 사상」에서 지적한 일본인의 발상의 특이성과 문제점을 친근한 생활 속의 행동유형으로 알기 쉽게 설명한 글이다. 특히 유형을 기호화한 '사사라형과 다코쓰보형'(사사라는 잘게 쪼갠 대나무를 묶은 것으로, 앞부분은 분리되어 있으나 밑 부분은 하나로 되어 있다. 그리고 다코쓰보는 문어나 낙지를 잡는 항아리로, 문어나 낙지가 일단 이 항아리에 들어오면 다시는 밖으로 나가지 못한다), '이다'와 '하다'처럼 참신하고 단적인 표현은 마루야마 일본관의 키워드로 널리 보급되었다.

그 가운데 먼저 「III. 사상의 실상에 대해」에서는 서구와 일본 간 커뮤니케이션 실태의 차이에 대해 논하고 있다. 서구사회에서는 집단이 계급이나 직업 등에 의해 다양하게 나뉘어 있지만, 그 밑바탕에는 사람들이 횡적으로 교류하는 장으로서 교회나 살롱이 존재하고 그곳을 매개로 사회 전체의 커뮤니케이션이 이루어져 왔다. 이에 반해 일본에서는 그러한 횡적 교류의 장이 부족해 상이한 집단끼리는 서로 고립되거나 스스로 갇히는 경향이 강하다. 이러한 경향은 근대에 들어 전문화 · 분화한 조직 제도를 서구에서 그대로 유입하여 틀 속에 완전히 매몰됨으로써 더욱 조장되었다. 이러한 대조를 마루야마는 사사라형과 다코쓰보형으로 유형화했고, 다코쓰보형 일본사회에서는 다른 전문 집단과의 커뮤니케이션이 이루어지지 않기 때문에 상대방에 대해 실체와는 다른 고정관념화된 이미지를 키워 혼란이 점차 확대되어 간다고 경고한다. 그리고 이러한 경향을 제지하기 위해서는 종적 조직에서 독립한 횡적 커뮤니케이션 회로를 강화하여 타 집단의 사물을 보는 관점이나 사고방식을 이해하고, 그것과 비교하면서 현실 사회의 실태를 확인해 가는 방법을 생각해 내야 한다고 설명한다.

'이다'와 '하다'

한편 「IV. '이다'와 '하다'」에서는 주어진 상황에 대해 그것을 단지 그대로 수용할 뿐인 수동적 자세와 그 상황에 부단히 작용하여 유지 혹은 개혁해 가려는 능동적 자세의 대비를 각각 전근대 일본 봉건사회와 근대 서구 민주사회를 예로 들며 논하고 있다.

마루야마 마사오에 따르면, 프랑스혁명 등 치열한 투쟁을 통해서 그때까지의 전제사회 · 계급사회를 타도하고 쟁취한 서구 근대 민주주의사회는 일단 성립되었다고 해서 그대로 자동적으로 진행되어 가는 것이 아니다. 제도가 형해화하거나 경직화되지 않고 작동하는 본래의 정상 상태에서 벗어나지 않았는지를 끊임없이 감시하고 확인해 가는 노력이 필요하다. 그리고 거기서는 신분이나 문벌처럼 주어진 조건보다 자신이 어떻게 행동하고 무엇을 달성하는가 하는 능동성이 중요해진다.

이에 반해 일본의 도쿠가와 시대 같은 봉건사회에서는 사농공상처럼 개인에게 미리 규정된 조건이 결정적 의미를 띠고 있어서 개인이 어떻게 행동하느냐 하는 문제는 2차적 의미밖에 갖지 않는다. 도쿠가와 막부의 이데올로기였던 유학은 이러한 고정된 신분계급제도사회의 근거를 제공하고 있다.

마루야마는 이 두 사회를 대비하며 '하다' 사회와 '이다' 사회로 유형화한 후 후자에서 전자로 이행하는 역사적 필연성에 대해 설명한다. 사회가 발전하고 활성화되어 갈수록 사람들 간의 관계는 유동화되고, 그에 따라 '이다'보다는 '하다'의 비중이 높아져 간다. 근대사회에서 개인은 어떤 출생과 혈통을 지녔는가보다 무엇을 어떻게 했는가가 중요해진다. 직함보다 업적이 우선한다는 것과 같은 예이다.

그런데 일본은 제도적으로는 근대 민주주의사회가 되었음에도 불구하고, 그 안을 들여다보면 여전히 '하다'보다 '이다'의 발상이 강하게 작용하고 있다. 전후 정치의 실태를 보더라도 기존의 상황을 그대로 받아들이는 자세가 강하며, 비판하고 개혁을 도모하는 움직임은 미약하다. 민주주의든 다른 제도든 서구의 경우처럼 자력으로 획득하고 만들어 간 것이 아니라 이미 만들어진 것을 받아들이는 데서

멈춘 결과가 반영되어 있는데, 이제부터는 이러한 수동적 자세가 아니라 개인 한 사람 한 사람이 주체성을 갖고 정치 행동에 나설 필요가 있다. 마루야마는 이와 같이 '이다'에서 '하다'로의 전환을 강하게 역설하는데 마지막으로 단 하나의 유보 조건을 붙였다. 그것은 학문이나 예술 같은 문화적 영역에서는 '하다'에 쫓겨 쓸데없이 변화와 혁신을 서두르면 오히려 학문이나 예술의 본래 의미, 즉 현실 사회의 움직임과는 별개 차원의 눈에 보이지 않는 정신 가치를 추구한다는 의미를 해치게 되므로 이 영역들에서는 오히려 '이다'에 중점을 둔 전통적 질의 유지 및 축적이 중요하다는 점이다. 이에 대해서도 근대 일본에서는 혼란과 도착이 이만저만이 아니어서, '하다'여야 하는 곳에 '이다'가 버티고 앉아 있거나 반대로 '이다'가 존중되어야 하는 곳을 '하다'가 침식해 있는 경향이 보인다. 이 '하다'와 '이다'의 유형을 올바르게 취하는 것이 오늘날 일본의 과제라고 하면서 마루야마 마사오는 끝맺는다.

일본 비판과 진보주의

『일본의 사상』은 비교적 가벼운 어조로 다양한 문제와 사례를 차례로 다루어 가는 스타일을 취하고 있어서 체계적으로 치밀하게 구성된 사상서라고는 할 수 없다. 그러나 전체를 살펴보면 확실한 일본관으로 일관하고 있다. 먼저 일본에서는 다양한 사상이 싹터도 그 사상들은 서로 대화하거나 교류하지 않은 채 각각 자기 입장을 자각하고 타자와의 관계를 규정하기 때문에 전체 사상사 구조를 만들어 가지 못해 어수선한 집합에 그친다. 또한 일본인은 확고한 주체적 개인 의식이 희박하고 주어진 상황을 그대로 수동적으로 받아들이는 데에 머물러 있다. 마루야마 마사오는 이러한 일본인의 실상을 서구사회와 대비하면서 지적하고 비판하면서 극복할 방향에 대해 설명한다.

이 같은 일본관에 대해서는 큰 반향이 있었다. 『일본의 사상』에는 꽤 긴 후기가 쓰여 있는데, 그는 이들 논의가 최초로 발표된 이래 다양한 반응이 있었으며 특히 일본관이 예상외의 반발을 불러일으켰던 사실을 소개하고 있다. 이를테면 "**전적으로** (일본인의) 결함이나 병리만 폭로했다거나 서구의 근대를 '이상'화하여 그 차이를 갖고 일본의 사상적 전통을 판단했다는 유"(강조는 마루야마 마사오)의 논평이 행해졌고, 실감 신앙의 분석이 일본인의 감각성을 모욕하는 것이라며 문학가로부터 맹렬한 반발이 있었다는 것이다. 이에 대해 그는 일방적인 일본 비판을 의도한 것이 아니라 일본인의 발상의 가능성을 평가할 용의도 있었으며, 실감 신앙에 관해 왈가왈부하는 것이 아니라 이론 신앙도 문제 삼고 있는바, 바로 이러한 피해 의식적 심성이 일본적이라며 반론을 폈다. 아무튼 이러한 반발을 불러일으킨 것 자체가 마루야마 마사오의 일본관이 충격적이었음을 보여 주는 것이라고 할 수 있다. 사카구치 안고의 경우와 마찬가지로 마루야마는 그때까지 성역화되어 왔던 일본적 전통에 정면으로 맞서 노골적으로 정체를 폭로하는 금기 깨기를 실행한 것이며, 이 때문에 일부 전통주의자 사이에 일본인으로서의 존재 근거가 뒤집혔다는 굴욕감과 격분을 야기했다.

이러한 사태야말로 전후를 상징하는 것이었다. 패전으로 인해 구헌법 체제가 붕괴되어 구체제에 의해 지켜져 왔던 일본적 전통이라는 성역이 드러내져 가차 없는 분석과 비판에 노출되었다. 그리고 이 상황을 밀고 나가려는 진보파와 이를 저지하려는 보수파의 대립이 명료하게 나타났다.

마루야마 마사오가 개척한 일본문화 분석은 주로 사회과학 분야에서 서구시민사회를 표준으로 삼아 일본사회에 잔존하는 전근대성과 봉건성을 밝혀내는 방법론으로서 널리 일반화해 갔다. 1970년대 무렵부터 서구사회를 표준으로 삼는 방식이 상대화되어 마루야마적 방법론은 점차 후퇴했지만, 앞에서 지적한 바와 같은 전후적인 의의와 그것이 미친 막대한 영향은 현재에 이르기까지 계속되고 있다고 할 수 있다.

도이 다케오의 『'아마에'의 구조』

일본은 1960년대에 비약적인 경제 발전을 이루어 패전 이후의 서구와의 격차를 해소함에 따라 자국 문화에 대한 신뢰 또한 회복해 갔다. 일본형 경영 시스템의 재평가 등이 전형적인 예이다. 마루야마 마사오처럼 근대 서구사회의 실태를 표준으로 하여 일본사회의 전근대성을 재단해 가는 것이 아니라 일본에는 일본 고유의 사회 실태가 있다는 입장에 서서 그 원리성과 기능성을 밝히려는 시도가 여러 분야에서 행해졌다.

그러한 가운데 가장 폭넓은 반향을 초래한 것 중 하나가 도이 다케오(土居健郎)의 『'아마에'[2]의 구조('甘え'の構造)』(1971)이다.

1920년 도쿄에서 태어난 도이는 도쿄대학 의학부에서 정신의학을 공부하고 임상 심리 분석 전문가가 되었다. 1950~1952년 미국 유학을 했고, 그후에도 여러 차례 방미하여 연수 · 연구를 계속하는 가운데 서구인과 일본인의 발상의 차이에 관심을 갖게 되어 종래와 같은 서구의 정신분석 이론으로는 다룰 수 없는 일본인 특유의 심성을 분석하고 이론화하는 방법론 개발을 목표로 삼았다. 그리고 그 열쇠로 '아마에'라는 심성이 일본인의 인간관계와 사회 구조의 기본이 되고

2) 甘え. 일본의 국어사전에는 "타인의 호의를 바라는 마음"이라고 쓰여 있으며, 우리나라 일본어사전에는 "어리광 · 응석"이라고 쓰여 있다.

있다는 것을 골자로 한 일본문화 이론을 창안하여 일반 독자를 대상으로 정리한 것이 『'아마에'의 구조』이다. 일본어 어휘의 분석에서 시작하여 일상적 인간관계와 현대사회의 현상 등을 다양하게 다루면서 분석 · 해석한 이 논의는 일본인의 생활 실감에 입각한 이론으로 널리 받아들여졌다. 그후 도이는 나쓰메 소세키의 소설 작품에 그려진 인물상과 인간관계를 아마에 이론으로 해석한 『소세키 문학에서의 '아마에'의 연구(漱石文學における'甘え'の研究)』 등을 발표하여 이론의 응용 · 전개를 더욱 폭넓게 도모했다. 그 결과 아마에는 일본인론의 기본 개념의 하나로 정착하기에 이르렀다.

아마에에 관한 착상

『'아마에'의 구조』는 전 5장으로 구성되어 있는데, 제1장은 이 착상을 얻게 된 미국 경험담으로 시작된다. 도이는 미국에서 살기 시작했을 때 미국인의 대응에 위화감과 곤혹스러움을 느끼는 일이 종종 있었다고 한다. 예를 들어 낯선 미국인의 집에 초대되어 갑자기 "배고프세요?"라는 질문을 받고 내심 주인이 손님의 기색을 헤아려 뭔가 음식을 내주지 않을까 생각하면서 조심스럽게 배고프지 않다고 답하면, "아, 그래요" 하고는 음식을 아무것도 내주지 않더라는 것이다. 즉 미국인에게는 상대에 대한 조심스러운 사양이나 배려 같은 미묘한 주고받기가 통용되지 않아 당황했었다는 것인데, 바꾸어 말하면 그러한 사양이나 배려를 중시하는 일본인이야말로 서구인의 기준으로는 다룰 수 없는 특수한 심성의 민족임을 의미하는 것이라고 할 수 있다.

이 경험을 계기로 생각하기 시작한 도이 다케오는 민족 심성의 특질은 사용하는 언어와 밀접하게 관련되어 있을 것이라는 점을, 정신과 의사로서 실제로 환자를 접하고 그들의 이야기를 듣거나 소견서를 기록하면서 실감하게 되었다. 언어는 인간의 마음을 단적으로 반영하는 매체이기 때문이다. 그리고 이 두 경험을 거쳐 그는 일본어 특유의 아마에라는 말과 이와 관련한 '스스럽다'·'뒤틀리다'·'비꼬이다'·'비뚤어지다' 등 심리를 나타내는 일련의 말에 일본인 고유의 심성이 집약되어 표현되고 있으며, 이들 말과 개념에 의해 일본인과 일본문화의 특질을 해석하고 이론화할 수 있다는 가설에 도달했다.

이후 그는 이 가설을 일본과 미국 두 나라에서의 임상 경험·소설·영화 등의 사례를 들어 가며 확인하고, 나아가 사회학이나 종교학 등 타 분야에서의 연구와 결합시킴으로써 일본문화 이론으로 완성시켰다.

이러한 착상에서 이론화에 이르는 연구 과정에서의 특징은 비교문화적이고 일상 관찰 또는 실천적이고 종합적이라는 점이며, 이 점들은 모두 미국에서 발달한 실용주의에 기초한 문화 연구, 도이 자신도 많은 시사를 얻었다는 문화인류학자 루스 베네딕트(Ruth Benedict)의 일본문화론 『국화와 칼(*The Chrysanthemum and the Sword*)』에 가까운 성질의 것이라고 할 수 있다. 일본은 전후에 생활 전반에 걸쳐 압도적으로 미국의 영향을 받았는데, 문화 연구에도 미국적 발상과 방법론이 강하게 들어왔다. 도이의 연구는 그러한 경향을 대표하는 예이기도 하다.

아마에의 다양한 모습

그렇다면 아마에의 문화란 어떤 것인가? 먼저 도이는 아마에에 의해 움직이는 일본사회, 일본인의 다양한 모습을 열거한다. 아마에란 유아가 어머니에게 의존하는 심성을 원형으로 한 것이며, 아무런 말을 하지 않아도 타인이 무조건적으로 자기의 심정을 알아차리고 받아들이고 보호해 줄 것을 요구하는 심성, 타인과 나의 미분일체화(未分一體化)를 요구하는 심성이라고 할 수 있다. 일본에서는 이러한 심성이 성인에게도 지배적으로 작용하고 있다고 하면서 구체적인 예로 의리(義理기리)와 인정(人情닌조), 안〔內우치〕과 밖〔外소토〕, 죄(罪쓰미)와 수치〔恥하지〕 등을 분석한다.

예컨대 대부분의 경우 서로 상반된 것으로 해석되는 의리와 인정에 대해 도이는 인정이란 아마에 자체에 빠져 도취하는 감정이고, 의리는 아마에적인 관계를 강조 · 강요하는 사고방식으로서 모두가 아마에를 인간관계의 순수한 부분으로서 지향하는 심성의 표출이라고 설명한다. 그리고 이러한 의리와 인정에 의해 지배되어 온 전통 일본사회는 "아마에가 가득 찬 세계였다고 해도 과언이 아니다"라고 지적한다.

또한 일본인의 경우에 안과 밖이라는 심리적 구분이 회사 · 학교 · 교우 · 정치 등 집단 활동 전반에 걸쳐 사회생활의 여러 측면에서 큰 역할을 하고 있으며, 이 구분이 혈연으로 맺어진 가족〔身內미우치〕을 중심으로 하여 아마에가 허용되는 범위가 안(우치)이고 그것이 통용하지 않는 세계가 밖(소토)이라는 이분법으로 성립되어 있다고 설명한다. 일본인은 이 안과 밖의 구분을 기준으로 삼아 태도를 바꾸는 일이 많다. 안에 대해서는 무르고, 밖에 대해서는 차갑다. 혹은 반대로 안에서는 제멋대로 행동하지만 밖에서는 몹시 조심스러워지는 것처럼 안과 밖에서의 행동 기준이 달라진다.

베네딕트의 『국화와 칼』 가운데 가장 잘 알려진 서구인의 '죄의 문화'에 반하는 일본인의 '수치의 문화'라는 규정은 도이의 해석에 의하면, 이 안과 밖의 구분에 귀착한다. 일본인에게서는 안이라는 귀속 집단에 대한 배반 여부가 선악의 기준이 되며, 그것이 수치라는 감각으로 나타난다는 것이다.

또한 마루야마 마사오가 무책임 체제로 비판한 전쟁 전까지의 천황제의 실상, 특히 정치적 의사 결정의 실태를 도이 다케오는 '보필'이라는 말로 다음과 같이 분석한다. 즉 최고권자인 천황이 굳이 추종 중신들의 조언을 받아 정치적 의사 결정을 한다는 구조는 그야말로 아마에 그 자체의 제도화로서, 일본 국가 전체가 아마에의 구조를 기축으로 성립되어 있다는 점을 보여 주는 것이라고 한다.

이어서 그는 이러한 아마에의 심성이 일본문화에서 어떻게 다루어지고 위치해 왔는지에 대해 검토한다.

아마에라는 현상이 원래 유아의 어머니에 대한 의존을 원형으로 하는 것이라면 그 자체는 일본에 한정되지 않고 타 민족에게도 보편적으로 존재할 터이지만, 일본의 경우에는 거기에 아마에라는 말을 붙여 중시하며 아마에의 문화를 다양하게 발전시켜 온 것이 두드러진 점이라고 강조한다. 예를 들어 선의 깨달음의 경지 또는 신도의 간나가라노 미치[3] 등이 그런데, 이것들은 모두 분별을 버리고 분별 이전의 자타미분 · 자타일체의 세계로 되돌아갈 것을 주장하고 있다는 점에서 그야말로 아마에의 사상이라고 할 수 있다. 이러한 사상의 실태는 마루야마 마사오와 같은 서구적 사상 규범에서 보면 무정견(無定見) 또는 무책임이라고 비판할 수 있는 것이지만, 일본인은 전혀 개의치 않고 오히려 그 무차별 · 관용의 실상을 궁극의 사상으로 여겨 왔다고 할 수 있다. 『선의 연구』 이래의 니시다 철학도 그러한 계보에 이어지는 것이다. 이 일본의 사상들은 본래 유아기의 일시적 심성인 아마에를 확대하여 전개한 사상이라고 할 수 있다.

이와 같이 아마에가 지배하는 사회에서 개인은 항상 집단 속에 들어가 타인과 상호 의존의 관계에 있으며, 서구사회의 규범이 되는 진정한 정신적 독립과 자유는 있을 수 없다. 그러나 메이지 이후 서구의 정신적 독립 · 자유의 이념이 들어와 혼란과 갈등이 생기게 되었다. 도이 다케오는 그 전형적인 예를 나쓰메 소세키의 작품, 이를테면 「도련님(坊っちゃん)」의 주인공의 행동에서 간파하여 분석했다. 의식상으로는 독립자존의 인간이라고 자인하고 자랑하면서도 무의식에서는 아마에의 심정에 지배되고 있어 모순과 갈등에 고통스러

---

3) 惟神の道. 제멋대로 하려는 마음을 버리고 오직 신의 말씀과 행동을 실천할 것을 목표로 살아가는 길이라는 뜻. 이 길은 경신(敬神), 존황(尊皇), 애국으로서 구체화된다.

워한다는 것이다.

도이 다케오

이러한 일본의 사정을 지적한 뒤 도이는 서구를 향해 '그렇다면 서구의 독립과 자유의 이념은 절대적인가?'라고 되묻는다. 서구인은 타인에게 의존하지 않는 독립과 자유를 자랑으로 여기고 의지해 왔으나, 그 또한 상대적이 아닐까? 그는 마르크스 · 니체 · 프로이트(Sigmund Freud) 등의 예를 들어 절대 자유 따위는 환상에 불과하다는 것이 이미 서구사회에서 노정되었다고 하면서, 그러한 점에서 되돌아보면 타인과의 상호 의존적 관계에서 생활하는 일본사회의 실상이 오히려 현실적일 수 있다고 설명한다. 아마에가 보편적 심성인 이상 그것을 부정하고 배제하는 것은 자기기만이라는 것이다.

이어서 도이는 임상의의 입장에서 다양한 정신병리적 증상을 들어 아마에의 심성으로 설명했다. 그는 신경질 · 대인공포 · 강박신경증 · 동성애 · 피해망상 등의 예를 분석하여, 한마디로 말해 모두가 아마에하려고 했으나 충분히 받아들여지지 않은 우울함이 변형되어 여러 형태로 나타난 것이라고 해석한다. 도이 다케오는 대인공포의 경우, 본래 유아의 낯가림 현상이 확대된 것이라고 본다. 철이 든 유아가 여전히 어머니에게 밀착(아마에)하여 생소한 타인과는 친숙해지지 못하는 경향이 성인이 되어서도 계속되고, 이것이 병적으로 심해진 것이 대인공포라는 주장이다. 도이는 그 원인으로 유아기에 충족

될 때까지 마음껏 아마에를 하지 못해 낯가림 단계를 졸업하지 못한 채 지속하는 것이라는 분석을 내놓음과 동시에 이러한 증상이 일본에 많으며, 특히 메이지 이후의 근대화와 관련되어 있다고 논한다. 메이지 이전의 일본에서는 아마에가 사회 전반에 침투하여 허용되고 있었기 때문에 이러한 대인 관계의 갈등이 적었고, 낯가림을 그윽하고 고상한 부끄러움쯤으로 받아들여졌다. 그러나 근대에 들어 서구의 규범이 들어옴에 따라 아마에가 충분히 허용되지 않게 되고, 낯가림은 인격적 미성숙으로 부정되자 급격히 스트레스가 커지고 두려움과 공포의 감정을 유발하기에 이르렀다는 것이다.

아마에와 현대사회

도이는 이 저서의 머리말에서 일반인을 대상으로 하는 계몽서를 집필한 이유를 마침 1970년 전후의 사회 격동기를 맞이하여 그 의미를 나름대로 해석하여 세상에 묻고 싶었기 때문이라고 밝혔는데, 도이는 전공투운동[4]으로 대표되는 이 시기의 상황에서 거대한 문명사적 변동을 읽고 그것을 아마에 이론의 틀로 파악하려고 시도했다.

도이 다케오는 전공투운동이 체제 변혁이나 대학 개혁 같은 슬로

4) 全共闘運動. 전공투는 전학공투회의(全學共闘會議)의 약칭으로, 1968~1969년에 있었던 대학 분쟁에 즈음하여 기존의 학생 자치 조직과 별도로 각 대학에서 결성된 학생 조직이다. 처음에는 각 대학의 문제를 다루었으나 대학 당국의 경직된 대응, 정부와 기동대의 개입을 경험하며 기존의 정치 · 국가 체제를 부정하는 혁명운동으로 변질되었다.

건을 내세우는 것은 표면적인 것이며, 그 근저에는 세대 투쟁이 있다고 지적한다. 프로이트가 오이디푸스 콤플렉스 이론에서 설명하고 있는 바와 같이 청년 세대가 자아에 눈떠 자신을 억압해 왔던 부모 세대에 저항해서 이기려고 한 투쟁이며, 그러한 의미에서 세대마다 반복되어 온 보편적 현상일 뿐이다. 그러나 이 경우 특징적인 것은 저항해야만 하는 부모 세대가 이미 권위를 잃어 더 이상 억압적 존재가 아니며, 도리어 자녀 세대와 친숙해져 서로 아마에를 하며 동화해 버렸기 때문에 목표와 방향을 상실하고 그저 혼란 상태에 빠져 있는 것이라고 한다. 그것은 사실 일본만의 문제가 아니라 전공투운동에 앞서 일어난 프랑스의 5월혁명[5]이나 미국의 히피운동[6]에서 볼 수 있는 것처럼, 서구사회에서 같은 시기에 일어난 세계적 규모의 문명 현상이다. 세계사적 문명 변동이 일어난 것이다. 일찍이 서구사회는 신 · 이성 · 과학 기술 등의 권위를 내세우며 부성을 강조해 왔으나, 그러한 권위가 20세기를 통해 점차 유효성을 상실해 간 나머지 이러한 상황에 이른 것으로 도이는 전 세계가 부성을 상실하고 유아적 아마에의 심성으로 퇴행하고 있는 것이라고 해석했다. 그렇다면 이러한 상황을 어떻게 평가해야 할까? 한편으로는 부성적 권위에 의한 억압이

5) 1968년 5월 프랑스 파리를 중심으로 발생한 반체제 운동. 학생 운동으로 시작되었으나 노동 운동으로 발전하여 사회적 위기가 되었으나 드골 대통령에 의한 의회 해산, 총선거에 의해 수습되었다.

6) 1960년대 미국에서 젊은이들이 기존 사회 체제와 가치관을 부정하며 일으킨 탈사회적 운동. 1960년대 후반 전 세계에 퍼졌다.

제거되고 모성적 아마에의 자연 상태가 회복되어 인간성이 해방되었다고 긍정할 수도 있다. 그러나 다른 한편으로 인간은 언제까지나 유아적 아마에의 세계에 멈추어 있을 수는 없으며, 자립을 위하여 강한 부성을 동경하고 아버지에 도전해 가는 것이 건전한 일이라고 비판할 수도 있다. 도이 다케오는 그 사이에서 어느 쪽으로도 결정하지 못하고 머뭇거리고 있다. 이 머뭇거림이 『'아마에'의 구조』의 결론이다.

전후 일본의 반환점

앞에서 소개한 바와 같이 도이는 전후에 미국을 방문하여 미국인의 발상을 접했던 경험 덕분에 아마에에 착안하게 되었다. 그는 그때까지 충분히 자각하지 못했던 일본인 특유의 심성이 아마에라는 사실을 깨닫고 연구에 착수한 것이다. 그는 연구의 진행에서도 미국의 실용주의적 방법을 사용하여 이론을 형성해 갔으며, 그 결과 『'아마에'의 구조』라는 일본문화론이 탄생했다.

이러한 과정은 도이 다케오 개인의 것인 동시에 패전으로부터 『'아마에'의 구조』가 집필 · 간행된 1970년 전후까지의 전후 일본사회 전체의 실태를 반영한 것이었다. 이 시기에 일본은 미국문화를 접하고 막대한 영향을 받으며 지배되고 갈등하면서 자기재생 · 자기모색을 추구해 갔는데, 그것이 1950년대 부흥기부터 1960년대 고도 성장기를 거쳐 반환점에 달한 것이 바로 1970년 전후였다. 이 시점에 이르러 일본은 마침내 25년간 정신없이 진행해 온 여정을 되돌아보고 의미를 확인하고자 했다. 『'아마에'의 구조』가 분명 그 역할을 한 것이다. 도이의 논의가 일본사회에서 폭넓게 받아들여지고 그후의 일본문화론의 기본 전제 가운데 하나가 된 까닭은 이러한 사정에 의해서이다. 그렇다면 반환점까지의 전후 25년을 도이는 어떠한 시기로 간주하고 있는 것일까?

한마디로 말하면, 그것은 일본사회를 지탱해 온 아마에의 문화가 급속히 붕괴하고 상실되어 가는 한편 아마에문화의 구조가 노정된 시기라고 규정한다. 물론 그전에는 메이지 개국이라는 최초의 단계가 있었고 이때부터 앞에서 지적한 과정이 이미 시작되고 있었으나, 미국과의 전쟁에서의 패배와 그후 미국에 의한 지배와 영향이라는 제2의 개국에 의해 이 과정은 결정적으로 진행되었고 그 의미가 표면에 드러나게 되었다고 한다.

이러한 인식은 마루야마 마사오와 공통된 것이라고 할 수 있는데, 마루야마의 경우에는 한계를 드러낸 종래 일본의 실상을 근대 서구적 기준에 의해 재단한 다음 새로운 방향으로 개혁할 것을 제창하고 있는 데 반해, 도이는 붕괴하고 상실되어 가고 있다 하더라도 여전히 일본 이외의 일본은 있을 수 없다고 하면서 거기에서 남겨진 가능성을 찾으려고 했다. 아마에에는 표리일체가 된 양면이 있다. 아마에로 가득 찬 세계는 밖에서 보면 비논리적이고 폐쇄적이며 사적인 세계로서 여러 가지 병리를 낳지만, 안에서 보면 무한히 관용적이고 긍정적인 세계로서 사람을 치유하고 심적인 에너지를 분출시킨다. 도이 다케오는 이러한 양면을 자각하고 그것을 어떻게 지양하고 이겨 낼 것인지 자문하고 있다. 일본은 이 시기에 확실히 그러한 전환점에 있었다. 『'아마에'의 구조』를 전후해서 같은 상황 인식이나 문제의식을 가진 일본문화론이 여러 분야에서 나타났다.

예컨대 문학 평론 분야에서 제3의 신인 작가들의 작품을 분석 · 비평한 에토 준[7]의 『성숙과 상실 — '어머니'의 붕괴(成熟と喪失 — "母"の崩壊)』(1967)는 도이 다케오와 매우 흡사한 전후 일본 인식을 보이고 있다. 에토는 모두에서 프로이트파 정신분석가 에릭슨(Erik Erikson)의 『유아기와 사회(*Childhood and Society*)』를 바탕으로 어머니에의 아마에를 거부당해 상심한 채 홀로 황야를 가는 카우보이의 고독한 모습에 미국인의 심성이 집약되어 있다고 설명하면서, 그와는 대조적인 모자밀착문화를 키워 온 일본사회가 전후에 미국문화의 압도적 유입으로 그때까지의 전통문화를 급속히 상실하고 해체해 가는 과정을 면밀하게 조사했다. 에릭슨을 원용하고 있는 데서 알 수 있듯이 에토의 경우에도 미국 유학 체험이 이러한 관점을 얻는 계기가 되었다는 점까지 포함해서 도이와 매우 가까운 시각에서 일본사회를 바라보고 있다. 그런 후 에토는 결론으로 어머니의 붕괴를 자각하고 받아들여 성숙해 가야 하며, 성숙이란 더 이상 어머니에게 의존하지 않고 스스로 타자와 맞서는 것으로서 이러한 성숙을 통해 '아버지'가 되어야 한다고 주장한다.

7) 江藤淳, 1932~1999. 문학 평론가. 전후 일본을 대표하는 문학가이며 보수파로 알려져 있다. 그의 저서 『성숙과 상실』은 전후문학을 읽어 내는 데 중요한 문헌이다.

한편 『성숙과 상실—'어머니'의 붕괴』에서 언급된 제3의 신인 작가의 한 사람 엔도 슈사쿠[8] 역시 프랑스에 유학하며 서구의 엄격한 부성적 문화와 일본의 부드러운 모성적 문화의 대조를 자각하고, 그 사이에서 딜레마에 빠졌다. 엔도 슈사쿠는 그 뒤 기독교 선교사의 전향을 주제로 한 장편소설 「침묵」(1966)을 발표했고, 에토 준과는 반대로 일본의 모성적 문화의 기원으로 돌아가는 길을 모색했다.

도이 다케오의 계보를 잇는 정신분석적 입장에서의 일본문화론으로는 오코노기 게이고[9]의 『모라토리엄 인간의 시대(モラトリアム人間の時代)』(1977)가 성년에 이르러서도 아마에적 의존 관계에서 벗어나려고 하지 않는 경향이 청년층으로부터 사회 전체로 확산되어 가고 있는 시대 상황을 논해서 큰 반향을 불러일으켰다. 이러한 모라토리엄, 즉 지불 유예 경향은 더욱 진행되어 일반화되었는데, 그 최초의 징후는 도이가 주목했던 것처럼 1960년대 말의 전공투운동, 세계적으로 말하면 그 전후의 5월혁명과 히피운동에서 나타나기 시작했다.

또한 융(Carl Gustav Jung)학파의 정신분석가 가와이 하야오[10]는 『모성 사회 일본의 병리(母性社會日本の病理)』(1976), 『중공 구조 일본의 심층(中空構造日本の深層)』(1982) 등의 저서에서 아마에, 즉 모

8) 遠藤周作, 1923~1996. 소설가. 순문학파 작가로, 일본의 가톨릭이라는 특수한 입장에서 작품을 쓰고 유머가 풍부한 것이 특징이다. 대표작으로는 「바다와 독약」, 「침묵」, 「하얀 사람」 등이 있다.

9) 小此木啓吾, 1930~2003. 정신분석학자. 프로이트 연구, 가정정신의학 분야의 일인자.

10) 河合隼雄, 1928~. 심리학자. 일본 융 심리학의 일인자.

성적 문화 원리를 축으로 하는 일본론을 전개했다. 가와이 하야오의 경우에는 융사상의 틀을 취해 개인적 심층 의식의 기저에 확산해 가는 공동적 심층 의식을 중시하여, 일본인의 자타미분적 심성을 이 공동적 심층 의식의 반영으로서 해석하는 입장을 제시한다. 그리고 이러한 심성의 실상에 대해 한쪽에는 도이가 지적한 바와 같은 병리적 위험성이 있으나, 기본적으로는 자타분별적 개인의식의 폐색성(閉塞性)으로부터 인간을 해방하고 구제할 가능성을 갖고 있다고 적극적으로 평가하는 자세를 보였다. 이러한 평가의 자세는 나카무라 유지로[11)]가 니시다 철학의 술어 논리를 재평가하는 것과 마찬가지로 근대 개인주의의 한계를 자각하고 그것을 뛰어넘으려는 포스트모던 사조의 표출이라고 할 수 있으며, 그 기원 역시 『'아마에'의 구조』가 세상에 나온 1970년 전후로 거슬러 올라간다.

이리하여 『'아마에'의 구조』는 전후 일본이 반환점에 다다른 시점에서 그때까지의 일본을 총괄함과 동시에 21세기의 현재에 이르는 일본의 상황을 예견하고 있었다고 할 수 있다. 1970년대 이후 일본문화에 대한 논의는 이전보다 한층 더 활발해졌는데, 위에서 예로 든 바와 같이 도이 다케오의 아마에 이론은 그것들에 유형·무형으로 관련되어 왔다. 『'아마에'의 구조』는 전후 일본문화 상황의 전환점에 세워진 이정표라고 할 수 있을 것이다.

11) 中村雄二郎, 1925~. 철학자. 서양철학을 비롯하여 일본문화, 언어, 과학, 예술 등에 관심을 가진 현대사상에 관한 저서가 다수 있다.

일본이 일본인 이상 계속 거울을 볼 것이다

1894년 간행된 『일본풍경론』으로부터 1971년 간행된 『'아마에'의 구조』까지 메이지 · 다이쇼 · 쇼와의 세 시기에 걸친 15편의 일본문화론을 읽어 왔다. 서장에서 지적했듯이, 이로써 근대 일본인에 의한 일본문화론의 모든 내용을 망라할 수 있다고는 말할 수 없으나, 그래도 대략적인 계보를 더듬을 수는 있었으리라고 생각한다.

개국의 격동과 혼란이 일단락되고 근대국가로서의 틀이 정비되기 시작한 메이지 20~30년대에 일본은 청일전쟁과 러일전쟁의 두 차례에 걸친 대외 전쟁으로 인해 좋든 싫든 자신들이 어떠한 개성을 가진 민족인지, 어떠한 문화 원리를 기반으로 하고 있는지를 확인하고, 외국 특히 서구 열강들에게 알릴 필요에 직면했다. 이 과제에 각자의 입장에서 답한 것이 시가 시게타카, 니토베 이나조, 오카쿠라 덴신의 세 사람이었다. 이들이 세계와 일본 양쪽을 향해 발신한 저서에는 근대 일본의 국가 형성을 실행한 동세대 일본인이 바람직한 일본문화의 형태로서 어떠한 웅대한 디자인을 구상하려 했는지에 대한 비전과 메시지가 선명하게 나타나 있다.

이 개척자 · 창건자 세대의 비전이 일본문화를 대략적으로 조망해 그 주된 정점이 될 만한 특질을 끄집어내 부상시키는 것이었다면, 그러한 중심 영역에서 벗어나 묻혀 버릴 뻔했던 주변 영역을 발굴하여 의미를 찾아내려 한 것이 야나기타 구니오 · 오리쿠치 시노부 · 야나기 무네요시 등의 민속학 혹은 민예운동이었다. 이들은 주로 근대 이전의 변경이나 벽지의 민중 생활을 지향했지만, 그들은 거기서 근대문화 · 중앙문화를 상대화하는 다양한 문화의 가능성을 이끌어 냈다.

한편 니시다 기타로, 와쓰지 데쓰로, 구키 슈조 등의 철학자와 다니자키 준이치로, 가와바타 야스나리 등의 문학가는 각각의 철학적 논리 혹은 문인적 감성에 따라 전통 일본문화의 다양한 특질을 도출하여 전개했다. 이로써 프리즘처럼 바라보는 각도에 따라 다채로운 모습을 나타내는 일본문화의 모습이 선명하게 부상한 것이다.

그리고 패전에 의한 어마어마한 충격이 찾아왔다. 미국과 영국 등의 연합군에 대한 전면 패배라는 사태는 일본사회를 근본부터 뒤덮었는데, 그것은 당연히 일본문화에 대한 자세에도 근본적 전환을 초래했다. 종래에는 전통 가치로 여겨 왔던 특징을 전부 비판 · 분쇄하여, 이를테면 일본을 문화 이전의 원초적 상태로 환원(사카구치 안고)시키거나 종래에 문화 이전으로 간주되어 왔던 영역을 새삼스레 대항적 문화로 발견하고 평가(오카모토 다로)하는 등의 움직임이 전면에 등장했다. 전후 일본문화론은 이러한 새로운 시도에 입각하여 재출발했다.

이 책에서는 재출발 후의 전개에 대해 마루야마 마사오와 도이 다케오 등 두 사람의 예만 다루고 있으나, 21세기의 현재에 이르기까지 다양한 노정이 있었음은 말할 필요도 없다. 특히 마루야마와 도이의 뒤를 이어 1970년대 이후 포스트모던으로 총칭되는 탈근대문명 원리의 조류 속에 그때까지의 근대 일본문화론의 틀을 다양한 각도에서 비판적으로 재검토하고 새로운 방향을 모색하는 과정에 대해서는 다시 충분히 고찰해야 하나, 아직 유동적인 요소가 많기 때문에 이 책에서는 다루지 않기로 했다.

이렇게 해서 대략적으로 근대 일본문화론의 흐름을 더듬어 보고 나서 느낀 점은 앞선 시대의 추이에 따라 논의의 분위기가 변화해 왔다는 점이다. 특히 메이지에서 쇼와까지의 일본은 개국으로 시작된 근대화와 대외 경쟁 그리고 패배와 부흥으로 이어지는 격렬한 변화를 거듭해 왔으며, 이러한 변화의 파도에 문화도 휩쓸리지 않을 수 없었다. 일본문화론의 변천은 이러한 변화의 하나의 바로미터라고 할 수 있다.

한편 시대의 변화에 부대끼면서도 그렇기 때문에 더 더욱 일본인이 자신을 확인하는 수단이나 거울로서 전통 일본문화를 되돌아보고, 그것과 자신의 관계를 끊임없이 물어 왔다는 점도 강하게 느낄 수 있다. 니토베 이나조 · 오카쿠라 덴신 혹은 와쓰지 데쓰로 · 구키 슈조처럼 밖에서 되돌아보는 경우, 야나기타 구니오 · 오리쿠치 시노부 · 야나기 무네요시 혹은 다니자키 준이치로처럼 안에서 되돌아보는 경우, 사카구치 안고나 마루야마 마사오처럼 부정적 · 비판적으로 되돌아보는 경우 등 방식은 제각각이지만, 자타미분 혹은 자연과의 일체성 등의 특징적 요소 안에서 성립한 전통 일본문화의 실상과 어떻게 관계할 것인지, 바로 그것이 각 사상의 시금석이 되어 왔다. 메이지 개국 이래의 전면적 근대화 · 서구화 노선을 그저 달려오기만 한 일본이지만, 정신적인 핵으로 이와 같이 전통 일본문화가 면면히 작용해 왔다는 점 또한 특기할 만한 사실이다.

21세기에 접어든 앞으로도 일본이 일본인 이상 이러한 상황은 지속될 것이다. 일본인은 계속해서 거울을 바라보며 나아갈 것이다.

지은이 후기

예전에 『외국인에 의한 일본론 명저(外國人による日本論の名著)』라는 책이 출판되어 그 가운데 두 개 항목을 담당한 적이 있다. 막부 말기에서 현대에 이르는 42명의 외국인이 쓴 일본론을 소개한 것이다. 전체적으로 다방면에 걸쳐 두루두루 살핀 것으로서, 내용은 비교 문화적 견해가 풍부하여 필자 자신도 그동안 많이 활용해 왔다. 이에 대응해서 일본인 자신이 쓴 일본론을 살펴보아야겠다는 생각을 해서 쓰게 된 것이 이 책이다.

서장에서 지적한 바와 같이 일본인은 자신들의 특성에 대해 깊은 관심을 간직해 온 민족이다. 그에 따라 수많은 일본론을 쓰고 또 읽어 왔다. 이러한 경과를 순서를 정해 대략 더듬어 보는 것이 이 책의 목표이다.

보통 이러한 광범위한 내용을 다룬 책은 대부분의 경우 앞의 『외국인에 의한 일본론 명저』처럼 여러 명의 전문가가 모여 각자 자신 있는 분야를 분담하여 집필한다. 하지만 이번에는 굳이 혼자서 쓰기로 했다. 필자는 비교문학과 비교문화를 전공하기는 했으나 이러한 일본인론사(日本人論史)를 꼭 외곬으로 망라하여 체계적으로 연구해 온 것도 아니고, 더구나 여기서 다룬 인물 한 사람 한 사람에 대해 구석구석까지 정통해 있는 것도 아니다. 그럼에도 혼자서 쓰기로 작정한 까닭은 이러한 영역에 관심을 갖고 여러 책을 읽어 온 한 독자의 시점에서 전체적인 흐름과 전망을 전하고 생각할 힌트를 제공하고 싶다는 바람이 있었기 때문이다.

이번에 이 책을 쓰고 나서 새삼 통감한 것은 시대나 논자에 따라 실로 다양한 논의가 있어 이들을 순서대로 살피면 릴레이처럼 하나의 논의에서 다른 논의로 전해지는 무엇인가가 있다는 점이다. 계보란 그러한 것이다. 이러한 릴레이 형태 혹은 계보의 형태에는 오카쿠라 덴신과 구키 슈조로 이어지는 것처럼 숙명적인 것도 있고, 사카구치 안고가 타우트에게 의탁하여 속 시원하게 털어놓은 반발이나 부정처럼 각양각색 같지만, 이러한 것들이 합쳐져서 긴밀한 하나를 구성한다. 이 논의들이 합해져 마침내 정신적 공동체라고 할 수 있는 광경을 노정한다. 필자는 이 책을 쓰며 이러한 광경의 감촉을 생생하게 알리고 싶다는 생각을 했다.

돌이켜 보면 이러한 영역의 문제에 관심을 갖기 시작한 것은 20대 후반 3년간 프랑스에 유학하며 좋든 싫든 내가 태어난 일본이란 무엇인가를 생각하지 않을 수 없었기 때문이다. 그후 그럭저럭 30년 가까이 이 문제를 생각해 왔다. 그리고 이번에 비로소 보고서를 내놓는 기분이다.

2003년 5월 도쿄

오쿠보 다카키(大久保喬樹)

일본문화의 흐름을 조망할 기초 자료로서의 의미

오쿠보 다카키의 『일본문화론의 계보(日本文化論の系譜)』(주코신쇼中公新書, 2003)를 완역한 이 책은, 메이지 개국과 더불어 민족의식이 싹트기 시작할 무렵의 일본문화론을 출발점으로 하여 민속학 · 철학(사상) · 문학 · 건축학 · 정치학 · 사회심리학 등 다양한 영역에서 축적되어 온 일본사회문화론 가운데 15명의 대표 저서를 간추려 계보 관계를 의식하면서 정리한 것이다. 물론 일본문화론의 범주에 속하는 논의는 이루 헤아리기 어려울 정도로 많다. 일본인 스스로도 자국의 문화론에 대해 자신의 학문적 영역에서 연구 · 분석해 왔을 뿐만 아니라, 일본을 연구 대상으로 하고 있는 외국인에 의해서도 실로 다수의 일본문화론이 집필되어 왔다. 일본문화론만큼 오래도록 다수의 관찰자들에 의해, 그 수만큼이나 다양한 각도에서 논의되어 왔고, 또 끊임없이 논의되고 있는 문화론도 없지 않을까 싶다. 사실은 바로 그러한 점이 일본문화론의, 나아가 일본사회의 가장 큰 특징 가운데 하나일 것이다. 그러한 점에서 일본문화론의 계보 관계를 음미하면서 정리한 이 책은 일본을 공부하는 초학자에게 좋은 길 안내자가 될 것이다.

대학에서 일본정치를 강의하는 역자에게 가장 어려운 일 가운데 하나는 학생들 대부분이 일본인의 이름을 낯설어한다는 점이다. 일본인의 이름이 생소하기 때문에 그 사람이 그 사람 같아 학습에 집중하기 어렵다고 한다. 이런 경우에는 가급적 일본인의 이름에 집착하지 말도록 권하고 있다. 꼭 필요한 일부를 제외하고는 강의 시간에 이름을 한 번 정도는 밝히되, 학생들에게는 '누군가가…' 하는 식으로 이야기를 이끌어 간다. 그런 가운데 일본에 보다 커다란 관심이 생겨 본격적으로 일본을 연구해 보고자 하는 생각이 들게 되면 그때부터 '누군가'의 실명을 익히게 하는 것으로 우선은 이 문제의 어려움을 넘기고 있다.

그렇게 한다고 해서 일본정치 수업이 이제 아무 문제없이 수월하게 진행되는 것은 아니다. 또 다른 복병이 있다. 그것은 일본인, 일본사회, 일본문화, 일본역사 등에 대한 기초적 이해의 부족이다. 이 문제 영역들이 아무런 유기적 연관도 맺지 못한 채 개별적으로 다루어지고 이해되어 왔기 때문이다. 대학 강의에서의 한정된 시간 속에 이 문제 영역들 간의 유기적 연관을 모두 추적하는 것은 불가능에 가깝다. 따라서 '그러한 상황에서 그러한 정책을, 혹은 그러한 판단을 한' 것은 '왜일까'에 대한 이해가 전제되지 않은 수업의 곤란함은 충분히 상상할 수 있으리라. 이에 대해서는 그때그때 필요에 따라 전후 문맥을 설명하고는 있지만, 어차피 단편적이라는 인상을 지울 수는 없었다. 따라서 맥을 짚어 주면서도 어렵지 않은 참고문헌의 필요성을 절실히 느끼고 있던 역자에게 이 책은 오로지 역자의 이러한 바람에 답하기 위해 집필된 것처럼 여겨졌다.

이 책을 번역하게 된 동기는 기본적으로 위에서 든 바와 같이 담당하고 있는 강의에서의 편의에 뿌리를 두고는 있으나, 이 책이 일반 독자들의 일본 이해를 위해서도 좋은 참고서가 될 수 있을 것 같아서이다. 그동안 막연하게 생각해 왔던 일본문화의 전체적 흐름을 조망할 수 있기 때문이다. 따라서 이 책에서 다루고 있는 15명 각각에 대한 설명과 다루어지고 있는 저서들 간의 계보 관계를 정리하면서 읽기 바란다. 15명의 저자들에 대해 '누군가가…' 식으로 읽어도 좋을 것이다. 아울러 이 책을 통해 일본에 대한 더욱 깊이 있는 공부를 지망하게 된다면, 우선은 이 책에 소개되고 있는 저서들을 직접 읽어 볼 것을 권하고 싶다. 당연히 그 저서들의 저자 15명을 분명하게 알아 두면서 읽을 것을 권한다.

한편 역자는 이 책을 번역할 때 읽는 이의 편의를 고려하여 원문에 몇 가지 손질을 가했다. 먼저 원문에서는 일본식 연호를 사용하고 있으나 이를 모두 서기 연도로 고쳤다. 둘째, 필요하다고 생각되는 곳에 역자 주를 첨부했다. 본문 아래의 각주는 모두 역자 주이며, 본문 속 괄호에 있는 설명은 이 책 저자의 설명임을 밝혀 두고자 한다. 셋째, 서양의 인명과 저서명에 대해 원어 표기를 병기했다.

여하튼 이 책이 우리나라에서의 일본 이해를 위한 기초 자료로서의 의미를 갖는다면 그보다 더 큰 기쁨은 없을 것이다.

이 책의 번역을 위해 아낌없는 지원을 해주신 한림대학교 일본학연구소의 공로명 소장님께 거듭 깊은 감사를 드리고자 한다. 동 연구소에서는 일본학총서를 발간하여 우리나라에서의 일본 연구의 질적

수준을 높이는 데에 크게 공헌하고 있다. 일본 연구자로서 동 연구소의 발전을 기원한다. 또한 원고의 정리와 교정에 남다른 수고를 해준 경희대학교 석사 과정의 윤지혜 양, 이이화 양에게 감사드리며 두 사람의 학문적 발전을 기원한다. 끝으로 일본학총서를 출간하고 있는 도서출판 소화의 편집부에게도 깊은 감사를 드린다.

2007년 1월

송석원

지은이 **오쿠보 다카키**大久保喬樹

1946년 요코하마에서 태어나 도쿄대학 교양학부 프랑스학과를 졸업한 후 파리 제3대학 및 도쿄대학 대학원에서 비교문학을 전공했다. 현재 도쿄여자대학 교수로 재직 중이며 저서로는 『오카쿠라 덴신(岡倉天心)』, 『여행하는 시간(旅する時間)』, 『근대 일본문학의 원류(近代日本文學の源流)』, 『풍류의 힌트(風流のヒント)』 등이 있다.

옮긴이 **송석원**宋錫源

1964년 경기도 이천에서 태어났고 경희대학교 정치외교학과, 동 대학 대학원 및 교토대학 대학원 법학연구과(정치학 전공)를 졸업했으며 법학박사학위를 취득했다. 현재 경희대학교 사회과학부 정치외교학과 교수로 재직 중이며 저서로는 『21세기 한국의 정치』·『정치 과정의 동학』(이상 공저) 등이, 역서로는 『NPO와 시민사회』·『역사와 인식』·『남북한 정치경제론』 등이, 논문으로는 「사쿠마 쇼잔(佐久間象山)의 해방론(海防論)과 대 서양관 : 막말에 있어서의 '양이를 위한 개국'의 정치사상」·「아루가기자에몬(有賀喜左衛門)의 이에(家) 이론 연구」 등이 있다.

한림신서 일본학총서 86
일본문화론의 계보

초판 2쇄 2012년 6월 10일
초판 1쇄 2007년 3월 8일

지 은 이 오쿠보 다카키
옮 긴 이 송석원

펴 낸 이 한림대학교 일본학연구소
펴 낸 곳 도서출판 소화
등 록 제13-412호
주 소 서울시 영등포구 영등포동 7가 94-97
전 화 02) 2677-5890
팩 스 02) 2636-6393
홈페이지 www.sowha.com

ISBN 978-89-8410-314-6 94080
ISBN 978-89-8410-105-0 (세트)

잘못된 책은 언제나 바꾸어 드립니다.

값 7,200원

한림신서 일본학총서 발간에 즈음하여

1995년은 제2차 세계대전이 끝나고 우리나라가 일본 식민지에서 해방된 지 50년이 되는 해이며, 한 · 일간에 국교정상화가 이루어진 지 30년을 헤아리는 해이다. 한 · 일 양국은 이러한 역사를 되돌아보면서 앞으로 크게 변화될 세계사 속에서 동북아시아의 평화와 번영을 추구해야 하리라고 생각한다.

한림대학교 일본학연구소는 이러한 역사의 앞날을 전망하면서 1994년 3월에 출범하였다. 무엇보다도 일본을 바르게 알고 한국과 일본을 비교하면서 학문적 · 문화적 교류를 모색할 생각이다.

본 연구소는 일본학에 관한 자료를 수집하고 제반 과제를 한 · 일간에 공동으로 조사 · 연구하며 그 결과가 실제로 한 · 일 관계 발전에 이바지할 수 있도록 노력하고자 한다. 그러한 사업의 일환으로 여기에 일본에 관한 기본적인 도서를 엄선하여 번역 출판하기로 했다. 아직 우리나라에는 일본에 관한 양서가 충분히 소개되지 못했다고 느껴지기 때문이다.

본 연구소는 조사와 연구, 기타 사업이 한국 전체를 위해야 한다고 생각하며 한 · 일 양국만이 아니라 다른 여러 나라의 연구자나 연구 기관과 유대를 가지고 세계적인 시야에서 일을 추진해 나갈 것이다. 그러므로 누구나 열린 마음으로 본 연구소가 뜻하는 일에 참여해 주기를 바란다.

한림신서 일본학총서가 우리 문화에 기여하고 21세기를 향한 동북아시아의 상호 이해를 더하며 평화와 번영을 증진시키는 데 보탬이 되기를 바란다. 많은 분의 성원을 기대해 마지않는다.

1995년 5월

한림대학교 일본학연구소